南 山 博 文

中国美术学院博士生论文

弇山之石

王世贞与苏州文坛的艺术交游

汤宇星 著

中国美术学院出版社

责任编辑：章腊梅
封面设计：成朝晖
装帧设计：张惠卿
责任校对：黎　阳
责任出版：葛炜光

图书在版编目（CIP）数据

弇山之石 ：王世贞与苏州文坛的艺术交游 / 汤宇星著. -- 杭州 ：中国美术学院出版社，2015.6
（南山博文）
ISBN 978-7-5503-0925-8

Ⅰ. ①弇… Ⅱ. ①汤… Ⅲ. ①王世贞（1526～1590）—人物研究 Ⅳ. ①K825.6

中国版本图书馆CIP数据核字(2015)第140774号

弇山之石——王世贞与苏州文坛的艺术交游

汤宇星　著

出 品 人　祝平凡
出版发行　中国美术学院出版社
地　　址　中国·杭州南山路218号 / 邮政编码：310002
http://www.caapress.com
经　　销　全国新华书店
制　　版　杭州海洋电脑制版印刷有限公司
印　　刷　浙江省邮电印刷股份有限公司
版　　次　2015年10月第1版
印　　次　2015年10月第1次印刷
印　　张　12
开　　本　787mm×1092mm　1/16
字　　数　170千
印　　数　0001-1000
ISBN 978-7-5503-0925-8
定　　价　48.00元

南山博文

总 序

打造学院精英

当我们讲“打造中国学院的精英”之时，并不是要将学院的艺术青年培养成西方样式的翻版，培养成为少数人服务的文化贵族，培养成对中国的文化现实视而不见、与中国民众以及本土生活相脱节的一类。中国的美术学院的使命就是要重建中国学院的精英性。一个真正的中国学院必须牢牢植根于中国文化的最深处。一个真正的学院精英必须对中国文化具有充分的自觉精神和主体意识。

当今时代，跨文化境域正深刻地叠合而成我们生存的文化背景，工业化、信息化发展深刻地影响着如今的文化生态，城市化进程深刻地提出多种类型和多种关怀指向的文化命题，市场化环境带来文化体制和身份的深刻变革，所有这一切都包裹着新时代新需求的沉甸甸的胎衣，孕育着当代视觉文化的深刻转向。今天美术学院的学科专业结构已经发生变化。从美术学学科内部来讲，传统艺术形态的专业研究方向在持续的文化热潮中，重温深厚宏博的画论和诗学传统，一方面提出重建中国画学与书学的使命方向，另一方面以观看的存疑和诘问来追寻绘画的直观建构的方法，形成思想与艺术的独树一帜的对话体系。与此同时，一些实验形态的艺术以人文批判的情怀涉入现实生活的肌体，显露出更为贴近生活、更为贴近媒体时尚的积极思考，迅疾成长为新的研究方向。我们努力将这些不同的研究方向置入一个人形的结构中，组织成环环相扣、共生互动的整体联系。从整个学院的学科建设来讲，除了回应和引领全球境域中生活时尚的设计艺术学科外，回应和引领城市化进程的建筑艺术学科，回应和引领媒体生活的电影学和广播电视艺术学学科，回应和引领艺术人文研究与传播的艺术学学科都应运而生，组成具有视觉研究特色的人文艺术学科群。将来以总体艺术关怀的基本点，还将涉入戏剧、表演等学科。面对这样众多的学科划分，建立一个通识教育的基础阶段十分重要。这种通识教育不仅要构筑一个由世界性经典文明为中心的普适性教育，还要面对始终环绕着我们的中西对话基本模式、思考“自我文明将如何保存和发展”这样一类基本命题。这种通识教育被寄望来建构一种“自我文化模式”的共同基础，本身就包含了对于强势文明一统天下的颠覆观念，而着力树立复数的今古人文的价值关联体系，完成特定文化人群的文明认同的历史教育，塑造重建文化活力的主体力量，担当起“文化熔炉”的再造使命。

马一浮先生在《对浙江大学生毕业诸生的讲演词》中说：“国家生命所系，实系于文化。而文化根本则在思想。从闻见得来的是知识，由自己体究，能将各种知识融会贯通，成立一个体系，名为思想。”孔子所谓的“知”，就是指思想而言。知、言、行，内在的是知，发于外的是言行。所以中国理学强调“格物、致知、诚意、正心、修身、齐家、治国、平天下”的序列及交互的生命义理。整部中国古典教育史反反复复重申的就是这个内圣外王的道理。在柏拉图那里，教育的本质就是“引导心灵转向”。这个引导心灵转向的过程，强调将心灵引向对于个别事物的理念上的超越，使之直面“事物本身”。为此必须引导心灵一步步向上，从低层次渐渐提升上去。在这过程中，提倡心灵远离事物的表象存在，去看真实的东西。从这个意义上讲，教育与学术研究、艺术与哲学的任务是一致的，都是教导人们面向真实，而抵达真实之途正是不断寻求“正确地看”的过程。为此柏拉图强调“综览”，通过综览整合的方式达到真。“综览”代表了早期学院精神的古典精髓。

中华文化，源远流长。纵观中国艺术史，不难窥见，开时代之先的均为画家而兼画论家。一方面他们是丹青好手，甚至是世所独绝的一代大师，另一方面，是中国画论得以阐明和传承并代有发展的历史名家，是中国画史和画论的文献主角。他们同是绘画实践与理论的时代高峰的创造者。他们承接和彰显着中国绘画精神艺理相通、生生不息的伟大的通人传统。中国绘画的通人传统使我们有理由在艺术经历分科之学、以培养艺术实践与理论各具所长的专门人才为目标的今天，来重新思考艺术的教育方式及其模式建构的问题。今日分科之学的一个重大弊端就在于将“知识”分类切块，学生被特定的“块”引向不同的“类”，不同的专业方向。这种专业方向与社会真正需求者，与马一浮先生所说的“思想者”不能相通。所以，“通”始终是学院的使命。要使其相通，重在艺术的内在精神。中国人将追寻自然的自觉，衍变而成物化的精神，专注于物我一体的艺术境界，可赋予自然以人格化，亦可赋予人格以自然化，从而进一步将在山水自然中安顿自己生命的想法，发显而为“玄对山水”、以山水为美的世界，并始终铸炼着一种内修优先、精神至上的本质。所有这些关于内外能通、襟抱与绘事能通的特质，都使得中国绘画成为中国文人发露情感和胸襟的基本方式，并与文学、史学互为补益、互为彰显而相生相和。这是中国绘画源远流长的伟大的自觉，也是我们重建中国学院的精英性的一个重要起点。

在上述的这个机制设定之中，让我们仍然对某种现成化的系统感到担忧，这种系统有可能与知识的学科划分所显露出来的弊端结构性地联系在一起。如何在这样一个不可回避的学科框架中，有效地解决个性开启与共性需求、人文创意与知识学基础之间的矛盾，就是要不断地从精神上回返早期学院那种师生“同游”的关系。中国文化是强调“心游”的文化。“游”从水从流，一如旌旗的流苏，指不同的东西以原样来相伴相行，并始终保持自己。中国古典书院，历史上的文人雅集，都带着这种“曲水流觞”、与天地同游的心灵沟通的方式。欧洲美术学院有史以来所不断实践着的工作室体制，在经历了包豪斯的工坊系统的改革之后，持续容纳新的内涵，可以寄予希望构成这种“同游”的心灵濡染、个性开启的基本方式，为学子们提高自我的感受能力、亲历艺术家的意义，提供一个较少拘束、持续发展的平台。回返早期学院“同游”的状态，还在于尽可能避免实践类技艺传授中的“风格”定势，使学生在今古人文的理论与实践的研究中，广采博集，发挥艺术的独特心灵智性的作用，改变简单意义上的一味颠覆的草莽形象，建造学院的真正的精英性。

随着经济外向度的不断提高，多种文化互为交叠、互为揳入，我们进入一个前所未有的跨文化的环境。在这样的跨文化境域中，中国文化主体精神的重建和深化尤为重要。这种主体精神不是近代历史上“中西之辩”中的那个“中”。它不是一个简单的地域概念，既包含了中国文化的根源性因素，也包含了近现代史上不断融入中国的世界优秀文化；它也不是一个简单的时间概念，既包含了悠远而伟大的传统，也包含了在社会生活中生生不息地涌现着的文化现实；它亦不是简单的整体论意义上的价值观念，不是那些所谓表意的、线性东方符号式的东西。它是中国人创生新事物之时在根蒂处的智性品质，是那种直面现实、激活历史的创生力量。那么这种根源性在哪里？我想首先在中国文化的典籍之中。我们强调对文化经典的深度阅读，强调对美术原典的深度阅读。潘天寿先生一代在上世纪50年代建立起来的临摹课，正是这样一种有益的原典阅读。我原也不理解这种临摹的方法，直至今日，才慢慢嚼出其中的深义。这种临摹课不仅有利于中国画系的教学，还应当在一定程度上用于更广泛的基础课程。中国文化的根性隐在经典之中，深度阅读经典正是意味着这种根性并不简单而现成地“在”经典之中，而且还在我们当代人对经典的体验与洞察，以及这种洞察与深隐其中的根性相互开启和砥砺的那种情态之中。中国文化主体精神的缺失，并不能简单地归因于经典的失落，而是我们对经典缺少那种充满自信和自省的洞察。

学院的通境不仅仅在于通识基础的课程模式设置。这一基础设置涵盖本民族的经典文明与世界性的经典文明，并以原典导读和通史了解相结合的方式来继承中国的“经史传统”，建构起“自我文化模式”的自觉意识。学院的通境也不仅仅在于学院内部学科专业之间通过一定的结构模式，形成一种环环相扣的链状关系，让学生对于这个结构本身有感觉，由此体味艺术创造与艺术个性之间某些基本的问题，心存一种“格”的意念，抛却先在的定见，在自己所应该“在”的地方来充实而完满地呈现自己。学院的通境也不仅仅在于特色化校园建造和校园山水的濡染。今天，在自然离我们远去的时代，校园山水的意义，是在坚硬致密的学科见识中，在建筑物内的漫游生活中，不断地回望青山，我们在那里朝朝暮暮地与生活的自然会面。学子们正是在这样的远望和自照之中，随师友同游，不断感悟到一个远方的“自己”。学院的通境更在于消解学院的樊篱，尽可能让“家园”与“江湖”相通，让理论与实践相通，让学院内外的艺术思考努力相通。学院的精英性绝不是家园的贵族化，而是某种学术谱系的精神特性。这种特性有所为有所不为，但并不禁锢。她常常从生活中，从艺术种种的实验形态中吸取养料。她始终支持和赞助具有独立眼光和见解的艺术研究，支持和赞助向未知领域拓展的勇气和努力。她甚至应当拥有一种让艺术的最新思考尽早在教学中得以传播的体制。她本质上是面向大众、面向民间的，但她也始终不渝地背负一种自我铸造的要求，一种精英的责任。

在学院80周年庆典到来之际，我们将近年来学院各学科的部分博士论文收集起来，编辑了这本丛书，题为“南山博文”。丛书中有获得全国优秀博士论文荣誉的论文，有我院率先进行的实践类理论研究博士的论文。论文所涉及的内容范围很广，有历史原典的研究，有方法论的探讨，有文化比较的课题。这套书的出版中满含青年艺术家的努力，凝聚导师辅导的心血，更凸显了一个中国学院塑造自我精英性的决心和独特悠长的精神气息。

谨以此文献给“南山博文”首批丛书的出版，并愿学院诸子：心怀人文志，同游天地间。

许　江

2008年3月8日

于北京新大都宾馆

南山博文

王世贞（1526-1590）

弇山园　[明]钱穀　《纪行图》册　纸本设色　28.5cm×39.1cm　台北故宫博物院藏

目　录

导 论

回忆四年前，当我兴致勃勃以美其名曰“恭请教正”的方式，手捧着硕士论文《从桃叶渡到水绘园》，向家父的一位挚交好友炫耀自己读书学习的成果时，还仍旧沉浸在古代文人艺术生活的迷人魅力中。未曾料想，老先生在认真读完我的稚拙文字后，慈祥而又和蔼地问道：“难道明末清初的社会历史，全是这般花前月下、风雅浪漫吗？”刹那间，我竟然不知如何作答。老人并非专家学者，却毕生热爱读书，他的疑问显然是在提醒我注意历史研究中可能暗藏的陷阱：对于艺术化生活的过度向往，会使我们在不经意间夸大文人交游美好而又无邪的情调，这种主观偏见无疑会影响我们从事学术研究的角度和立场。

研究明代艺术史，永远离不开文人群体。倘若我们总是满怀追慕之思，则不免落入主观臆断的危险中。这种潜移默化的情感偏向，确实会时常发生，甚至有些让我们防不胜防，这种心理定势或许正与“南北宗论”的理念一脉相承。自从董其昌等人推崇文人笔墨、贬斥院体匠气以来，基本形成了中国人品评书画优劣的标准，也同时确立为美术史写作不可逾越的范式。即便当今社会，已经有越来越多的艺术史家开始意识到“南北宗论”带来的弊病，但似乎也没有什么更好的方法，可以彻底打破这一强大的统摄性理论。将所有的绘画风格非此即彼的归纳为“南宗”或“北宗”、“文人”或“匠人”，则不免具有黑格尔[Georg Wilhelm Friedrich Hegel]历史决定论的特点，也与沃尔夫林[Heinrich Wolfflin]认为绘画风格是在两极之间转化的论调相类似。先入为主的思想一旦成为历史研究的先导，就必然存在贴标签式的僵化分类，以剥夺个案细节的独特魅力作为代价。因此，若想彻底打破“南北宗论”根深蒂固的羁绊与束缚，最好的办法便是回到董其昌之前，在尚未形成涉及艺术发展的统摄性观念时，寻找合适的个案研究，以期呈现可能存在的多元情境。

正是出于上述考量，我们选择生活在嘉靖、万历年间的王世贞作为考察的对象。首先，王世贞生活在晚明社会的苏州地区，与董其昌所在的年代前后衔接，两者间并不存在时间断层，可为我们反思“南北宗论”提供较为理想的历史参照；其次，王世贞继文徵明之后，主盟苏州文坛二十年，广泛参与江南地区的艺术交游，为吴门艺术家提供必要的赞助和庇护，且收藏丰富，是晚明艺术发展的直接经历者；第三，王世贞才华横溢，著作等身，被后世誉为明代著名的文学家、史学家，经常以历史的眼光参与艺术作品的鉴赏与题跋，为我们记录下一些讨论艺术发展的重要观点。尽管王世贞并没有像董其昌那样形成艺术发展的系统理论，但对我们来说并非遗憾，本文撰写的初衷是希望通过艺术交游的个案分析，努力还原历史的本来面貌。

王世贞（1526—1590），字元美，号凤洲，本为苏州府昆山县湖川乡军籍，后归太仓。他于嘉靖二十六年（1547）进士及第，在京师刑部任职，逐渐成为晚明文学复古运动“后七子”的领军人物，因卷入严嵩与徐阶的内阁党争，遭外调出京，升任山东按察司副使，兵备青州。此间党祸愈炽，父亲王忬时任蓟辽总督，由于战防失守，致使鞑靼军队西渡滦河，大掠遵化、迁安、蓟州、玉田等地，受到言官弹劾，被逮下狱，加之严嵩等人的迫害，最终于嘉靖三十九年（1560）斩首处决。家难事件对王世贞产生了极为深远的影响，成为其人生经历的分水岭。解职丁忧的七八年中，王世贞开始与苏州文坛保持频繁的交往，直到隆庆二年（1568）才起补河南按察司副使，同年迁任浙江左参政。隆庆四年（1570），王世贞转任山西按察使，却又因母丧再次丁忧里居，三年服除后相继出任湖广按察使、广西右布政使、太仆寺卿、郧阳督抚、南京兵部右侍郎等职，仕终南京刑部尚书。

由于王世贞的生平履历丰富多彩，跌宕起伏，因此本文将着重关注他与苏州文坛的交游活动。终其一生，大致有三次家居生涯值得我们关注：1. 嘉靖三十九年（1560）王忬被杀至隆庆元年（1567）穆宗为王忬平反，这是王世贞融入苏州文化圈的关键阶段，他将“后七子”社盟的声名带入吴门，很快便得到苏州文坛的积极响应。2. 隆庆四年（1570）至万历元年（1573），王世贞在为母丁忧期间，开始大规模营建弇山园，使其在经历十多年的不断完善与修饰后，最终成为享誉江南的私家园林。继而，他又屡次主导大规模的集体旅行和书画创作，标志着主盟时代的来临。3. 万历四年（1576）至万历十六年（1588），王世贞自南京大理寺卿任上被劾家居长达十二年，期间虽有几次推任的机会，却终究未出家门，此时的他已经表现出强烈的出仕心态，投身好友王锡爵女儿王焘贞门下学道，对仕途心灰意冷，他与胡应麟的交往就发生在此时。

现阶段，围绕王世贞的学术讨论大多以文学和史学为主。姜公韬《王弇州的生平与著述》（台湾大学硕士论文，1971年）可能是汉语学界最早研究王世贞生平家世，考订其著作，并以《史乘考误》为中心，详细论述王世贞史学思想的学位论文。颜婉云《王世贞〈艺苑卮言〉诗论析论》（香港大学硕士论文，1975年）以《艺苑卮言》为研究对象，涉及王世贞文学理论思想。黄志民《王世贞研究》（台湾政治大学中国文学研究所博士论文，1976年）着重分析王世贞的文学成就与交游网络。夏素青《论王世贞的史学》（南开大学硕士论文，1985年）更加关注王世贞的史学理论对明史著作与清修《明史》所产生的影响。杨文信《王世贞史学研究》（香港大学硕士论文，1992年）则比较全面的阐述王世贞的生平、著述、史学理论与明史贡献等诸多方面。此外尚有Kenneth James Hammond撰写的*History and Literati Culture: Towards an Intellectual Biography of Wang Shizhen*（1526—1590），是美国哈佛大学博士学位论文，除却导论之外共分四章内容，分别论述：1. 王世贞的家庭背景和生平事迹；2. 王世贞作为文人的思想活动，尤其是文学理论中对苏轼的评价问题；3. 王世贞在艺术上的活动与成就，其中就包括园林和书画等内容；4. 讨论王世贞的编史活动等。

在已经出版的著作中，郑利华《王世贞研究》是一部偏重讨论文学理论的系统专著，同样由他编撰的《王世贞年谱》在内容上已经远超钱大昕《弇州山人年谱》，成为迄今为止最为详尽的王世贞谱学著作，确实为本文的写作提供了极大的方便。孙卫国《王世贞史学研究》是他在南开大学攻读博士学位期间撰写的毕业论文，已由人民文学出版社出版发行。全书分为六章，是从史学角度全面系统研究王世贞的集大成之作。作者旁征博引，分析周密，见解精湛，将王世贞的史学成就放置于明朝社会政治、文化的总体环境中考察，对其出入官场的经历、史学思想的形成、史学著作的实践都有深入的探讨，并详细论述其深刻的社会影响。该书对王世贞史学贡献的阐发，确实也使本文受益匪浅。2003年6月，美国新墨西哥州立大学历史系主任Kenneth James Hammond教授在荷兰莱顿大学国际汉学研究院为客座研究员时，组织召开了“文化政治与政治文化：王世贞与十六世纪中国的士大夫”专题研讨会（Symposium on “Cultural Politics and Political Culture: Wang Shizhen and the Literati World of 16th Century China”），有来自美、荷、英、德、日等国的学者参加了此次讨论会，足见王世贞研究已成为海内外汉学领域中颇受瞩目的学术热点，越来越受到足够的重视。[1]

在艺术史领域，虽然已经有学者开始注意到王世贞参与艺术活动的历史影响，但是与文学和史学所投入的关注度相比，只能说还仍旧处于方兴未艾的初级阶段。Louise Yuhas在*Wang Shih-Chen As Patron*一文中，以赞助人的角度，重构王世贞与陆治、钱穀、张复、尤求等艺术家的交往，却未能站在艺术社会史的整体框架下给人以更为宏观的历史感知。[2]林美利《明代王世贞绘画赏鉴文学研究》（中国台湾清华大学硕士论文，1998年）旨在细致分析王世贞绘画题跋中的功能性与文学性差异。吴文怡《明代王世贞绘画美学研究》（台北艺术大学硕士论文，2007年）侧重关注王世贞的绘画美学理论、鉴赏品评、绘画史论等内容，其中涉及王世贞的艺术交游则过于简略。

需要特别强调的是，邓民亮《王世贞[1526—1590]艺术赞助的研究》（香港中文大学哲学博士论文，2006年）则是迄今为止有关王世贞艺术赞助最为重要的研究成果。在导师饶宗颐、莫家良等两位先生的带领下，作者运用翔实的文献资料，分七章内容分别论述：1. 经济社会史的启示——艺术赞助研究的兴起；2. 王世贞的人生历程；3. 王世贞的史学与收藏；4. 王世贞的艺术交游网络；5. 王世贞的艺术赞助活动（一）：设定主题的综合制作；6. 王世贞的艺术赞助活动（二）：文化资源的互换；7. 王世贞艺术赞助的影响和意义。由于此文近乎完美的论述几乎涵盖了王世贞参与艺术活动的方方面面，以至于我在确定了自己选题的很长一段时间内，都始终犹豫着是否需要更换研究对象。然而，正是业师范景中先生的鼓励，才让我最终坚定了信念：论文写作本就是不断学习的过程，既然邓民亮先生已经树立了优秀的榜样，我也应该具备继续前行的勇气。

迫不得已，只能带着极为挑剔的眼光阅读该部著作，除去少量细节性错误外，我也大体总结出以下几点可能存在的问题，可与邓民亮先生商榷：

1. 全文征引文献资料浩繁，行文中难免出现前后重复的现象。例如原文第四章涉及艺术交游网络的论述，就经常与第六章以讨论文化资源互换的赞助活动重复，不免给读者带来冗长乏味的阅读感受。

2. 章节的划分可能过于严肃刻板，容易造成论述的分散，尤其是在涉及交游关系的整体呈现时，往往导致王世贞与某一位友人的活动分别出现在不同的章节里。例如，有关王世贞与陆治的交游活动就分散在原文第四章、第五章和第六章中，无法给观者留下整体的阅读印象。

3. 以“艺术赞助”作为研究方法统摄全文，可能会导致读者产生不必要的误解。在王世贞的不同生活阶段，其扮演的社会角色不尽相同，也就直接导致其艺术活动不可能总是以赞助人的面目出现。即便是在相同的历史时期，亦有可能因为交往对象、环境、目的的差异，而产生截然不同的处理方式。以“赞助”为题，确实可以实现方法论的统一，但也有可能因此而忽视了具体的历史情境。

其实，在认真思考上述问题的同时，也就逐渐形成了本文的论述体系。从某种意义上说，本文的写作亦是向邓民亮先生的致敬。我们已然无法在宏观架构上超越前人，或许也只能尝试关注更为具体的细节。为避免上述问题的重现，本文将讨论的范围缩小至苏州地区，只关注王世贞与苏州文坛的艺术交游，基本依照时间顺序依次论述，以重大事件（或作品）为核心，希望能够展现王世贞逐步成为文坛领袖的过程，并通过详细分析人物的内心活动，梳理错综复杂的社交网络。因此，我们将讨论的内容总体分为两大板块。

第一部分：家难与丁忧

第一章《王忬之死》，运用纯粹历史学的研究方法讨论王忬（王世贞父亲）死难事件的前因后果，分析由李攀龙、王世贞主导的“后七子”社盟与晚明党争之间的隐秘关联。第二章《“伪画致祸”的社会因素》，从严嵩专权与王忬死难产生的谜团入手，讨论《鸣凤记》与《金瓶梅》等两部著名文学作品诞生的社会原因，并通过“伪画致祸”历史传闻的剖析，考察晚明苏州书画摹古与收藏风气的历史情境。第三章《家居与家世》，主要叙述王世贞丁忧里居的经过，以及家族风气对其个人兴趣爱好所产生的影响。在这部分中，我们试图厘清钱谦益《列朝诗集小传》中所使用的“刀笔伎俩”，以便还原王世贞个人性格与思想主张的本来面目。

第二部分：园林与交游

第四章《从“离薋”到“弇山”》，以离薋园和弇山园等两座私家园林为基础，详细介绍王世贞的生活居所，以及与园林相关的绘画作品，如《离薋园图》与《求志园图》等，分析王世贞兄弟与张凤翼兄弟间可能存在的竞争关系。对于弇山园的描述，既侧重园林风景的介绍，也会适当讨论园中的收藏，尤其是王世贞视为珍宝的宋版两《汉书》。第五章《主盟地位的竞争与庇护》，将分别通过《文先生传》与《停云馆跋》、《钱叔宝纪行图》与《临王履华山图》等四件书画作品，讨论王世贞与苏州文坛的交游中，所面临的竞争和庇护关系，揭示他逐渐成为文坛领袖的过程，以及其中所遭遇的困难。第六章《弇州“山人”》，将王世贞与个体文人间的分散交游，聚拢为山人群体，揭示晚明苏州文化的特质。

综上所述，本文着重关心的核心问题为：文徵明之后的苏州文坛到底发生了哪些变化？王世贞又是如何在竞争激烈的环境中成为文坛的领袖？记得曾经读过曹意强教授的一篇文章，其中引用了一段历史学家兰克[Ranke]的文字，这样说道："在物质和社会进步中，人类为自身赢得了一个传家宝……这份遗产中最珍贵的宝石乃是文学、艺术、诗歌和科学上的不朽天才之作。这些作品虽然受到它们赖以产生的各地环境的制约，但却表现了全人类的共同特征。与这份遗产不可分割，交融会通的便是对往昔的事件、体制和历史伟人的记忆。这个传统代代相传，永远活在人们的心中。"[3]我们希望能够沿着这份足以感动心灵的人文情怀，继续探索在艺术史未知的道路上。

注 释

1. 见孙卫国《王世贞史学研究》，第一章《绪论》，第 6 页，北京：人民文学出版社，2006 年。
2. 此文的中文版本收录于李铸晋主编《中国画家与赞助人——中国绘画中的社会及经济因素》，天津：天津人民美术出版社，2013 年。
3. 见曹意强《图像与历史——哈斯克尔的艺术史观念和研究方法》，曹意强主编《艺术史的视野——图像研究的理论、方法与意义》，第 40 页，杭州：中国美术学院出版社，2007 年。

南山博文

第一部分
家难与丁忧

南山博文

第一章
王忬之死

事件始末

嘉靖三十八年（1559）正月初一，世宗皇帝依照旧例，命成国公朱希忠至玄极宝殿行拜天礼，北京城内一片辞旧迎新的节日气象。[1]已过而立之年的王世贞北上台谒，顺道历城拜访李攀龙，两人围炉抱膝，坐而论诗，想来半年前新近完成的六卷本《艺苑卮言》应该会是他们剧谈的主要内容。自从陕西按察司提学副使任上挂冠而去，李攀龙已在故乡的白雪楼中隐居两年有余，见挚友前来拜访，欣喜万分，出河豚、蟹胥、酺苦以盛情款待。[2]或许，此时的王世贞无论如何也不会想到，已然来临的新年对于他以及整个家族而言，将会是何等的惨烈悲壮。即将发生的故事，足以成为这位明朝官员人生历程的分水岭。

潜藏在新春喜庆氛围背后的暗流，是大明王朝内外交困的政治格局。尽管“杨继盛案”早已定谳，然其实际影响却大有燎原之势，严嵩集团与反抗者之间的矛盾，犹如干柴烈火，随时随地都可能一触即发。与杨继盛同时问斩的张经，总督东南诸省，专办抗倭事宜，却在取得王江泾大捷之后，遭受严嵩、赵文华的陷害与屠戮。尽管此后胡宗宪等人亦曾数次大败倭寇，却也终究没能彻底消除东南海防的匪患。而此时的北方边境，刚刚经历了“庚戌之变”的阵痛，蒙古鞑靼部俺答汗屡屡领兵入犯，烧杀抢掠，逼迫明军进入旷日持久的战争状态。王世贞的父亲王忬，就是在如此危乱的时局中，成为转战南北的战士，肩负着抵御外敌侵略的重任。

王忬字民应，号思质，登嘉靖二十年（1541）进士。据王世贞回忆，父亲王忬生于正德二年（1507），是祖父王倬六十一岁时所生的次子。王忬从小颖秀异于凡人，深受王倬的喜爱，经常将其带在身边宦游。[3]王倬于成化十四年（1478）进士及第，累官至南京兵部右侍郎，因此为家族积累了丰富的政坛人脉，以致王忬早年的仕途生涯还算一帆风顺，波澜不惊。只是永不亲附的品行节操，使其在巡按各地的御史工作中，免不了得罪权势集团，首当其冲者即权相严嵩。王忬曾告诫儿子：“士重始进，即名位当自致，毋濡迹权路。”[4]这一永不依附权贵的家训，也让王世贞谨记在心，成为其仕宦沉浮的座右铭。

嘉靖二十九年（1550），王忬巡按顺天府，因为在“庚戌之变”中守卫通州立下汗马功劳，得到皇帝的格外赏识，破格擢升为右佥都御史。嘉靖三十一年（1552）王忬出任山东巡抚，甫三月，浙江倭寇日炽，又命其提督军务，巡抚浙江、及福、兴、漳、泉四府。刚一到任，王忬便觉“所治军府皆草创，而浙人又柔脆不习战兵，所受玺书轻，不足以督率吏士”，于是“上疏请假事权，权诛赏俱得以便宜行事，严接济之律，宽损伤之条，开招抚之令”，与二广、江左诸镇互为犄角应援之势，大胆任用参将俞大猷、汤克宽为都指挥使，并奏请释放在押名将卢镗、尹凤，招募士兵，激励士气。除此之外，王忬还“行部视诸城或未城或城而庳且薄者，计贼所繇，道以缓急，为次第毕城之凡二十馀县”，使明朝已经废坏的海防得到了巩固与加强，深得民众爱戴。[5]经过一年的周密准备，明军数次大败贼首王直、萧显所部。捷报传至都门，龙颜大悦。以至于，当嘉靖三十三年（1554）北方大同遭受敌兵入侵之时，皇帝第一个想到的督抚人选，就是王忬。

奉旨北上不久，皇帝就依照廷推擢升王忬为兵部左侍郎[6]兼右副都御史、总督蓟辽军务兼理粮饷等职，对其亲睐有加。殊不知此行之凶险，已然超出王氏家族的想象，毕竟北方的军事格局对于成长于南方、熟稔南方地理民情的王忬而言，仍旧是一片相对陌生的环境。事实确实如此，也许皇帝和王忬都低估了形势的严峻程度：

> 初，帝器忬才，甚眷之。及所部屡失事，则以为不足办寇，谕严嵩与兵部计防守之宜。嵩奏流河口边墙有缺，故寇乘之入，宜大修边墙。且令忬选补额兵，操练战守，不得专恃他镇援兵。部条六事，如嵩指。帝乃下诏责忬，赦其罪，实主兵，减客兵，如议。[7]

《明史》记载言简意赅，道出了战局不利的最大隐患：额兵不足。造成这一后果的原因错综复杂，绝非王忬一人之过，甚至可说是晚明军事危局的通病。[8]具体分析，有如下几点值得深思：

1. 官员贪污腐败，将领私吞空饷。

严嵩辅政期间，"文武将吏率由贿进"，户部所发边饷，"朝出度支之门，暮入奸臣之府。输边者四，馈嵩者六。"[9]与此同时，无论是北击蒙古还是东南抗倭，逐级将领在严嵩党羽的庇护下，侵盗军饷的现象可谓骇人听闻。据《明世宗实录》记载，嘉靖三十九年（1560）六月，给事中罗嘉宾、御史庞尚鹏奉旨核查私吞军饷一案，仅"浙直军兴以来，督抚诸臣侵盗军需无虑数十万"，其中"督查尚书赵文华所侵盗以十万四千计，总督都御史周琉以二万七千计，总督侍郎胡宗宪以三万三千计，原任浙江巡抚都御史阮鹗以五万八千计……"。[10]既然全国情势如此，恐怕总督蓟辽的王忬也会面临着无钱练兵的尴尬。

2. 天灾之年，粮食歉收，物价飞涨，饿殍遍野。

《明世宗实录》嘉靖三十七年（1558）六月有这样一则记录："总督蓟辽侍郎王忬奏：辽东三面直虏，惟西南隅山海一关通道京师。即今岁比大侵，斗米至价银八钱，民饥死者十八九，议赈议蠲，别无良策。臣谨按，山东、辽东旧为一省，近虽隔绝海道，然金州、登、莱南北两岸间，渔贩往来，动以千艘，官吏不能尽诘。莫若固其势而导之，明开海禁，使山东之粟可以方舟而下，此亦救荒一奇也。"[11]为了缓解抗敌前线的灾情，王忬竟然不顾海上倭寇之患，请求皇帝开放海禁，足见此次天灾的危害之大已经超出了戍边将士所能承受的范围，一旦蒙古铁骑突破拱卫陵京的防线，京师就将面临巨大的威胁。身处这般天灾人祸中，王忬的艰难可想而知。

正所谓“福无双至，祸不单行”，几乎与灾荒同时，蒙古敌军围困大同，总督杨顺告急，西鄙震动。而此时国库空虚，已无力支付巨额的军费开支，甚至有官员上书愿捐工资银两以解燃眉之急。[12]情急之下，皇帝命兵部尚书杨博视师宣大。谁曾料想，杨博给出的建议竟然是拆东补西的权宜之计：

初，帝从杨博言，命蓟镇入卫兵听宣大调遣。忬言：“古北诸口无险可守，独恃入卫卒护陵京，奈何听调发。”帝怒曰：“曩令蓟镇练兵，今一卒不练，遇防秋辄调他镇兵，兵部详议以闻。”部臣言：“蓟镇额兵多缺，宜察补。”乃遣郎中唐顺之往覈。还奏额兵九万有奇，今惟五万七千，又皆羸老。忬与总兵官安、巡抚马珮及诸将袁正等，俱宜按治。乃降忬俸二级。帝因问嵩：“边兵入卫，旧制乎？”嵩曰：“祖宗时无调边兵入内地者。正德中刘六猖獗，始调许泰、郤永领边兵讨贼。庚戌之变，仇鸾选边兵十八支护陵京，未用以守蓟镇。至何栋始借二支防守，忬始尽调边兵守要害，去岁又征全辽士马入关，致寇乘虚入犯，辽左一空。若年复一年，调发不已，岂惟糜饷，更有他忧。”帝由是恶忬甚。[13]

王忬并非不愿练兵，也明白每年调拨边兵入卫会日渐损耗战力，徒费军饷，只是“戍卒多选懦不习战，所勾募取充数而已。诸老将孰计之，不敢任。”[14]无奈之下，调兵才成为常例。然而，在严嵩等人的推波助澜中，皇帝对王忬的态度已发生重大转变，从开始的“器忬才”到之后的“恶忬甚”，前后只经历了短短的七八年光景。其喜好之无常，心思之多变，可见一斑。许多学者都曾对嘉靖的个人心态做过深入分析，认为自“大礼议”纷争之后，皇帝与外廷官员的关系就始终处于紧张状态，再加上“壬寅宫变”等事件的发生，导致其性情格外的偏狭乖戾，不可捉摸。某种程度而言，嘉靖与严嵩之间确实建立起一种互惠互利的特殊关系，在这种君臣相互依靠的政治场域中，皇帝得以凭借权臣弹压外廷官员有违圣意的谏言或意见，而严嵩则借助皇权的威严广植党羽、打击异己，竭尽全力确保自己的既得地位不被旁人取代。可是，王忬与王世贞父子却选择了完全不同的道路，他们采取操持清议、坚持公理的立场，即使未与权臣集团展开激烈的论战，只是同情清流官员的行为，就足以遭致严嵩的忌恨。最为可怕的是，一旦这种忌恨借助于性情乖张的皇帝释放出来，很有可能演变为灾难。

对于朝中权贵敬而远之的为官准则，或许只是王氏父子引起严嵩反感的基本要素，而真正让权相警觉、忌惮的主要原因，可能还要归之于王世贞积极参与代表社会舆论的社盟团体。自嘉靖二十六年（1547）进士及第始，王世贞开始了宦游北京的生涯，虽然初入仕途稍有不顺，但这位二十二岁的新科进士，凭借其年轻过人的诗文才情，结交天下名士，其中既有徐阶这样的政坛名宿，亦有吴维岳、李攀龙、蔡汝楠、王宗沐、高岱、徐中行、梁有誉、吴国伦、宗臣、魏裳等刑部同僚，还有李春芳、张居正、杨继盛、凌云翼、章美中、汪道昆、宋仪望、李先芳、陆光祖等同年学友，以及布衣谢榛等诗坛翘楚。十二年间，[15]“同僚”与“同年”犹如相互交织的经纬线，使王世贞得以逐渐拓展广阔的社交网络，为其日后成为文坛盟主创造了重要的外部条件。

列出上述文人交游的名单是件容易的事情，可是要想明确王世贞在这些人中处于何种地位，扮演何种角色，确是我们应该仔细讨论的内容。毕竟，王世贞不可能在任何一种关系情境中都处于核心地位，社会交往总是在不同条件中呈现复杂的机制。以“后七子”[16]为例，今天我们都会理所当然地将李攀龙、王世贞视为领袖，然而社团刚刚组建之时，真正执牛耳者却是谢榛。正如《明代文学史》所言：“谢榛与其他人初集时文名已高，实际上是后七子的中心人物，即《列朝诗集小传》本传（丁集上）所说‘以布衣执牛耳’。但其余六人都是年轻的新进士，谢榛以长辈而和晚辈同列，这是他的俯就；他以无功名的清客身份而和新贵结交，则又是一种高攀。”[17]与谢榛不同，王世贞能够很快从年轻进士中脱颖而出，则是依靠家族门第的影响，父亲王忬由御史破格提拔为督抚大臣，此时正是皇帝眼中的红人。

然而，如果将王世贞积极参与聚会结社、诗赋倡和的行为简单理解为珍视文人身份、轻视仕途升迁的话，我们也许就会错误地理解当时的社会环境。在这些青年官员的眼中，操持清议、臧否时政显然要比安分守己地做一任郎官重要得多，因为这不仅意味着引领社会舆论的责任，也是他们实现政治理想与人生抱负的捷径。有鉴于此，当我们理所当然地将“后七子”纳入明代文学史讨论的时候，或许更应该关注他们背后的地缘政治。由一批刑部官员组成的诗社，开始发酵为具有全国影响力的社盟团体，他们究竟想要做些什么？仅仅依靠六七人之间的诗文唱和，能够达到如此声势浩大的效果吗？显然，首辅严嵩注意到了正在发生的变化，其间的暗流涌动，令他惴惴不安。

时分宜相当国，雅重公才名，数令具酒食征逐，微谕相指，欲阴收公门下，公意不善也。[18]

拉拢王世贞的举动，表明了严嵩的求贤若渴，但也从侧面反映出他内心的隐忧。在严嵩看来，一位在不久的将来有足够能力领导社会舆论的年轻人，如果不能为其所用，便很有可能成为自己的政敌。严嵩深谙明朝政治体制与官场现实，十分清楚清议的力量，因此，如何能够有效钳制舆论便成为其笼络人心的首要目的，倘若受延揽的对象不愿加入己方阵营，则必然要将其驱离政治漩涡的中心，使其丧失掌控舆论的权力。

王世贞理所当然拒绝了严嵩的如意算盘，因为依附权臣本身就不符合清议的特质。相反，为了彰显正义，声援遭受打压的官员并以示同情，王世贞还经常使酒骂座，评论世间龃龉。正如沈德符所言：“王弇州为曹郎，故与分宜父子善，然第因乃翁思质忤方总督蓟辽，姑示密以防其忮，而心甚薄之。每与严世蕃宴饮，辄出恶谑侮之，已不能堪。”[19]两家的关系就此走向交恶状态，甚至王世贞的弟弟王世懋进士及第，也会招致严嵩、严世蕃的妒忌与怨恨。[20]此时的王世贞未曾预估得罪严氏父子的严重性，更无法预料因为自己清高孤傲、嫉恶如仇的性格，会导致灾难性的后果。倘若，我们将“后七子”成员先后被无端外调出京视为严嵩实施报复的前奏序曲，那么，王忬下狱死难最终成为严、王两个家族矛盾的总爆发，则令王世贞痛不欲生、后悔莫及。

嘉靖三十八年（1559）二月，距辽东饥荒、大同之围尚未满一年，蒙古把都儿、辛爱[21]所部数万铁骑屯兵会州，挟诸延帅伊克噶海为向导，觊觎入侵。王忬派出的谍报人员大多被杀，于是严令诸将死守要害，并向朝廷请求援兵。[22]三月，蒙古军队声东击西，入侵潘家口，乘滦河水浅，遂渡河而西，大掠遵化、迁安、蓟州、玉田等地，逼三屯营，驻内地五日引去，京师大震。[23]《明世宗实录》对此事有段详细的记录：

诏巡抚顺天佥都御史王轮降二级，调外任。蓟镇总兵官欧阳安、参将高延龄、徐校提调李廷镇俱革职，下巡按御史逮问，治虏入潘家口罪也。是岁虏把都儿、辛爱等谋大举，声势颇巨，谍者于数月前侦知之，将入屯，驻会州，属夷影克哈孩等为之向导，诳称虏欲东犯义院冷口，以给我师。总督王忬不能察，遽引兵而东，其分布延辽等兵号令朝夕数易，人马奔命疲于道路，虏乃以其间由潘家口入。事闻，有旨切责，令亟行驱剿自赎，诏巡按巡关御史查虏所从入，及诸臣失事状。御史王渐、方辂等奏：黠虏屯聚会州，垂涎蓟镇为日已久，且屡诏严饬督抚增兵应援，而尤仓皇失策，令虏骑长驱内地，不能戮力血战，以致残破荼毒，惨不可言，竟使虏众饱利全归，诸臣玩敌误事，大员委任宜以轻重治罪。兵部覆请上以失事重大，革安等职，下按臣逮问，降调轮外任。忬姑停俸，戴罪练兵，俟防秋事竣。奏夺兵备副使伊介夫、副总兵马芳各降二级，照旧管事。[24]

相较《明世宗实录》平实无华的文风，王世贞为父亲撰写的行状则更具倾向性，字里行间为王忬脱罪的意图明显："府君率所部万馀骑直前拒敌，数里而阵，别遣大将马芳等以轻骑八千乘夜绕出贼前，贼故众数倍我，然莫知我虚实，稍敛其众，不敢散掠，凡三日引去，兵尾而击之。"[25]尽管撰写行状大都带有修辞的意味，藉此美化主人的生平事迹，但王忬后续的御敌策略或许确有成效，虽功过不能相抵，也绝无性命之忧。

可谁都未能料到，事态的发展在五月间突然急转直下。严嵩门客鄢懋卿暗中唆使御史方辂再次上书弹劾王忬失策者三，可罪者四。[26]严嵩则以内阁首辅之便，落井下石，促成皇帝逮王忬及中军游击张伦下诏狱。消息传来，王世贞当即自劾辞官，[27]与兄弟王世懋一起“时时从相嵩门蒲伏泣请解”，可严嵩只是以“谩词相宽戒”。[28]刑部尚书郑晓[29]认为王忬罪不至死，提议判其戍边，然而皇帝却以“诸将皆斩，主军令者顾得附轻典耶？”为由，改论斩。[30]就这样，嘉靖三十九年（1560）十月，王忬死难。

家难：“后七子”的党争

有学者依据余英时先生的观点，将严嵩对王氏父子的仇恨理解为“反智”，即认为中国文化与政治传统中一向弥漫着对于“智性”[Intellect]的憎恨与怀疑。[31]其实，仔细研读《历史与思想》所述，余英时所谓的“反智”原本属于中国思想史研究的统摄性理论，用以阐述儒、道、法三家政治思想的分野与汇流，如果我们一味将其套用于某些个案原因的分析，则必然会导致结论的偏差。[32]毕竟，历史的发展总是会因细节的异同而产生丰富多彩的面貌。与嘉靖皇帝长期积怨于官僚机制的“反智”行为不同，严嵩本身就是进士出身，[33]不仅身居阁臣要职，也是明代知识分子群体的杰出代表，若论其以智者之身“反智”，则似乎并不符合逻辑规律。因此，要想正确理解他与王氏父子的矛盾根源，我们还应从具体问题入手。

王世贞对于父亲之死始终怀有难以释怀的自责与悔恨，以至多年之后，他向同榜进士、内阁大学士李春芳上书，谈及父亲被杀的原因时言辞恳切地说道：

至于严氏所以切齿于先人者有三：其一，乙卯冬，仲芳兄（杨继盛）且论报，世贞不自揣，托所知为严氏解救，不遂。已见其嫂代死疏辞戆，少为笔削。就义之后，躬视含殓，经纪其丧。为奸人某某文饰以媚严氏。先人闻报，弹指唾骂，亦为所诇。其二，杨某[34]为严氏报仇，曲杀沈錬，奸罪万状，先人以比壤之故，心不能平，间有指斥。渠误谓青琐之抨，先人预力，必欲报之而后已。其三，严氏与今元老相公（徐阶）方水火，时先人偶辱见收葭莩之末。渠复大疑有所弃就，奸人从中搆，牢不可解。以故练兵一事，于拟票内，一则曰大不如前，一则曰一卒不练，所以阴夺先帝之心而中伤先人者深矣。预报贼耗，则曰王某恐吓朝廷，多费军饷。虏贼既退，则曰将士欲战，王某不肯。兹谤既腾，虽使曾参为子，慈母有不投杼者哉！[35]

书中言及王氏父子获咎于严嵩的原因与杨继盛、沈鍊、徐阶三人有关，确实并非偶然，因为他们具有共同的特点，都是严嵩的政敌。自嘉靖二十七年（1548）首辅夏言、都御史曾铣治罪问斩始，主持清议的言官体系就从未停止对严嵩党羽的弹劾，整个明朝官场陷入党同伐异的混乱局面。尤其是“庚戌之变”中，首辅严嵩畏战禁兵，以致京师郊外遭受蒙古铁骑劫掠，兵部尚书丁汝夔屈死，更是激起外廷舆论的轩然大波。面对接二连三的申斥、贬谪、流放、削籍、廷杖甚至弃市赴死，官员们义无反顾，视死如归，始终秉承信念道义坚持斗争，而皇帝对于外廷的反感与弹压则进一步助长严嵩父子的嚣张跋扈，致使矛盾激化，不可调和。继给事中厉汝进、刑部郎中徐学诗、锦衣卫经历沈鍊、御史王宗茂之后，兵部员外郎杨继盛于嘉靖三十二年（1553）再次上疏，议论严嵩“十大罪”、“五奸”，最终将这场旷日持久的弹劾风暴推向高潮，名震全国，世人谓之“天下义士”。[36]就在杨继盛被逮系狱之时，王世贞不仅积极奔走解救，[37]向严嵩说情，甚至还亲自与吴国伦、宗臣一起经纪其丧，作诗凭吊，为杨妻张氏上疏辨冤削笔，这些举动都足以令严嵩迁怒于王氏父子。

问题在于，王世贞无视权贵、全力助友的行为只是出于同年情谊，还是另有深意？与同榜进士保持亲密友谊，本是王世贞建立交游网络的捷径，若据此断定他能不顾一切为朋友两肋插刀，放在讲究忠孝仁义的传统社会而言，确实合情合理。然而，看似合乎情理的解释，却仍旧可能遮蔽我们的双眼，难以察觉隐秘的细节。仔细翻阅《弇州山人四部稿》，无论是篇幅还是内容，唯一能与《先考思质府君行状》相媲美的文字只有《杨忠愍公行状》，王世贞倾注其中的笔墨可谓两人深情厚谊的最好见证，绝非单纯的同年关系可比。[38]这篇《行状》中的记载，为我们揭开上述疑问提供了线索：“甲辰（杨继盛）复下第，再入太学，时祭酒华亭徐公异公材，为指授经义甚悉。公遂以又明年之丁未举进士高第，[39]授南京吏部验封司主事，及与考功郎郑公晓游。”[40]原来，杨继盛是徐阶的得意门生，且深受其知遇之恩。

尽管徐阶只比杨继盛年长十三岁，但他们之间亦师亦友的密切程度，已然超出普通师生的界限。杨继盛进士及第在南京吏部任职，又得到郑晓的赏识与提携，及至转任兵部，郑晓仍旧是他的上级。我们不应忘记，正是这位嘉靖三十八年（1559）擢升的刑部尚书，[41]在王忬羁押受难时，曾努力试图免除王忬的死罪。郑晓与徐阶同为杨继盛的庇主，又都与严嵩党羽不和，因此他们之间确实存在政治结盟的有利条件。《世经堂文集》中撰有《明故刑部尚书赠太子少保谥端简郑公墓志铭》，可视为两人友谊的最好证明。早年郑晓因"大礼议"直言抗争而遭受廷杖的经历，如今确也成为杨继盛视死如归的榜样。

王世贞与徐阶的交往开始于嘉靖二十六年（1547），年轻的新科进士们意气风发，聚而论诗，彼此间相互拓展交游网络。在众多同榜才俊中，李先芳是王世贞早期社交建构中的关键人物，王世贞初入吴维岳诗社就能与仲春龙、莫如忠、[42]刘尔牧、李攀龙等人结识，皆有赖李先芳的引荐。[43]依靠诗社的助力，加上父亲王忬为官清正的威望，王世贞逐渐声名鹊起，自然得到了徐阶的关注，遂有缘拜谒："始贞弱冠，谒公旅次，笑语从容，傍及六艺。"[44]而身居阁臣的徐阶，以"隐忍求济"的处事作风跻身于皇帝、严嵩与外廷间，他心里明白，年轻士子的慷慨议论一旦成为影响力巨大的社会舆论，就足以影响庙堂。徐阶敏锐地意识到，与杨继盛的侠肝义胆不同，王世贞身上具有"毛锥杀人"的本领——史学才能。因此，当王世贞嬉笑怒骂间谑侮严嵩父子将被锦衣卫问罪之时，徐阶"力救得免"，正是这般恩情，令王世贞"德之入骨"。

当华亭力救弇州时，有问公何必乃尔。则云，此君他日必操史权，能以毛锥杀人。一曳裾不足锢才士，我是以收之。人咸服其知人。[45]

时至今日，我们都不禁感叹徐阶的知人善任。清人编修《明史》，之所以将严嵩纳入"奸臣传"中，正是因为参考了王世贞的《嘉靖以来首辅传》。该书不仅为明清史家广泛征引，而且已然成为嘉靖时期私家治史的重要文献资料。必须承认，严嵩在历史上被视为奸臣，王世贞的功劳最大。尽管有部分后世学者认为，王世贞身负家仇，对于严嵩的评价过于情绪化，这确是事实，但倘若因此而全盘否定王世贞的史才与史德，则未免矫枉过正。本文无意讨论严嵩、徐阶孰忠孰奸，我们只想藉此弄清，王世贞是如何卷入阁僚之间的政治博弈，交游网络又是如何对其政治立场产生影响，这关系着我们应该怎样理解王氏家族的命运。

其实，“德之入骨”只是沈德符的方便说，王世贞与徐阶的友谊并非始终亲密无间，至少在王忬被杀之后，两人曾经历过一段漫长的冷淡期。《弇州山人续稿》中有两篇纪念徐阶的文章，除《祭太师徐文贞公文》外，还包括一篇内容长达三卷的行状，全称为《明特进光禄大夫柱国少师兼太子太师吏部尚书建极殿大学士赠太师谥文贞存斋徐公行状》，是王世贞受徐阶长子徐璠请托而作，详细记述徐阶的家世与经历。[46]《行状》结尾处，作者回忆与徐阶的交往时，如实写道：

> 是时世贞数以公事失缇帅意，公从容解之。世贞不悟，语侵公，公弗色忤。自是坐先大夫难，退伏田里者十年，无一字以干公，亦不知公尚能记否。隆庆之元始叩阍上疏为先大夫辨雪，亦不敢以私请公。是时，方有新郑梗，不获尽如志，而先大夫得免于丹书之籍，而以故官就土。自是有一命起世贞于田间，而公亦得谢政归矣。官满或公除待次，以至避言里居，岁必造公，公必留款。语及三才之恒变，朝典之新故，人才之是非，国家兵事之得失，未尝不三复焉。公固未尝不跃然世贞之管窥，而忧其踈弛，然既忧之而又复护之，尚以为可用者，而世贞竟自废负公矣。[47]

新皇帝登极，改元隆庆（1567），严嵩专权的时代成为历史，首辅徐阶力主为王忬平反，才使得王、徐两家的关系重新回暖。七、八年的里居生活，使王世贞得以将全部精力用于文学艺术的交游唱和，逐渐确立起文坛领袖的地位，而徐阶则因为高拱的排挤，不久便辞官归里，两人的身份与境遇都在悄然发生着改变。至于多年“无一字以干公”的原因，其实不难推测，显然是因为在王忬受难时，徐阶未能鼎力相救。与王世贞为杨继盛鞍前马后、四方奔走相比，徐阶隐忍求济、明哲保身的为官之道，注定其在没有十足把握时，绝不会因为王忬而贸然得罪严嵩，更不会为营救王忬而断送自己的政治生命，这自然令王世贞有些心寒意冷。事实证明，自杨继盛案发，王世贞与整个“后七子”社盟都卷入了严嵩与徐阶的明争暗斗，而且为此付出了不小的代价：

嘉靖三十一年（1552），王世贞寄书杨继盛，劝其慎身。[48]

嘉靖三十二年（1553），李攀龙出守顺德。[49]

嘉靖三十三年（1554），徐中行以刑部员外郎奉旨出京，决狱江北。[50]

嘉靖三十四年（1555），张佳胤刚入社，即使闽粤督租。[51]吏部推王世贞为督学副使，为严嵩所格。[52]是年十月，杀杨继盛，王世贞、宗臣、吴国伦哭祭。[53]

嘉靖三十五年（1556），吏部尚书李默因严嵩、赵文华构陷下狱，拷死狱中。吴国伦谪江西按察司知事。[54]十月，王世贞外调出京，升山东按察司副使，兵备青州。

嘉靖三十六年（1557），宗臣外调出京，任福建布政使司参议。[55]吴维岳由兵部车马司郎中升山东提学副使。[56]徐中行出知汀州府。[57]

七子之中，除谢榛出身布衣、梁有誉英年早逝外，其他成员均在杨继盛案发后迁调出京，这无疑是严嵩集团采取的报复手段，目的在于扼制不断制造弹劾声浪的社会舆论。虽然明朝部院属官外调地方任职实属常例，可短时间内将刑部郎官大量外迁，却十分罕见，其中具有明显的政治意味。尽管多数外调都以升迁作为补偿，但毕竟缺少京官的身份与光彩，为其日后的仕途生涯带来很多不确定因素。尤其对于“后七子”而言，缺少了京城雅集唱和的环境与场域，飘游四方，自然也就无法形成合力。这种局面或许有利于将复古风雅推向全国，却再也无法声势浩大地影响庙堂，因此，七子离京可视为复古文学的重要转折。作为当局者，王世贞更能体会其中的差异，对迁调青州颇有不满，时常流露出愤懑失落的情绪：“然余往者则已有一时名，既名日以削而宦日以薄，守尚书郎满九岁，仅得迁为按察，治青、齐兵，此其意将困余以所不习故。”[58]只是当局者亦有迷惘之时，王世贞未能敏锐觉察到，一旦掌控舆论的七子社盟被清除出京，将有利于严嵩集团更加有恃无恐的打压异己，致使内阁辅臣之间的党争趋于白热化。嘉靖三十七年（1558），徐阶不再隐忍蛰伏，命门生吴时来、张翀上疏弹劾严嵩朋党；[59]而严嵩则变本加厉，破釜沉舟，继吴嘉会罢官下狱、贬黜为民后，王忬死难随即发生。

由是观之，王忬之死绝非独立的偶发事件，而是嘉靖党争的牺牲品。皇帝以权臣相互倾轧作为谋求政治平衡的手段，并试图通过酷刑、杀戮加强皇权的威慑力，以此掩盖国力日渐虚弱的事实，这在朝纲混乱的晚明社会并不罕见。与杨继盛等人的舍身赴死、慷慨就义相比，也许王忬死难缺少些许荡气回肠的英雄气概，却同样令后人扼腕叹息。面对突如其来的打击，王世贞的生活发生了天翻地覆的变化，为父丁忧将成为他此后几年作为孝子而必须履行的职责，尽管仕途受阻、七子离散，但因此收获舆论的同情，为其在苏州地区开拓出另一片广阔的交游天地带来了意想不到的效果。王世贞也始终不遗余力，凭借引领文坛的声望为父亲鸣冤叫屈，以至于王忬之死竟然在中国文化史上造就多项扑朔迷离的悬案，其中更有与晚明书画流通与作伪相关的疑团，则足以引起我们的关注。

注释

1. 参见《明世宗实录》卷四六八，第7873页，据国立北平图书馆红格钞本微卷影印，台北：中央研究院历史语言研究所校印。
2. 王世贞《书与于鳞论诗事》："己未正月，余以台谒之济上，于鳞烹一豚，候我田间，出蟹胥佐酺苦。剧谈久之，尽一瓻苦，五十六螯，漏且行尽。"见《弇州山人四部稿》卷七十七，文部，书事，第3690页，明万历五年世经堂刻本，《明代论著丛刊》，台北：伟文图书出版社有限公司，1976年。
3. 见王世贞《先考思质府君行状》，《弇州山人四部稿》卷九十八，文部，行状，第4587—4632页，明万历五年世经堂刻本，《明代论著丛刊》，台北：伟文图书出版社有限公司，1976年。
4. 同上注。
5. 同上注。
6. 《明史》记载为兵部右侍郎，可能有误。此处依王世贞《先考思质府君行状》。
7. 见《明史》卷二百四，列传第九十二，第十八册，第5398页，北京：中华书局，1974年。
8. 嘉靖统治时期，兵源不足实乃整个北方战线的共同问题。据《明世宗实录》，嘉靖三十七年(1558)六月，朝廷就曾因宣大二镇兵荒暂免居庸关商税。参见《明世宗实录》卷四六〇，第7769页，据国立北平图书馆红格钞本微卷影印，台北：中央研究院历史语言研究所校印。
9. 见《明史》卷二百十，列传第九十八，第十八册，第5565—5567页，北京：中华书局，1974年。亦参见夏燮《明通鉴》卷六十一，纪六十一，世宗嘉靖三十七年，第2162页，北京：中华书局，1959 年。

10. 见《明世宗实录》卷四八五，第 8092 页，据国立北平图书馆红格钞本微卷影印，台北：中央研究院历史语言研究所校印。
11. 见《明世宗实录》卷四六〇，第 7774 页，据国立北平图书馆红格钞本微卷影印，台北：中央研究院历史语言研究所校印。
12. 据夏燮《明通鉴》卷六十一世宗嘉靖三十七年记载："三月，丙辰，刑科给事中吴时来言：近者大同右卫之急，帑藏空虚，至廑圣怀，捐工资银两以济然眉。而总督宣大侍郎杨顺，自莅镇以来，所请帑银无虑三十馀万。乃该镇兵食日见空虚，寇势披猖，城堡尽破，顺未能出一奇，发一矢以効尺寸。"见是书第 2159 页，北京：中华书局，1959 年。
13. 见《明史》卷二百四，列传第九十二，第十八册，第 5398 页，北京：中华书局，1974 年。
14. 见王世贞《先考思质府君行状》，《弇州山人四部稿》卷九十八，文部，行状，第 4587—4632 页，明万历五年世经堂刻本，《明代论著丛刊》，台北：伟文图书出版社有限公司，1976 年。
15. 从嘉靖二十六年（1547）王世贞进士及第，到嘉靖三十八年（1559）王忬死难，共计十二年。
16. "后七子"成员包括李攀龙、王世贞、谢榛、宗臣、梁有誉、徐中行、吴国伦，因提倡文学复古，与李梦阳、何景明等为代表的"前七子"相呼应，且声势浩大，遂成为嘉靖、隆庆间重要的文学流派。可参见徐朔方、孙秋克《明代文学史》第七章《晚明文坛复古与反复古风潮之消长》第一节《后七子再树复古旗帜》，第 240—252 页，杭州：浙江大学出版社，2006 年。
17. 见徐朔方、孙秋克《明代文学史》第七章《晚明文坛复古与反复古风潮之消长》第一节《后七子再树复古旗帜》，第 242 页，杭州：浙江大学出版社，2006 年。
18. 见王锡爵《王文肃公文草》卷六《太子少保刑部尚书凤洲王公神道碑》，《王文肃公全集》，首都图书馆藏明万历王时敏刻本，《四库全书存目丛书》集部第 136 册，第 308 页，济南：齐鲁书社，1997 年。
19. 见沈德符《万历野获编》卷八《严相处王弇州》，历代史料笔记丛刊，元明史料笔记，第 208 页，北京：中华书局，1959 年。
20. 参见王世贞《先考思质府君行状》，《弇州山人四部稿》卷九十八，文部，行状，第 4587—4632 页，明万历五年世经堂刻本，《明代论著丛刊》，台北：伟文图书出版社有限公司，1976 年。
21. "把都儿"、"辛爱"皆为音译，此处依《明世宗实录》与《明史》为准。王世贞《先考思质府君行状》记为"巴图尔"、"锡凌阿"。夏燮《明通鉴》译为"娄巴图尔"、"锡林阿"。
22. 《明世宗实录》卷四六九：嘉靖三十八年二月，"丙辰，总督蓟辽保定军务侍郎王忬言，虏酋把都儿、辛爱纠结生虏蓄谋窥伺，宣言分道入犯。诏各总督镇巡等官增兵应援，严加防御。"第 7887 页，据国立北平图书馆红格钞本微卷影印，台北：中央研究院历史语言研究所校印。
23. 《明世宗实录》卷四七〇：嘉靖三十八年三月，"虏自遵化东，掠至迁安县西，至蓟州南，至玉田等处，驻内地凡五日。是日薄暮，始趋鲇鱼关、大安口而遁。"第 7897 页，据国立北平图书馆红格钞本微卷影印，台北：中央研究院历史语言研究所校印。
24. 见《明世宗实录》卷四七〇，第 7898—7899 页，据国立北平图书馆红格钞本微卷影印，台北：中央研究院历史语言研究所校印。
25. 见王世贞《先考思质府君行状》，《弇州山人四部稿》卷九十八，文部，行状，第 4587—4632 页，明万历五年世经堂刻本，《明代论著丛刊》，台北：伟文图书出版社有限公司，1976 年。
26. 参见《明世宗实录》卷四七二，第 7926—7927 页，据国立北平图书馆红格钞本微卷影印，台北：中央研究院历史语言研究所校印。
28. 见王世贞《先考思质府君行状》，《弇州山人四部稿》卷九十八，文部，行状，第

4587—4632页，明万历五年世经堂刻本，《明代论著丛刊》，台北：伟文图书出版社有限公司，1976年。

29. 郑晓，字窒甫，号淡泉，浙江海盐人，嘉靖二年（1523）进士，嘉靖三十七年（1558）官拜刑部尚书，与严嵩不和。嘉靖三十九年（1560），为严嵩构陷罢职。主要著作有《吾学编》、《古言》、《今言》、《澹泉笔述》等，是明代嘉靖时期著名的历史学家。

30. 见《明史》卷二百四，列传第九十二《王忬》，第十八册，第5399页，北京：中华书局，1974年。

31. 参见孙卫国《王世贞史学研究》，第二章《王世贞生活的时代与生平》，第22页，北京：人民文学出版社，2006年。

32. 参见余英时《历史与思想》，《反智论与中国政治传统——论儒、道、法三家政治思想的分野与汇流》，第1—46页，台北：联经出版社，1976年。

33. 据《明清历科进士题名碑录》，严嵩于弘治十八年乙丑（1505）进士及第，名列二甲第二名，为江西袁州府分宜县匠籍。见此书第一册，第513页，台北：华文书局，1969年。

34. 杨某，应指宣大总督杨顺，严嵩党羽。

35. 见王世贞《上太傅李公》，《弇州山人四部稿》卷一百二十三，文部，书牍，第5731—5733页，明万历五年世经堂刻本，《明代论著丛刊》，台北：伟文图书出版社有限公司，1976年。

36. 见谷应泰《明史纪事本末》卷五十四《严嵩用事》，第三册，第823页，北京：中华书局，1977年。

37. 杨继盛受难时，为其奔走解救者不止王世贞一人，其中还包括徐阶之弟徐陟。《椒山先生自著年谱》："乙卯年（1555），四十岁……九月……旨意遂云：依律处决。予知之，付命而已。平昔予同志辈若王继津、徐望湖、王凤洲、杨朋石、杨毅斋、龚全山、孙联泉、应养虚、李鹤峰诸公，为予奔走解救，凤洲为予画策。"见《北京图书馆藏珍本年谱丛刊》，第49册，第487页，北京：北京图书馆出版社，1999年。

38. 《杨忠愍公行状》作于隆庆二年（1568），是年杨继盛子杨应尾过访王世贞，以其父自著年谱相示，委托王世贞撰写行状，并请徐阶作墓志铭。王世贞在《行状》中写道："不佞不获已为著状，而泪涔淫流弗已。至于序录公遇难事，则大恸几绝，投笔者三矣。"见王世贞《杨忠愍公行状》，《弇州山人四部稿》卷九十九，文部，行状，第4671页，明万历五年世经堂刻本，《明代论著丛刊》，台北：伟文图书出版社有限公司，1976年。

39. 据《明清历科进士题名碑录》，杨继盛于嘉靖二十六年丁未（1547）进士及第，名列二甲第十一名，为直隶保定府容城县民籍。见此书第二册，第768页，台北：华文书局，1969年。

40. 见王世贞《杨忠愍公行状》，《弇州山人四部稿》卷九十九，文部，行状，第4636—4637页，明万历五年世经堂刻本，《明代论著丛刊》，台北：伟文图书出版社有限公司，1976年。

41. 参见王世贞《弇山堂别集》卷五十，《刑部尚书表》，中国历史文集丛刊，北京：中华书局，1985年。

42. 《明诗评后叙》云："而始隶藉大理，与濮人李先芳游。……因李识秀水仲春龙，……又因仲识华亭莫如忠。"见王世贞《凤洲笔记》卷六，北京大学图书馆藏明黄美中刻本，《四库全书存目丛书》集部第114册，第564页，济南：齐鲁书社，1997年。郑利华《王世贞年谱》中，嘉靖二十六年丁未（1547）条下，将《明诗评后叙》记为《明诗评叙》，有误，且所录内容与明黄美中刻本《凤洲笔记》中的《明诗评后叙》稍有出入。

43. 钱谦益《列朝诗集小传》丁集上《李同知先芳》："始伯承（李先芳）未第时，诗名籍甚齐鲁间，先于李于鳞。通籍后，结诗社于长安。元美隶事大理，招延入社，元美实扳附焉，又为介元美于于鳞，嘉靖七子之社，伯承其若敖蚡冒也。"上海：上海古籍出版社，2008年。

44. 见王世贞《祭太师徐文贞公文》，《弇州山人续稿》卷一百五十三，第十四册，第6982—6985页，明崇祯间刊本，明人文集丛刊第一期，沈云龙主编，台北：文海出版社，1970年。
45. 见沈德符《万历野获编》卷八《严相处王弇州》，历代史料笔记丛刊，元明史料笔记，第209页，北京：中华书局，1959年。
46. 参见王世贞《弇州山人续稿》卷一百三十六、一百三十七、一百三十八，第十三册，第6239—6373页，明崇祯间刊本，明人文集丛刊第一期，沈云龙主编，台北：文海出版社，1970年。
47. 见王世贞《明特进光禄大夫柱国少师兼太子太师吏部尚书建极殿大学士赠太师谥文贞存斋徐公行状》，《弇州山人续稿》卷一百三十八，文部，行状，第6369—6370页，明崇祯间刊本，《明人文集丛刊第一期》，沈云龙主编，台北：文海出版社，1970年。
48. 王世贞《杨仲芳》："第执事往所忤人以大辟败，又名太高，如孔翠威凤，弋人争欲得而笼之，幸自避千仞，遥览乃下可也。"书末原注："书抵京，而君就逮三日矣。"见《弇州山人四部稿》卷一百二十四，文部，书牍，第5780—5781页，明万历五年世经堂刻本，《明代论著丛刊》，台北：伟文图书出版社有限公司，1976年。
49. 殷士儋《墓志铭》："癸丑，出守顺德。"见李攀龙《沧溟集》卷三十附录，《景印文渊阁四库全书》，集部别集类，第1278册，台北：台湾商务印书馆股份有限公司，1986年。
50. 李炤《明故通奉大夫江西左布政使天目徐公行状》："甲寅，迁员外郎，奉敕决狱江北。"见徐中行《天目先生集》卷二十一，山西大学图书馆藏明刻本，《四库全书存目丛书》，集部别集类，第121册，第822页，济南：齐鲁书社，1997年。
51. 王世贞《弇州山人四部稿》卷三十五有《送张肖甫征金岭西道，便道还蜀》，诗部，七言律，第1897页，明万历五年世经堂刻本，《明代论著丛刊》，台北：伟文图书出版社有限公司，1976年。
52. 王锡爵《太子少保刑部尚书凤洲王公神道碑》："杨临命东市，公又为收其尸，治敛具，与诸同舍郎以诗哭之。分宜遂大衔公，铨司两推公为督学副使，皆格之。"见王锡爵《王文肃公文草》卷六，《王文肃公全集》，首都图书馆藏明万历王时敏刻本，《四库全书存目丛书》，集部别集类，第136册，第308页，济南：齐鲁书社，1997年。
53. 吴国伦《奉汪伯玉司马书》云："盖忠愍以乙卯冬服刑，子舆方决囚江北，不与事。哭郊外与经纪后事者，国伦与元美、子相三耳。"见吴国伦《甔甀洞稿》卷五十，武汉图书馆藏明万历刻本，《四库全书存目丛书》，集部别集类，第123册，第301页，济南：齐鲁书社，1997年。
54. 《明史》卷二百八十七《吴国伦传》："杨继盛死，倡众赙送，忤严嵩，假他事谪江西按察司知事。"北京：中华书局，1974年。
55. 见《明世宗实录》卷四四四："嘉靖三十六年二月，升吏部稽勳司署员外郎宗臣、福建按察司佥事吴朝凤俱布政使司参议。臣福建，朝凤广西。"是书第四十七册，第7579页，据国立北平图书馆红格钞本微卷影印，台北：中央研究院历史语言研究所校印。
56. 见《明世宗实录》卷四四五，第四十七册，第7595页，据国立北平图书馆红格钞本微卷影印，台北：中央研究院历史语言研究所校印。
57. 李炤《明故通奉大夫江西左布政使天目徐公行状》："丁巳（1557），升汀州府知府。"见徐中行《天目先生集》卷二十一，第822页，山西大学图书馆藏明刻本，《四库全书存目丛书》，集部别集类，第121册，济南：齐鲁书社，1997年。
58. 王世贞《王氏金虎集序》，《弇州山人四部稿》卷七十一，文部，第3417—3418页，明万历五年世经堂刻本，《明代论著丛刊》，台北：伟文图书出版社有限公司，1976年。
59. 参见夏燮《明通鉴》卷六十一，纪六十一，世宗嘉靖三十七年，第四册，第2158—2171页，北京：中华书局，1959年。

第二章
“伪画致祸”的社会因素

《鸣凤记》与《金瓶梅》

围绕严嵩专权与王忬死难产生的谜团，成为晚明史学研究中最引人注目的话题之一，其中尤以《鸣凤记》与《金瓶梅》的作者归属广受争议，甚至演变为文化史领域的“哥德巴赫猜想”，至今尚无定论。除非能够发现全新的珍贵史料，否则本文也无力终结这些讨论。我们之所以会对上述争论产生兴趣，完全是因为传言得以流行的社会因素，会为我们呈现出王世贞生活的历史情境。

作为晚明著名的传奇剧本，《鸣凤记》是最早描写严嵩专权的戏曲作品，大约成书于隆庆、万历年间，其时间下限不会晚于万历三十八年（1610），[1]吕天成著于是年的《曲品》已经将这部传奇收录其中；[2]而上限则不会早于嘉靖四十四年（1565），因为剧本中第四十龄描绘了严嵩抄家、严世蕃腰斩的史实。仅就戏曲创作而言，《鸣凤记》成功塑造了激烈的矛盾冲突，描绘人物形象既鲜明又生动。戏剧情节的发展，围绕着“双忠八义”[3]先仆后继，与严嵩父子对抗斗争的事迹层层展开，并以嘉靖年间争议河套、倭夷入寇等重要事件穿插其间，刻意强化善恶、忠奸的对立，以此表明作者创作该剧的实际立场。第一齣中[满庭芳]写出了全剧的中心要旨：

元宰夏言，督臣曾铣，遭谗竟至典刑。严嵩专政，误国更欺君。父子盗权济恶，招朋党浊乱朝廷。杨继盛剖心谏诤，夫妇丧幽冥。忠良多贬斥，其间节义，并著芳名。邹应龙抗疏感悟君心，林润复巡江右，同戮力激浊扬清。诛元恶芟夷党羽，四海贺升平。[4]

紧接其后的下场诗，则一语道破“鸣凤”的内涵：

前后同心八谏臣，朝阳丹凤一齐鸣。
除奸反正扶明主，留得功勋耀古今。[5]

以时下轰动全国的政治事件作为创作题材，这在中国传奇发展史上极为罕见。《鸣凤记》首次突破传统戏曲的主题模式，全然以针砭时弊的态度树立典型形象，着重关注社会现实，确实要比其他剧本更能引起社会的广泛共鸣，成为当时最为盛行的时事剧目。尽管其中人物褒贬过于极端，却切中晚明内忧外患的现实，因此也对明末清初李玉《清忠谱》、孔尚任《桃花扇》产生深远影响。

据侯方域《马伶传》记载，熹宗天启年间，南京的两个著名戏班兴化部与华林部曾同时对台上演《鸣凤记》，兴化部主角马伶为了吸引观众，与华林部的李伶展开竞争，甚至一度潜入顾秉谦的相府当了三年门卒，每日侍奉于朝房，“察其举止，聆其语言”。顾秉谦既合谋阉党诛杀杨涟，又与严嵩同为首辅，因此舆论视两人为俦伍。马伶有机会模仿现实版的严嵩，表演起来自然惟妙惟肖。[6]甚至，明末清初褚人获的《坚瓠集》中更是传言，自严嵩垮台，《鸣凤记》就已经出现在舞台上：“海盐有优童金凤，少以色幸于分宜严东楼，东楼昼非金不食，夜非金不寝。金既色衰，食贫里居。比东楼败，王凤洲《鸣凤记》行，而金复涂粉墨，身扮东楼，以其熟习，举动酷肖，复名噪一时。向日之恩情，置勿问也。”[7]这两段趣闻轶事般的文字，从侧面展现出晚明社会《鸣凤记》的流行程度。严嵩大奸大恶的历史形象在民间根深蒂固，这部传奇的影响不可小觑。

至于《鸣凤记》的作者疑问，大抵有三种讨论：

1. 无名氏著。明人吕天成《曲品》、王骥德《曲律》[8]论及《鸣凤记》时，均未写明作者。吕天成与王骥德生活在万历年间，基本与王世贞同时，稍晚。二人结为至交好友，经常与沈璟、徐渭等人切磋曲学，都是当时著名的戏曲名家。

2. 王世贞著。毛晋《六十种曲》、清无名氏《传奇汇考》、姚燮《今乐考证》、[9]王国维《曲录》主是说。其中，《曲录》卷四"鸣凤记一本"条下小字标注"六十种曲本"，可见王国维是延续了毛晋的观点。[10]

3. 王世贞与门客合著。焦循《剧说》卷三："《弇州史料》中杨忠愍公传略与传奇不合。相传《鸣凤》传奇弇州门人作，惟《法场》一折是弇州自填词。初成时命优人演之，邀县令同观，令变色，起谢欲亟去。弇州徐出邸抄示之，曰：嵩父子已败矣。乃终宴。"[11]董康《曲海总目提要》卷五《鸣凤记》提要云："系王世贞门客所作，以杨继盛为凤鸣朝阳也。"[12]

依据史料分析，明确标注王世贞创作《鸣凤记》的文字记载出现在明末清初，因毛晋《六十种曲》的大量刊行，使这种说法逐渐传播开来。相反，晚明著作均未言明作者，其实也是一种态度。或许吕天成、王骥德知晓其中原委，故而隐笔，毕竟他们距离王世贞的年代并不久远。从清代开始出现王世贞门客说，可能这种传言一直存在于民间，只是长期以来未能经由文人笔记所记录。幸而《嘉庆直隶太仓州志》有如下一段文字，可为我们提供另一种合乎情理的解释，也许焦循、董康等人的观点同样受此影响：

> 《凤里志》云：唐仪凤，吾州凤里人，才而艰于遇，弃举子业，撰《鸣凤》传奇，表椒山公等大节。……传奇之成也，曾以质弇州先生。先生曰：子填词甚佳，然谓此出自子，则不传，出自我乃传。盖势有必然。吾非欲掠美，正以成子之美耳。仪凤许之。弇州乃赠以白米四十石，而刊为已所编。然吾州里皆知出自唐云。[13]

从王世贞逝世到嘉庆七年《直隶太仓州志》成书，已有二百多年历史，经过几代人的口耳相传，传言本身一定增添了许多穿凿附会的内容，但即便如此，我们也没有足够的理由予以彻底怀疑。倘若《州志》记录的基本内容真实可靠，那么王世贞的行为确实可看成“艺术赞助”的一种形式，只是与西方通行的赞助法则迥然有别，与其说这是用四十石白米赞助了迫于生计的艺术家，倒不如说，这是王世贞利用自己的声誉为优秀作品得以传世保驾护航。无论实情如何，我们都应该提出疑问，即王世贞有无足够的实力，可以为类似的赞助行为提供支持？这与涉及四十石白米的经济实力无关，我们希望了解，他在晚明戏曲界的地位和影响。

由于王世贞常以文学、历史才能著称于世，因此我们往往容易忽视其在戏曲方面的成就。身处文人热衷参与戏曲创作最为火热的年代，这位长期浸淫于苏州文化圈的饱学之士，自然不可能与世隔绝。吕天成《曲品》卷上将王世贞列为“不作传奇而作散曲者”，与王九思、杨慎、唐寅、祝允明、李日华等人同列，可视为王世贞参与戏曲创作的明证。[14]只是，他最重要的贡献并不在于创作，而是对戏曲史与戏曲理论的阐述总结。《艺苑卮言》附录一，就有不少与戏曲相关的评论，虽然篇幅无法与正编中的文论相比，但也弥足珍贵。至少在明代，王世贞的戏曲理论曾引起世人的普遍关注，以致好事者将这些淹没在《四部稿》浩繁卷帙中的内容重新辑录，编为一册，刊刻出版，名曰《曲藻》。[15]如果说吕天成的《曲品》是类似《古画品录》以编订曲目品第为核心内容的著作，那么《曲藻》则是有关戏曲的史料笔记，内容涉及风格流变、曲调特点、创作手法、名作分析、曲家掌故等各个方面，其间穿插议论，多有阐发。这符合王世贞以史学为宗、注重考据的著述习惯，其中很多观点可资今日之借鉴。例如，在谈及苏州南曲的发展现状时，王世贞不仅对诸家特点、剧本结构了然于胸，更是提出了自己的意见：

吾吴中以南曲名者：祝京兆希哲、唐解元伯虎、郑山人若庸。希哲能为大套，富才情，而多驳杂。伯虎小词翩翩有致。郑所作《玉玦记》最佳，它未称是。《明珠记》即《无双传》，陆天池采所成者，乃兄浚明给事助之，亦未尽善。张伯起《红拂记》洁而俊，失在轻若。梁伯龙《吴越春秋》[16]满而妥，间流冗长。陆教谕之《裘散词》有一二可观，吾尝记其结语："遮不住愁人绿草，一夜满关山。"又："本是个英雄汉，差排做穷秀才"。语亦隽爽。其它未称是。[17]

这段文字留给我们的启示远超戏曲本身。当书画名家祝允明、唐寅同样活跃于戏曲创作的舞台时，我们不禁惊讶于明代文人阶层参与艺术活动的多样性。显然，这种现象在嘉靖、万历年间尤为明显，如何能够立体呈现晚明苏州文化交游的特殊魅力，确是本文面临的当务之急。有感于文人交游的多维视角，艺术史研究必须努力拓展关注的领域，以期呈现更为宏大的人文图景。在晚明的历史境遇中，书画创作总是可能伴随着诗文唱和、园林雅集、戏曲演出等活动同时存在，且相辅相成。因此，考察苏州地区的艺术交游，自然离不开上述因素的共同影响。交游网络的构建也并非只是人际关系的简单维系，相较个人之间的礼尚往来，群体性质的社会活动同样重要。幸好，作为文坛领袖的王世贞可为我们提供生动的个案分析，凭借其广阔的人脉与渊博的学识，我们得以近距离审视晚明苏州文化活动的真实面貌。

与《鸣凤记》相比，《金瓶梅》流传甚广，影响更大，堪称晚明最为著名的古典长篇小说。作者运用细腻丰满的笔调，精心描绘故事人物纷繁复杂的心路历程，深入揭露晚明社会浮华靡艳之下的醉生梦死，观察精辟，入木三分。所谓"曲尽人间丑态"、"处处埋伏因果"，《金瓶梅》以其独特的历史价值成为我们了解晚明社会的钥匙与门径。正如荷兰著名汉学家高罗佩先生所言："特别是《金瓶梅》，不仅是一部具有很高文学价值的小说，而且也是一部很重要的社会学文献。"[18]可是，小说内容的惊世骇俗，竟在晚明文化史中引发了不小的波澜。围绕《金瓶梅》作者是谁的讨论，经由历代学者的不断猜想与反驳，至今都仍旧迷雾重重。其中，相传兰陵笑笑生就是王世贞的说法，一直占据着主流地位，直到二十世纪三十年代才有吴晗先生著文反驳，但也无法彻底终结相关争论。[19]

之所以民间舆论会将王世贞与《金瓶梅》联系起来，主要原因可能与钞本早期流传的经历有关。依据袁宏道写给董其昌的书信，学界普遍认定《金瓶梅》的成书下限不会晚于万历二十四年（1596），此时距离王世贞逝世已过六载。[20]其实仔细推敲，袁氏兄弟与董其昌可能早在两年前的禅乐之会上就已经谈及此书。[21]因此，《金瓶梅》确实在王世贞离世前后开始流传，而王家藏有钞本的事实亦由谢肇淛记录下来：

此书向无镂版，钞写流传，参差散失。唯弇州家藏者最为完好。余于袁中郎得其十三，于丘诸城得其十五，稍为釐正，而阙所未备，以俟他日。有嗤余诲淫者，余不敢知。然溱洧之音，圣人不删，则亦中郎帐中必不可无之物也。仿此者有《玉娇丽》，然而乖彝败度，君子无取焉。[22]

“弇州家藏”最为完好齐全，成为后世认定王世贞乃《金瓶梅》作者的理由之一。其实除王世贞外，麻城刘承禧也拥有全本《金瓶梅》，只是他的藏本是从首辅徐阶家抄得。[23]刘承禧世袭锦衣卫官职，富甲一方，本就是收藏书画、古籍的大家，又娶徐阶的曾孙女为妻，两家自然多有往来。[24]联想到徐阶与王世贞亦师亦友的世交情谊，则又为悬案增添了无限遐想。

首次明确将《金瓶梅》作者视为王世贞的文字记录，来自明末清初宋起凤的《稗说》。[25]稗者，野草也。原本就是民间的遗闻琐事，可信度着实有限。只是明末清初这一历史节点，竟然与《鸣凤记》作者传闻的流行时间不谋而合。同为社会传闻，又都盛行于同一时期，两者之间肯定存在某种间接的关联，能够为我们分析明末清初文人笔端如何讨论、评价王世贞，又如何看待王忬之死与严嵩专权，提供最为生动的案例。仅就本文而言，澄清传言已不再重要，反倒是《金瓶梅》作者争议的背后，隐藏着“伪画致祸”的疑云，我们可以藉此展开对晚明书画作伪与收藏风气的调查。

“伪画致祸”：晚明苏州书画摹古与收藏风气

起先，“伪画致祸”只是相对独立的假说，意在为王忬之死提供另一种足以引人入胜的解释。可是随着传言的不断发酵，“伪画致祸”逐渐与《金瓶梅》作者之谜纠缠一处，使得原本就扑朔迷离的真相更加令人匪夷所思。在诸多文字记录中，有三处牵涉“伪画致祸”的描述至关重要，其中谷应泰《明史纪事本末》影响最广，加速了传闻在民间的流行：

三十八年（己未，1559）夏五月，逮总督侍郎王忬下狱论死。严嵩以忬慼杨继盛死，衔之，忬子世贞又从继盛游，为之经纪其丧，弔以诗。嵩因深憾忬。严世蕃尝求古画于忬，忬有临幅类真者以献。世蕃知之，益怒。会滦河之警，鄢懋卿乃以嵩意为草，授御史方辂，令劾忬。嵩即拟旨逮系。爰书具，刑部尚书郑晓拟谪戍。奏上，竟以边吏陷城律弃市。[26]

相比之下，《万历野获编补遗》的记录则更为详细：

严分宜势炽时，以诸珍宝盈溢，遂及书画骨董雅事。时鄢懋卿以总鹾使江淮，胡宗宪、赵文华以督兵使吴越，各承奉意旨，搜取古玩不遗余力。时传闻有清明上河图手卷，宋张择端画，在故相王文恪胄君家。其家巨万，难以阿堵动，乃托苏人汤臣者往图之。汤以善装潢知名，客严门下，亦与娄江王思质中丞往还，乃说王购之。王时镇蓟门，即命汤善价求市，既不可得，遂属苏人黄彪摹真本应命。黄亦画家高手也。严氏既得此卷，珍为异宝，用以为诸画压卷，置酒会诸贵人赏玩之。有妒王中丞者知其事，直发为赝本。严世蕃大惭怒，顿恨中丞，谓有意绐之。祸本自此成。或云即汤姓怨弇州伯仲自露始末，不知然否。以文房清玩，致起大狱，严氏之罪固当诛。但张择端者，南渡画苑中人，与萧照、刘松年辈比肩，何以声价陡重，且为祟如此？今上河图临本最多，予所见亦有数卷，其真迹不知落谁氏。当高宗南渡，追忆汴京繁盛，命诸工各想象旧游为图，不止择端一人。即如瑞应图，绘高宗出使河北脱难中兴诸景，亦非止一人。今所传者惟萧照耳。然照笔亦数卷，予皆见之。[27]

上述两则材料都只谈到“伪画致祸”，并没有提及王世贞创作《金瓶梅》的传闻。两段论述间的主要区别大致有二：1.

《明史纪事本末》只说“古画”，没有具体写出作品名称，而《补遗》则明确指出争议画作乃张择端《清明上河图》，并且提到有一位汤姓的装裱师牵涉其中；2. 《明史纪事本末》对于献画过程的描写仅以“忬有临幅类真者以献”九字概括，相对而言，《补遗》的记载要细致生动得多。显然，“伪画致祸”本与《金瓶梅》无甚瓜葛，却在顾公燮的《销夏闲记》中以人为臆想的方式联系了起来：

太仓王忬家藏《清明上河图》，化工之笔也。严世蕃强索之；忬不忍舍，乃觅名手摹赝者以献。先是，忬巡抚两浙，遇裱工汤姓，流落不偶，携之归，装潢书画，旋荐于世蕃。当献画时，汤在侧，谓世蕃曰：“此图某所目睹，是卷非真者，试观麻雀，小脚而踏二瓦角，即此便知其伪矣。”世蕃恚甚，而亦鄙汤之为人，不复重用。会俺答入寇大同，忬方总督蓟辽，鄢懋卿嗾御史方辂劾忬御边无术。遂见杀。后范长白公（允临）作《一捧雪》传奇，改名莫怀古，盖戒人勿怀古董也。忬子凤洲痛父冤死，图报无繇。一日偶谒世蕃，世蕃问：“坊间有好看小说否？”答曰：“有。”又问：“何名？”仓卒之间，凤洲见金瓶中供梅，遂以“金瓶梅”答之。但字迹漫灭，容钞正送览。退而构思数日，借《水浒传》西门庆故事为蓝本，缘世蕃居西门，乳名庆，暗讥其闺门淫放。而世蕃不知，观之大悦，把玩不置。相传世蕃最喜修脚，凤洲重赂修工，乘世蕃专心阅书，故意微伤脚迹，阴搽烂药，后渐溃腐，不能入直。独其父嵩在阁，年衰迟钝，票本拟批，不称上旨。上寖厌之，宠日以衰。御史邹应龙等乘机劾奏，以致于败。噫！怨毒之于人，甚矣哉！[28]

与这段颇具故事意味的牵强附会相类似的文字，还有佚名笔记《寒花盦随笔》和刘廷玑《在园杂志》。通过以上三处引文，我们已经能够充分感受到，伴随时间的推移，传言自身包涵的信息会如同滚雪球般不停地积聚膨胀。时间越久，附加的细节越多，距离最初的真相也就愈发遥远。

其实，吴晗已经在《〈金瓶梅〉的著作时代及其社会背景》一文中，详细批驳了王世贞因“伪画致祸”而创作《金瓶梅》的荒唐说法，不仅是因为王世贞在自我反省父亲死难的原因时根本没有提及此事，而且相关的书画题跋中，也并未发现王家藏有真本《清明上河图》的确凿证据。继而，吴晗还依据李东阳《怀麓堂集》、钱谦益《牧斋初学集》、文嘉《钤山堂书画记》、田艺蘅《留青日札》以及《昆新两县合志》等文献资料，详细论证《清明上河图》在明代中晚期诸位收藏名家间流传的经过：

1. 宜兴徐溥；2. 西涯李东阳；3. 陈湖陆完；4. 昆山顾懋宏；5. 袁州严嵩；6. 明朝内府。

依据吴晗引用的史料判断，严嵩以重金求购《清明上河图》确有其事，“伪画致祸”也是当时发生的著名案件，只是与王氏父子无关。事件涉及的主角为昆山顾氏，却被后世张冠李戴，安插在了王忬、王世贞身上。顾氏是昆山大族，世代为官，因陈湖陆氏拖欠官缗，遂将《清明上河图》典质于顾家。严嵩抄家时，文嘉奉官府之命，专门负责书画的查收鉴定工作，著有《钤山堂书画记》：

张择端《清明上河图》。一。

图藏宜兴徐文靖（徐溥）家，后归西涯李氏（东阳），李归陈湖陆氏，陆氏子负官缗，质于昆山顾氏，有人以一千二百金得之。然所画皆舟车城郭桥梁市廛之景，亦宋之寻常画耳，无高古气也。[29]

然而顾氏却以伪画呈送严嵩，最终被祸下狱，家徒四壁：

顾懋宏字靖甫，初名寿，一字茂俭，潜孙，梦圭子。十三补诸生，才高气豪，以口过被祸下狱，事白而家壁立。依从父梦羽蕲州官舍，用蕲籍再为诸生。寻东还，游太学，举万历戊子乡荐。授休宁教谕，迁南国子学录，终莒州知州。自劾免。筑室东郊外，植梅数十株吟啸以老。[30]

田艺蘅《留青日札》记有嘉靖四十四年（1565）巡按御史林润等抄没严嵩家产的物品清单，其中涉及书画的部分记载如下：

石刻法帖墨迹三百五十八册轴，古今名画刻丝纳纱纸织金绣手卷册页共三千二百零一轴，内有唐《九成宫避暑图》、《阿房宫图》、宋周文矩《学士文会图》、《金谷园图》、唐阎立本[31]《职贡图》、《杏坛图》、《越王宫殿图》、宋张择端《清明上河图》、《西湖春晓图》、《南屏晚钟图》、刘松源《西湖图》……《清明上河图》乃苏州陆氏物，以千二百金购之，才得之赝本，卒破数十家。其祸皆成于王彪、汤九、张四辈，可谓尤物害民也。[32]

吴晗据此认定，《顾梦圭传》中所谓“以口过被祸下狱，事白而家壁立”者，即严嵩以千二百金购得赝本《清明上河图》事，可与《留青日札》、《钤山堂书画记》等文献相互印证。应该说，这段论述事实确凿、证据充分，彻底推翻了王忬因进呈伪画而得罪严嵩父子的假说。其实，收录于《万历野获编补遗》卷二中的《伪画致祸》，并非沈德符撰写的原文，而是由清代康熙年间沈德符的五世孙沈振搜辑。[33]经考证，沈德符《飞凫语略》有内容完全相同的记载，应该是沈振编辑《补遗》时，全文抄录了《飞凫语略》中的《伪画致祸》。[34]而《飞凫语略》的成书时间肯定晚于《万历野获编》，也就是说，至少在万历三十四年（1606）以前，相关传闻并未流行，这就是为什么我们在《万历野获编》的正编中找不到《伪画致祸》的原因。[35]因此，沈德符的消息来源只有一种可能，即道听途说，绝不会是因为他与王世贞的世交情谊而知晓内情。

结合《鸣凤记》、《金瓶梅》的作者纷争，参考“伪画致祸”说的流行时间，所有围绕王忬、王世贞父子的传闻都兴起于明末清初。因严嵩专权而导致的王忬死难，确实成为这一阶段社会广泛议论的话题，其中既有王世贞名策艺苑、著作等身、声华意气笼盖海内的客观因素，亦有改朝换代、激荡转型之时舆论自由的社会原因，同样更是明末清初文人阶层反思明亡教训、寄托故国情思的心理需求。人们希望通过对明朝掌故的追忆，聊以慰籍山河破碎的惆怅，哪怕所记之事可能并非史实，终也无伤大雅。

通过“伪画致祸”事件，我们深切感受到晚明艺术史研究的兼容并蓄与错综复杂。在明代苏州地区书画收藏风气盛行之时，类似顾懋宏的悲剧可能会经常发生。以严嵩为代表的达官缙绅，是晚明政治史研究的主要对象，却很少受到艺术史的关注，然而他们对于古董、书画的渴求，无论最终真实目的为何，都会对晚明艺术作品的流通产生极其重要的影响。只需凭借自身的地位和荣耀，他们就足以成为收藏风气的引领者。甚至，就连“汤裱褙”、“黄彪”这样经常参与艺术品交易的普通民众，亦能为我们串联起一幅艺术交游的生动图景。

《万历野获编补遗》中的“汤臣”与《留青日札》中的“汤九”是否为同一人，暂不得而知，但严嵩府第确有一位“汤裱褙”存在。吴其贞《书画记》卷二《周文矩文会图大绢画一幅》云：“此图在严时，汤裱褙装成，后侄日如复裱，见轴杆上题云：‘嘉靖庚寅（1530）六月望后二日，延陵郡汤曰忠重装。’”[36]而汤姓装裱艺人与王世贞家族的关系，亦由《茶馀客话》印证：“王弇州藏古迹最多，尤重装潢。有强氏者精此艺，延为上宾，居于家园。又汤氏者，亦擅此艺。时有汪景纯在白门，得右军真迹，往聘汤氏，厚遗仪币，张筵下拜，景纯朝夕不离左右，阅五旬始成……。”[37]封治国先生的博士论文《与古为徒：项元汴书画鉴藏研究》曾对汤姓装裱师做过细致梳理，并依据旅顺博物馆藏《文彭致项墨林札》，[38]认为汤姓工匠是世代从事装裱行业的家族，其成员经常游走于上层文人群体中，与严嵩、项元汴、王世贞以及文彭、文嘉等名士往来频繁。[39]我们有理由相信，他们除了擅长装裱，可能还广泛参与书画摹古、交易与作伪等活动。

《留青日札》中提及的“王彪”，可谓嘉靖年间苏州书画作伪的行家。《万历野获编补遗》记为“黄彪”，所指应为同一人，受江南吴语方言的影响，“王”、“黄”经常通用。作为民间书画摹古的高手，姜绍书《无声诗史》收录了有关黄彪与其子黄景星的传记：

黄彪，号震泉，苏州人，嘉靖间分宜严相购求张择端《清明上河图》，捐千金之值而后得之。寻籍入天府，为穆庙所爱，饰以丹青。彪得择端稿本，稍加删润，布景着色，几欲乱真。王弇州谓：其迹虽不类真本，亦自工致可念，所乏者腕指间力耳。子景星，号平泉，精于仿古，所拟仇十洲人物士女，姿态艳逸，骎骎度骅骝前矣。吴中鬻古，皆署以名人款求售，奕世而下，姓字不传，不几化为太山无字碑乎！因表而出之。景星生而体软，不能步履，端居研究，六法精工，盖静而专，非偶然也。[40]

黄彪临摹的《清明上河图》由王世懋收藏，王世贞题跋曰：

张择端《清明上河图》有真赝本，余均获寓目。真本人物舟车桥道宫室皆细于发，而绝老劲有力，初落墨相家，寻籍入天府为穆庙所爱，饰以丹青。赝本乃吴人黄彪造，或云得择端稿本加删润，然与真本殊不相类，而亦自工致可念，所乏腕指间力耳，今在家弟（世懋）所。[41]

王世懋精心收藏黄彪的摹古作品，王世贞又不惜笔墨为之题跋，可见王氏兄弟与黄彪之间确实存在类似友谊般的书画交往。至于这种关系密切到何种程度，我们不敢妄加判断。但显而易见的是，黄彪想依靠王世贞主持文坛的声望，为其书画摹古的本领赢得文人阶层的认可，以尽其所能从上流社会获取最大的经济回报，摹古之余，偶尔参与书画创作，无疑也是实现上述目标的捷径。《弇州山人续稿》有一长篇《吴中往喆像赞》，其中俞允文的画像就是黄彪所作："俞先生讳允文，昆山人，少为诸生，以布衣卒，年六十七。……今像乃黄彪所写，戴貂帽，披紫裘，秀眉飘须，神仙中人也。"[42]此外，据杨臣彬先生研究，黄彪曾有一位书画老师，名曰张寰。在为学生摹古之作《桃园仙境图》题跋时，张寰甚至提及文徵明对黄彪画作的欣赏："吾徒王生彪临赵千里《桃园图》于圜扉，三年而成。衡山太史文翁见而欣赏焉，谓其青出于蓝，视仇英辈不啻径庭矣。老予游方之外，时一展玩于行窝，如入桃园洞天，忘却此身之在尘世。……虽千金勿易，愿永宝诸。"[43]圜扉，即牢狱。既与文徵明有所交往，则此时的黄彪年纪尚轻。联想"伪画致祸"一案的最后结果，我们相信，与黄彪一样靠摹古、作伪谋生的底层画家，都可能是官司场上的常客。

依据王世懋藏有黄彪《清明上河图》摹本、严嵩因黄彪摹本上当受骗的事实判断，晚明流行的黄彪摹本可能有数本之多。有意思的是，台北故宫博物院出版的《故宫书画图录》中，竟然有两本曾经分别由王世贞、王世懋收藏的《清明上河图》。王世贞藏本不见于《四部稿》和《续稿》的记载，但卷末却有沈德潜跋文，内容提到此本原为王世贞家藏，后入严嵩家，再入内府，竟然与《飞凫语略》中《伪画致祸》的内容大体相同，令人惊讶不已。[44]《故宫书画图录》将此幅作品定名为《清明易简图》。[15]至于其可靠性如何，由于未能亲眼所见，我们不敢妄下定论，有待进一步研究调查。

能在浩如烟海的史料文献中，留下诸如“汤裱褙”、“黄彪”等普通人的零星记录，实在难得。尽管只是晚明苏州书画摹古与作伪的个案，但也有助于我们还原当时的历史情境。王士性《广志绎》卷二曰：“姑苏人聪慧好古，亦善仿古法为之，书画之临摹，鼎彝之治淬，能令真赝不辨，又善操海内上下进退之权。苏人以为雅者，则四方随而雅之，俗者则随而俗之。”[46]确是当时社会风气的真实写照。总体而言，引起这种现象的根源，大致有三：

1. 吴门文化圈的崛起，受到世人的普遍尊重与追捧，艺术化的生活方式成为官宦缙绅、布衣山人、商贾农夫竞相模仿的对象，附庸风雅已不再只是个人趣味的体现，更是社会地位、文化品位的象征。陈继儒《妮古录》中有一段黄省曾对苏州收藏风气的评论：“自顾阿瑛好蓄玩器书画，亦南渡遗风也。至今吴俗权豪家，好聚三代铜器、唐宋玉窑器书画，至有发掘古墓而求者。若陆完神品画累至千卷，王延喆三代铜器数倍于《宣和博古图》所载。”[47]陆完为正德年间的政府高官，王延喆是文渊阁大学士王鏊之子，两人都属于苏州地区的官宦世家。他们热衷收藏的痴迷举动，除却本身兴趣爱好的因素外，全都出自对苏州历史、社会以及文化的心理认同。具体而言，这种关乎苏州人文价值的自我觉醒，正是源自元末顾瑛等人倡议建立“玉山佳处”的雅集模式。

2. 嘉靖皇帝懈怠政务，导致内阁权力膨胀，权臣严嵩肆意妄为，以一己之私蒐集天下古玩字画，甚至出现因藏匿自家收藏而被削官致死者，亦有以升官为目的，竟与宦官勾结暗中窃取内府真迹而献权臣者。詹景凤《性理小辨》曰：“自待诏下世，而严相国父子以索古人名迹至削人官致人死坑人家室，于是士大夫家藏多不敢匿，天下大半入严氏矣。又有为升官百计求中宦以摹本窃换秘府真迹而悦之者，于是公私所有多归严氏。”[48]等到严嵩势败，其大部分收藏没入内府，则又因万历年间国库亏空，百官薪资常以“实物折俸”兑现，致使内府收藏散落民间。成国公朱希孝生性嗜古，张居正位高权重，遂有能力再次成为天下古玩名迹的汇聚之地。朱、张之后，名迹复出民间，流入地方收藏名家之手，其中詹景凤特别提到了王世贞与项元汴：

及严氏败，没入时，朱成国弟号篨菴者（朱希孝），性酷嗜古，计欲得之，而世庙（嘉靖）不好书画，朱遂私布其意于中贵，中贵诡请着令朱上价，于是严氏所没入，尽归篨菴。篨菴因又遣使遍行天下，重价购求。既而张相（张居正）出，权势重于人主，天下士大夫争相购求以悦张相。张相与诸子并酷好异物，四方辐辏而至。张败篨菴死，诸名迹复出落。海内好事五六家，如太沧王氏、檇李项氏皆酷好，又并挟高赀不惜重价购求。予尽得而寓目焉。[49]

而沈德符对于十六世纪中晚期士大夫阶层收藏风气的评述则更为全面：

嘉靖末年，海内宴安。士大夫富厚者，以治园亭，教歌舞之隙，间及古玩，如吴中吴文恪之孙、溧阳史尚宝之子，皆世藏珍秘，不假外索。延陵则嵇太史应科、云间则朱太史大韶、吾郡项太学锡山、安太学、华户部辈，不吝重赀收购，名播江南。南都则姚太守汝循、胡太守汝嘉亦称好事。若辇下则此风稍逊。惟分宜严相国父子、朱成公兄弟，并以将相当途，富贵盈溢，旁及雅道。于是严以势劫，朱以货取，所蓄几及天府。未几冰山既泮，金穴亦空。或没内帑，或售豪家，转眼已不守矣。今上初年，张江陵当国，亦有此嗜，但所入之途稍狭，而所收精好。盖人畏其焰，无敢欺之，亦不旋踵归大内，散人间。时韩太史世能在京，颇以廉值收之。吾郡氏，以高价钩之，间及王弇州兄弟，而吴越间浮慕者，皆起而称大赏鉴矣。近年董太史其昌最后起，名亦最重。人以法眼归之，篋笥之藏，为时所艳。山阴朱太常敬循，同时以好古知名。[50]

韩世能在京师“以廉值收之”，王世贞里居却只能“以高价钩之”，正是由于苏州地区书画收藏风气的火热，才促使全国书画交易价格如此巨大的差异。在王世贞的藏品中，有四件原属严嵩的收藏在其失势后不久，即由王世贞从商贾手中购得，其中包括魏朝书法《荐关内侯季直表》、文同《细竹图》、郭忠恕《钓鳌图》、王诜《烟江叠嶂图》。文嘉在隆庆二年（1568）年为抄没严嵩书画目录作笺注时，已经将王世贞购藏的事实记录其中。[51]其中，《弇州山人四部稿》中有《钟太傅荐季直表》书跋曰：“华氏藏为大戎胁取，夤缘佐朱提，权相复见，法籍入天府，寻用代禄，转落缇帅家。缇帅没，余乃偶得之贾人手，亦云幸矣。”[52]

不仅王氏兄弟以高价收购书画，槜李项氏家族亦复如是，收藏家们竞相争购，也促成了交易价格的水涨船高。吴其贞在《周文矩文会图大绢画一幅》的题跋中，谈及权臣、贵戚蒐集书画名迹，最后由项氏重价购归的经过，可资佐证：“其匣盖上，董思白题云：此画原陆太宰（陆完）以千金购之，后为胡宫保宗宪开府江南，属项少参笃寿购此图以遗分宜。[53]分宜败，归内府。朱太尉希孝复以侯伯俸准得之。太尉没，项于肆中重价购归。”[54]

3. 受苏州文化圈的影响，新安商人积极投身艺术品收藏，既是晚明江南商业繁荣的现实体现，同时也意味着，单纯追求经济利益的最大化已无法满足他们的精神需求。因此，重视自身文化地位的确立，逐渐成为这个特殊群体的全新目标。在王世贞的交游网络中，汪道昆、詹景凤都是具有徽商背景的杰出代表。然而，与文人阶层热衷传统古玩的趣味不同，徽州商贾的爱好更加尚新、崇奇。王世贞《觚不觚录》曰：

画当重宋，而三十年来忽重元人，乃至倪元镇以逮明沈周，价骤增十倍。窑器当重哥、汝，而十五年来忽重宣德，以至永乐、成化，价亦骤增十倍。大抵吴中滥觞，而徽人导之，俱可怪也。[55]

面对嘉靖、万历几十年间突然掀起的社会新风，沈德符则直接使用“时玩”一词加以概括：

玩好之物，以古为贵，惟本朝则不然。永乐之剔红，宣德之铜，成化之窑，其价遂与古敌。盖北宋以雕漆擅名，今已不可多得，而三代尊彝法物又日少一日，五代迄宋，所谓柴、汝、官、哥、定诸窑，尤脆薄易损，故以近出者当之。始于一二雅人，赏识摩挲，滥觞于江南好事缙绅，波靡于新安。耳食诸大估曰千、曰百，动辄倾橐相酬，真赝不可复辨。[56]

时间流转，古物的数量不断减损，好事者却急剧增多。僧多粥少的局面，导致晚明古玩书画交易的价格猛增，而赝品、伪作则乘机泛滥。吴门风雅的日渐盛行，徽州商贾的推波助澜，使人们将收藏目标由“古玩”转向“时玩”，算是社会机制的必然选择。可是，艺术趣味的转向，夹杂着经济利益的诱惑，在扩大收藏市场的同时，却进一步为作伪活动提供了广阔舞台，甚至就连不少颇具社会名望的文士也参与其中。沈德符《假骨董》曰：“骨董自来多赝，而吴中尤甚，文士皆借以糊口。近日，前辈修洁莫如张伯起（张凤翼），然亦不免向此中生活。至王百穀（王穉登）则全以此作计然策矣。”[57]沈氏之言，或许有些夸张，却足以令人咋舌。

综上所述，我们由“伪画致祸”展开对晚明书画摹古与收藏风气的讨论，进而分析个中成因。嘉靖、万历确实是明代苏州地区艺术发展高度繁荣的黄金阶段，无论是文学、书画，还是昆曲、小说，都达到了史无前例的辉煌。继文徵明之后，王世贞引领苏州文坛，凭借其广泛的交游网络，将吴门风雅推向全国。然而，倘若将艺术史放置在更为广博的境遇中审视，面对接连不断的北疆战火、南方倭患，联想国库空虚、实物折俸的艰难，感叹党同伐异、官场腐败的无奈，艺术繁荣背后的社会现实令人担忧。谢肇淛言：“江南大贾，强半无田，盖利息薄而赋役重也。”[58]万木春先生据此推断：

傅衣凌时代的经济史家们为了给土地兼并寻找证据，总爱列举徐阶、董其昌这几位田连万顷的大地主，[59]而现在的学者则普遍相信，到万历年间，地方税收中过多的加派，特别是地方政府将催督税收的责任转嫁给那些田多的中户和大户，都遏止了田产的无限扩充。……无地一身轻，当时江南地区的许多富裕人家，厌倦了年复一年为了隐瞒田产、拖欠租税和地方官兜圈子，而都把资金转移向房产或是商业。[60]

如果嘉、万年间江南地区的商业繁荣，确是部分因为富裕家族不堪农业赋税的繁重，被迫将巨额资本转移至房产和商业领域，从而间接导致艺术品交易市场的活跃，并诱发作伪行业不择手段谋取暴利的话，那么我们必须承认，这种繁荣背后一定意味着泡沫经济的盛行。在始终完全依凭农业立足的国度中，一旦人们对粮食与畜牧生产失去足够的信心和希望，势必将会带来严重的后果。万历后期接连爆发的自然灾害，则陡然间将这个国家经济领域的毒疮揭露出来，泡沫破灭，并最终动摇了国本。

注释

1. 《鸣凤记》的成书下限可能早至万历二十五年（1597）以前，因为胡文焕《新刻群音类选》卷十三已经录有《鸣凤记》的部分经典段落。胡氏文会堂刊刻《格致丛书》的时间在万历二十年（1592）至万历二十五年（1597）间，《群音类选》作为《格致丛书》之一种，其刊刻时间应该不会晚于万历二十五年（1597）。只是，现存《群音类选》的文会堂版本均遗失前五卷内容，无法判定其准确刊刻时间。因此本文采取较为保守的推测，暂定《鸣凤记》的成书下限为万历三十八年（1610）。胡文焕《新刻群音类选》可参见《续修四库全书》集部戏剧类，第1777—1778册，上海：上海古籍出版社，2002年。
2. 见吕天成《曲品》卷下：“《鸣凤》，记时事甚悉，令人有手刃贼嵩之意，词调尽鬯达可咏，稍嫌繁。江陵时亦有编《鸾笔记》者，即此意也。”清华大学图书馆藏清乾隆五十六年杨志鸿抄本，《续修四库全书》集部曲类，第1758册，第140页，上海：上海古籍出版社，2002年。
3. 所谓“双忠”指夏言与曾铣，“八义”指杨继盛、董传策、吴时来、张翀、郭希颜、孙丕扬、邹应龙和林润。
4. 见毛晋《六十种曲》，第二册，《鸣凤记》第一齣，北京：中华书局，1958年。
5. 同上注。
6. 参见侯方域《马伶传》，《壮悔堂文集》卷五，中国科学院图书馆藏清顺治刻增修本，《续修四库全书》集部别集类，第1406册，第16页，上海：上海古籍出版社，2002年。
7. 见褚人获《坚瓠集》广集卷三《金优》，上海图书馆藏清康熙刻本，《续修四库全书》子部小说家类，第1261册，第657页上，上海：上海古籍出版社，2002年。
8. 王骥德《曲律》，北京图书馆藏明天启五年毛以遂刻本，见《续修四库全书》集部曲类，第 1758 册，上海：上海古籍出版社，2002 年。

9. 参见姚燮《今乐考证》著录七明院本王世贞一种《鸣凤》，一九三六年北京大学影印稿本，《续修四库全书》集部曲类，第 1759 册，第 553 页，上海：上海古籍出版社，2002 年。
10. 见王国维《曲录》卷四，清宣统元年（1909）晨风阁本，叶 7 A，南京图书馆藏。
11. 见焦循《剧说》卷三，北京图书馆藏稿本，《续修四库全书》集部曲类，第 1758 册，第 622—623 页，上海：上海古籍出版社，2002 年。
12. 见董康《曲海总目提要》卷五，叶 17 A，上海：大东书局铅印本，1928 年，南京图书馆藏。
13. 见王昶等纂修《嘉庆直隶太仓州志》卷六十，清嘉庆七年刻本，《续修四库全书》史部地理类，第 698 册，第 203 页下，上海：上海古籍出版社，2002 年。
14. 参见吕天成《曲品》卷上，清华大学图书馆藏清乾隆五十六年杨志鸿抄本，《续修四库全书》集部曲类，第 1758 册，第 117 页上，上海：上海古籍出版社，2002 年。
15. 参见茅一相编《欣赏续编》之《欣赏曲藻》，明万历八年刻本，南京图书馆藏。
16. 梁辰鱼《吴越春秋》即传奇《浣纱记》。
17. 见王世贞《艺苑卮言》附录一，《弇州山人四部稿》卷一百五十二，说部，艺苑卮言附录，第 6963 页，明万历五年世经堂刻本，《明代论著丛刊》，台北：伟文图书出版社有限公司，1976 年。
18. 见［荷］高罗佩《中国古代房内考》，李零、郭晓惠等译，上海：上海人民出版社，1990 年，第 381 页。
19. 参见吴晗《〈金瓶梅〉的著作时代及其社会背景》，《吴晗全集》第 3 卷，《读史劄记》，第 3—36 页，北京：中国人民大学出版社，2009 年。
20. 袁宏道《锦帆集》之四《尺牍·董思白》："一月前，石篑见过，剧谭五日。已乃放舟五湖，观七十二峰绝胜处，游竟复返衙斋，摩霄极地，无所不谈，病魔为之少却，独恨坐无思白兄耳。《金瓶梅》从何得来？伏枕略观，云霞满纸，胜于枚生《七发》多矣。后段在何处？抄竟当于何处倒换？幸一的示。"书信明确纪年为万历二十四年（1596）。见《袁宏道集笺校》卷六，中国古典文学丛书，钱伯城笺校，上海：上海古籍出版社，2008 年，第 289 页。
21. 证据来源于袁中道《游居柿录》卷九，其中有段文字如是记载："往晤董太史思白，共说诸小说之佳者，思白曰：近有一小说，名《金瓶梅》，极佳。予私识之。后从中郎真州，见此书之半，大约模写儿女情态具备，乃从《水浒传》潘金莲演出一支。"另据董其昌《画禅室随笔》卷四："袁伯修见李卓吾后自谓大彻。甲午入都，与余复为禅悦之会。时袁氏兄弟、萧玄圃、王衷白、陶周望数相过从。"甲午，即 1594 年。当时袁宏道进京谒选，得任吴县令，又因大哥袁宗道而结识董其昌。袁宏道任吴县令的时间并不长，万历二十五年（1597）即挂冠离任，是年六月寄居真州（仪征）。因此，袁中道在真州看到的半部《金瓶梅》应该就是 1596 年袁宏道在吴县令任上借钞的版本。而 1597 年之前，袁氏兄弟与董其昌的交游活动只有 1594 年的禅悦之会。如果我们的推论成立，《金瓶梅》钞本应该早在 1594 年就已经为董其昌拥有。
22. 见谢肇淛《金瓶梅跋》，《小草斋文集》卷二十四，江西省图书馆藏明天启刻本，《四库全书存目丛书》集部别集类，第 176 册，第 278—279 页，济南：齐鲁书社，1997 年。亦可参见黄霖《金瓶梅资料汇编》，古典文学研究资料汇编，第 3-4 页，北京中华书局，1987 年。
23. 参见沈德符《万历野获编》卷二十五［词曲］《金瓶梅》条，元明史料笔记，第 652 页，北京：中华书局，1959 年。
24. 参见王世贞《明特进光禄大夫柱国少师兼太子太师吏部尚书建极殿大学士赠太师谥文贞存斋徐公行状》，《弇州三人续稿》卷一百三十八，文部，行状，第 6368 页，台北：文海出版社，1970 年。
25. 宋起凤《王弇州著作》："世知《四部稿》为弇洲先生平生著作，而不知《金瓶梅》一书，亦先生中年笔也。即有知之，又惑于传闻，谓其门客所为书。门客讵能才力若是耶？弇洲痛父为严相嵩父子所排陷，中间锦衣卫陆炳阴谋孽之，置于法。弇洲愤懑怼废，乃成此书。陆居云间郡之西门，所谓西门庆者，指陆也。以蔡京父子比相嵩父子，诸狎昵比相嵩羽翼。陆当日蓄群妾，多不检，故书中借诸妇一一刺之。所事与人皆寄托山左，其声容举止，饮食服用，以至杂俳戏媟之细，无一非京师人语。书虽极意通俗，而其才开合排荡，变化神奇，于平常日用，机巧百出，晚代第一种文字也。”见《稗说》卷三，《明史资料丛刊》第二辑，中国社会科学院历史研究所明史室编，第103页，南京：江苏人民出版社，1982年。

26. 见谷应泰《明史纪事本末》卷五十四《严嵩用事》，第三册，第827页，北京：中华书局，1977年。
27. 见沈德符《万历野获编》补遗卷二《内阁》之《伪画致祸》，第827页，北京：中华书局，1959年。
28. 见顾公燮《销夏闲记》，黄霖《金瓶梅资料汇编》，古典文学研究资料汇编，第255-256页，北京中华书局，1987年。
29. 见文嘉《钤山堂书画记》，《丛书集成新编》，第50册，第646页，台北：新文丰出版股份有限公司，1985年。
30. 见金吴澜等修、汪堃等纂，《昆新两县续修合志》卷二十三《顾梦圭传》，《中国方志丛书》，第19种，第2册，第384页，台北：成文出版社有限公司，1970年。
31. 明万历三十七年刻本作“阎文本”，误。
32. 见田艺蘅《留青日札》卷三十五《严嵩》，明万历三十七年刻本，《续修四库全书》子部杂家类，第1129册，第279—283页，上海：上海古籍出版社，2002年。
33. 参见《万历野获编》之《补遗序》，上册，第5页，北京：中华书局，1959年。
34. 参见沈德符《飞凫语略》，《丛书集成新编》，第50册，第359页，台北：新文丰出版股份有限公司，1985年。
35. 沈德符《万历野获编序》中款识时间为“万历三十四年丙午仲冬日”。据此判断，《万历野获编》成书于是年。
36. 见吴其贞《书画记》卷二《周文矩文会图大绢画一幅》，清乾隆写四库全书本，《续修四库全书》子部艺术类，第1066册，第28—29页，上海：上海古籍出版社，2002年。
37. 转引自邓之诚《骨董琐记全编》，第388页，北京：北京出版社，1996年。可参见阮葵生《茶馀客话》，明清笔记丛刊，北京：中华书局，1959年。
38. 《文彭致项墨林札》：“汤淮之艺，犹有乃父遗风，有中等生活，可发与装潢，幸勿孤其远来之望……。”见《中国古代书画图目》第16册，第37页，北京：文物出版社，2000年。
39. 参见封治国《与古为徒：项元汴书画鉴藏研究》，中国美术学院博士学位论文，2011年未刊稿。
40. 见姜绍书《无声诗史》卷七《黄彪》，天津图书馆藏清康熙五十九年李光映观妙斋刻本，《续修四库全书》子部艺术类，第1065册，第567页，上海：上海古籍出版社，2002年。
41. 见王世贞《清明上河图别本》，《弇州山人续稿》卷一百六十八，文部，画跋，第7703—7704页，台北：文海出版社，1970年。
42. 见王世贞《吴中往喆像赞》，《弇州山人续稿》卷一百五十，文部，像赞，第6863页，台北：文海出版社，1970年。
43. 参见杨臣彬《谈明代书画作伪》，《文物》，1990年，第8期。
44. 沈德潜跋曰：“明代此图归李东阳宾之。图上有二印。又归王世贞元美亦有印。严嵩巧取豪敚，归嵩。嵩有分宜二印。子世蕃。有东楼二印。严败，入大内，为小内臣窃出，诡云藏御沟石洞，积雨糜烂。”见《故宫书画图录》，第16册，第74页，台北：故宫博物院，1997年。
45. 见《故宫书画图录》，第16册，第67页，台北：故宫博物院，1997年。

46. 见王士性《广志绎》卷二，北京图书馆藏清康熙十五年刻本，《四库全书存目丛书》史部地理类，第 251 册，第 718 页，济南：齐鲁书社，1997 年。
47. 见陈继儒《妮古录》卷四，清华大学图书馆藏明万历秀水沈氏刻宝颜堂祕笈本，《四库全书存目丛书》，子部杂家类，第 118 册，第 683 页，济南：齐鲁书社，1997 年。
48. 见詹景凤《詹氏性理小辨》卷四十二《真赏》，南京图书馆藏明万历刻本，《四库全书存目丛书》子部杂家类，第 112 册，第 574 页，济南：齐鲁书社，1995 年。
49. 同上注。
50. 见沈德符《好事家》，《万历野获编》卷二十六，下册，第 654 页，北京：中华书局，1959 年。
51. 参见文嘉《钤山堂书画记》，《丛书集成新编》，第 50 册，第 643、646 页，台北：新文丰出版股份有限公司，1985 年。
52. 见王世贞《钟太傅荐季直表》，《弇州山人四部稿》卷一百三十，文部，墨迹跋，第 6022 页，台北：伟文图书出版社有限公司，1976 年。
53. 项笃寿（1521—1586），初名项笃周，字子长，号少溪，为项元汴之仲兄，嘉靖四十一年壬戌（1562）进士。参见李培等修、黄洪宪等纂《秀水县志》卷五《选举》，万历二十四年修，民国十四年铅字重刊本，《中国方志丛书》华中地方，第 57 号，第 1 册，第 247 页，台北：成文出版社有限公司，1970 年。
54. 见吴其贞《书画记》卷二《周文矩文会图大绢画一幅》，清乾隆写四库全书本，《续修四库全书》子部艺术类，第 1066 册，第 28 页，上海：上海古籍出版社，2002 年。
55. 见王世贞《觚不觚录》，《景印文渊阁四库全书》子部小说家类，第 1041 册，台北：台湾商务印书馆股份有限公司，1986 年。
56. 见沈德符《时玩》，《万历野获编》卷二十六，下册，第 653 页，北京：中华书局，1959 年。
57. 见沈德符《假骨董》，《万历野获编》卷二十六，下册，第 655 页，北京：中华书局，1959 年。
58. 见谢肇淛《五杂组》卷四地部二，明万历四十四年潘膺祉如韦馆刻本，《续修四库全书》子部杂家类，第 1130 册，第 418 页，上海：上海古籍出版社，2002 年。身为“后七子”之一的徐中行，就曾遭遇卖田的窘困，王世贞有诗名曰《得子与书，有卖田之耗，用旧寄田字韵为赠》，见《弇州山人四部稿》卷三十七，诗部，七言律，第 1983 页，明万历五年世经堂刻本，《明代论著丛刊》，台北：伟文图书出版社有限公司，1976 年。
59. 参见傅衣凌《明代江南市民经济试探》，第 31—32 页，上海：上海人民出版社，2001 年。
60. 见万木春《味水轩里的闲居者：万历末年嘉兴的书画世界》，杭州：中国美术学院出版社，2008 年。

第三章
家居与家世

丁忧太仓：兼及“晚年定论说”

嘉靖三十九年（1560）十月朔，父亲王忬死难，王世贞悲痛欲绝，辞官归里守孝。这是他进士及第后，第一次在家乡太仓久居。家难的打击对于这位三十五岁的年轻官员来说，不仅刻骨铭心，且影响深远。王世贞渴望进入翰林院成为国家史官的愿望，从此成为泡影，这无疑阻断了他与阁臣的共事，并真正掌握“公论”资本的可能。依照明朝惯例，凡是涉及皇帝实录和典章制度的撰修都由阁臣监理，而参与编修的翰林院官员则有机会迁任皇家学宫，肩负经筵与日讲的职责，成为皇室甚至未来储君的老师。尽管没有庶吉士的头衔，但以史官身份手握史权，确是王世贞梦寐以求的人生理想。我们应该记得，当年文徵明就曾以翰林院待诏的身份参与编修《明武宗实录》，并在经筵任职。尽管王世贞早已显露出成为史官的卓越才能，且进士出身要比文徵明的贡生条件优越很多，然而家难事件打破了所有的梦想，为父丁忧成为他身为人子的第一要务。

多年之后，王世贞在哀悼亡弟的行状中，回忆了扶父柩归里的情形：

盖明年之庚申，而公竟不免。吾兄弟痛极，濒死者数矣。步扶丧车下潞河，且哭且踬，乃以一蹇卫更代行。又虞太恭人之毁伤也，时时慰问。已得民舟，凡两月而抵家。各不自意全时方苦大水灾，乡居盗四起，抵暮火光与噪声应不绝。乃谋请太恭人偕妇子辈城居，而诛茅构丙舍于藁葬之侧，三时进食哀号，中夜叹咤，誓以蔬素辅粥。时余兄弟皆尪瘠，而弟以夙疾故尤甚。每月朔入城起居太恭人，太恭人怜而忧之，手和肉羹以畀，弟泣弗忍领也。凡二十七月，而始茹荤，毕三载始除服。然犹被白帢单衣，不敢预宴会、听声乐、与人间庆吉礼。唯于诗酒夙所嗜，不免时时濡首，相与畅怫郁、浇磊块而已。[1]

作为苏州府管辖区划中唯一的州治，[2]太仓与崇明岛隔江相望，东南毗邻嘉定，西南枕靠昆山，西北连接常熟，去苏州府百余里，濒临大海，所谓“城守固，则昆山以西皆安，信东吴之藩屏也”，可见其具有极为重要的战略地位。[3]自元代张士诚筑城以来，太仓就逐渐成为海运商船航行、驻泊的交通要道，商贾云集，且肩负抗击倭寇、拱卫吴淞的重任，因此明朝洪武年间即分设太仓卫和镇海卫，屯兵驻守，以保护海疆漕运、开展屯田垦荒、管理粮仓储备。清初顾炎武以“滨海民刁粮重”形容明末清初太仓的风土人情，可视为长期以来，当地集军屯战备、粮食生产和商业贸易于一体的特殊实情。[4]

正因如此，晚明的太仓并非想象中那么安全。嘉靖三十二年（1553），王世贞以刑部员外郎决狱地方顺道途径太仓，便遭遇海寇侵袭，只能陪同母亲前往苏州府城躲避兵灾。[5]幸运的是，这次吴中之行，令王世贞有机会拜谒文徵明，并与俞允文、张献翼、陈鎏、黄姬水、彭年等苏州文坛颇具声望的文士相互结识，多有诗文应答。王世贞《衡翁诗画卷》题跋曰：“癸丑（1553），余避地吴中。一日，以间谒文太史，手此卷索题。太史坐隅画兰石毕，觉秀色朗朗，射人眉睫间。已书数古体诗，诗亦清拔，是平生合作者。而书法从豫章来，尤苍老可爱。今日偶理散帙，得此卷出之，墨色尚如新，而太史游道山已七易寒暑矣。为之泫然一慨。”[6]此时文征明已是八十四岁高龄，拿出金花古局笺，为王世贞题诗。王世贞跋曰：“文太史八十四时，为余出金花古局笺，行书此三诗以赠，书极苍老秀润，而结体复不疏。三诗浓婉不在温飞卿下。唯明妃曲为永叔所误，不免时作措大语耳。以此知宋人害殊不浅也。”[7]从这些相互往来的诗文书画中，我们可以推想当年忘年挚友间交游唱和的动人情景。如果说，因丁忧而家居数载，最终促使王世贞成为苏州文坛的“执牛耳者”，那么这次“避兵吴中”的短暂拜谒，则是他在苏州文化圈中建立声望的前奏序曲。

守丧期间，王世贞专门邀请散文名家归有光为父亲撰写诔文，收于《震川先生集》第三十卷。[8]检索王世贞的交游网络，我们很少能够见到归有光的名字，因为他们分属不同的文学阵营，这是事实。但若据此判定两人或因文学主张的差异而相互抵牾，则未免有些挑拨离间的味道。对于《明史》所谓“时王世贞主盟文坛，有光力相觝排，目为妄庸巨子”的说法，我们深表怀疑。[9]仅凭王忬获罪死难，诸名士唯恐避之不及，[10]王世贞以家父死后声名相托，归有光欣然应允的态度，即可见两人间惺惺相惜的君子之交。抛开文学理念的差异与争论，王世贞邀请归有光为父亲树碑立传，不仅合情合理，亦是最佳选择。首先，身为同乡，归有光年长王忬一岁，两人都是积极投身抗倭战争的斗士，可谓志同道合，由这样一位昔日战友为王忬撰文悼念，确是对其在天之灵的最好告慰；其次，嘉靖三十八年（1559），文徵明仙逝，苏州地区的耆宿中只有归有光享誉文坛，名震全国，此时虽尚未考取进士功名，却俨然有长者之风。试想，归有光若真与王世贞相互抵牾，视之为“妄庸巨子”，又怎会答应撰写《思质王公诔》呢？

《明史》的论调显然受到钱谦益的影响。据《列朝诗集小传》记载，王世贞晚年为归有光作像赞时曰：“千载惟公，继韩欧阳，余岂异趋，久而自伤。”[11]然而检索《弇州山人续稿》，这篇像赞原文却为：“风行水上，涣为文章。当其风止，与水相忘。剪缀帖括，藻粉铺张。江左以还，极于陈梁。千载有公，继韩欧阳。余岂异趋，久而始伤。”[12]钱钟书先生认为，“久而自伤”实乃钱谦益的“刀笔伎俩”，目的在于为王世贞晚年文学主张的变更定下基调：

钱牧斋《初学集》卷七十九《与唐训导汝谔论文书》、卷八十三《题归太仆文集》、《有学集》卷四十九《题宋玉叔文集》、《列朝诗集》丁集卷六又卷十二重叠引《赞》语，皆窃易“久而始伤”为“久而自伤”，以自坚其弇州“晚年定论”之说。……近贤论著，因循不究。盖众咻传讹，耳食而成口实矣。一字之差，词气迥异。“始伤”者，方知震川之不易得，九原不作，赏音恨晚也。“自伤”者，深悔己之迷途狂走，闻道已迟，嗟怅何及也。二者毫厘千里。[13]

所谓“晚年定论”，即钱谦益认为，王世贞倡导文学复古，实乃李攀龙等人的“捞笼推挽”，及至迟暮之年则翻然悔悟。其理由大致有三：1. 王世贞晚年对归有光的推服；2. 王世贞晚年对李东阳乐府看法的转变；3. 王世贞晚年对《艺苑卮言》的自我批评。[14]其中第一点已由钱钟书予以批驳，后两点主张亦不可靠。据焦中栋先生考证，不仅《列朝诗集小传》中有意曲笔了王世贞《李西涯乐府跋》的原文，甚至就连四库馆臣亦未能详加考察便因循了钱谦益的论调。至于《艺苑卮言》，王世贞将其视为“四十年前未定之书”，只是对其中的“欺人”之语进行了反思，并未否定原书的主旨。从他对胡应麟《诗薮》的极力称赞可见，王世贞的复古思想终生未变，只是他看待复古与唐宋文学的态度已不像年轻时那么极端、固执。[15]对钱谦益混淆视听，杜撰掌故，肆意排斥复古理论的行为，钱钟书提出了尖锐的批评：

牧斋排击弇州，不遗余力，非特擅易前文，抑且捏造故事。如记弇州造访汤若士，若士不见，而尽出所涂抹弇州文集散置几案间，弇州繙阅，默然而去。王山史《砥斋集》卷二《书钱牧斋汤临川集序后》即谓其“欲訾弇州”，所“述事似饰而未确”：“预出之以度弇州之至耶？抑延弇州至堂而后出之耶？”窃谓征诸《玉茗堂尺牍》卷一《答王澹生》，则若士“标涂”弇山集，有人“传于”弇州“之座”而已；卷三《复费文孙》明言旧与弇州兄弟同仕南都，“不与往还”。牧斋不应未睹二牍，而悍然杜撰掌故，殆自恃望重名高，不难以一手掩天下耳目欤。牧斋谈艺，舞文曲笔，每不足信。渠生平痛诋七子、竟陵，而于其友好程孟阳之早作规橅七子、萧伯玉之始终濡染竟陵，则为亲者讳，掩饰不道只字。窜改弇州语，不啻上下其手，正是一例。[16]

厘清后世的曲笔附会，至关重要，这有助于我们明晰王世贞人际交往的真实情境，还原历史的本来面貌，推想他邀请归有光为父撰写诔文时极度悲痛的心路历程。钱谦益有意加深复古派与唐宋派纷争的做法，其实就是明末党争思想的延续，以政治斗争的思维强加于文学主张的讨论，确实有些不负责任。

嘉靖四十二年（1563），父丧服除。王世贞出游的第一站选择了昆山，并邀请俞允文一同前往，有诗曰："三载抱寒影，兹辰聊出游。春风澹疏雨，渺渺独行舟。暝色动城雉，炊烟散林鸠。呼童洗茶盌，君解过侬否。"[17]文辞间，自有哀音。相较旅游的愉悦心情，我们更愿意相信，这次昆山之行实乃丁忧的延续，是王世贞追忆往昔岁月的凭吊之旅。因为昆山本就是王氏家族的故乡，这里仍旧生活着同宗族亲。

据《明清历科进士题名碑录》记载，王忬参加嘉靖二十年（1541）科考的户籍为"直隶苏州府太仓州军籍"，[18]王世贞、王世懋兄弟则在"直隶苏州府太仓州军籍"后明确载有"昆山县人"的字样，[19]而王世贞祖父王倬于成化十四年（1478）进士及第，其户籍信息是"直隶苏州府昆山县军籍"。[20]由此可见，王家应是在成化十四年（1478）至嘉靖二十年（1541）间，由昆山迁入太仓。考虑到弘治十年（1497）割昆山、常熟、嘉定三县地建太仓州治这一历史实情，王氏家族的改籍就发生在此时。《嘉庆直隶太仓州志》曰："宏治十年，都御使朱瑄、御史刘廷瓒因乡人陆容议，疏请割昆山之新安、惠安、湖川三乡，及常熟之双凤乡，嘉定之乐智、循义二乡，建太仓州，领崇明县，隶苏州府。"[21]因此，我们熟知的"太仓王氏"原本为"昆山王氏"，虽然出生衣冠诗书之家，然祖孙三代皆以文官领兵，确是因为家族本身隶属军籍的缘故。

家世与家学：吴中文化的熏染

与太仓相对浓厚的军事、贸易氛围相比，昆山则更多承袭着吴中文化的精致与风雅，正所谓"昆为三吴望邑，缙绅章缝之士、吐词为经者比比而是”。[22]明代苏州地区之所以能够实现文化繁荣的显赫成就，除了上文提及的经济因素外，政治资本的积累亦是重要环节。表面上看，科举制度确实促进了文化资本向政治资本的转化，毕竟文人阶层寒窗苦读的首要目标，就是获取功名利禄。但具体分析，文化积累总是具备两大截然相反的面向：无论何时何地，文艺辞章都与科举经义背道而驰，不仅迥然有别，有时甚至相互抵触。我们经常能在明代文人著作中，读到长辈规劝晚辈勿要沉迷诗文、书画、戏曲的相似告诫，对于正统缙绅家族而言，这些才能都绝非安身立命的根本。

苏州文化的成功，正是有机结合了文艺与科举的特殊价值，并为之自觉形成一套相对完整、相互转化的社会机制。通过科举考试获取功名，已经不再是苏州文人的终极目标，他们在努力将文化积累转化为政治资本的同时，更希望充分展现代表文人价值的才情笔力，以获取更多的社会赞誉。为实现这一理想，政治资本又会成为有效的工具，为文化资本的构建和确立保驾护航，并以自身的趣味引领社会的潮流，影响更多希望步入文人阶层的年轻士子。当然，这要取决于政治资本是否具有足够的实力，能为苏州文化的自觉提供必要的动力支持。凭借史家的敏锐眼光，王世贞充分意识到苏州官员群体的强大，他在《吴中盛事》中颇为自豪地统计道：

> 会元凡七人……状元凡六人……及第凡六人……内阁七人……东阁掌诰敕二人……伯爵一人……太宰四人……一品十人……太子少保五人……学士十五人……赠三公二人……赠三孤三人……赠东宫一品五人……尚书二十七人……左都御使一人……右都御使三人……赠尚书四人……赠太子少保二人……吾郡之盛，未有如庚辰以至今日者……。[23]

此篇之后，尚有《一郡八座三元》、《吾州盛事》、《昆山盛事》，皆是对苏州地区文官主体的概括梳理。从施槃、吴宽、王鏊、陆完、毛澄、顾鼎臣直到申时行、王锡爵，来自同一文化环境的文人阶层大量涌入朝廷，成为文官集团的重要组成部分，其积蓄的政治力量不可小觑。尤为引人瞩目的是，自明代中叶以来，苏州政治资本的积累便始终未曾中断，官员们相互提携，投身文艺活动，结交地方名流，建立交游网络，竭尽全力为苏州文坛的繁荣提供长期的庇护，并形成良性循环的发展模式，致使文化资本的积累经久不衰。王氏家族长期生活在这样的社会环境中，自然受益匪浅。

“昆山王氏”裔出“琅琊王氏”，大体可信，有王世贞亲自撰写的多篇文字资料为证，亦得到王锡爵的确认。[24]西晋灭亡，政权南渡，王家也因此迁居江左，其支脉分散在浙中地区，直至元代王梦声始定居昆山。王世贞《先考思质府君行状》曰：

> 府君讳某，字民应。其先世为即丘子，讳览。即丘孙始兴文献公，讳导，迁江东。至宋左司谏讳缙者，仕高宗朝称名臣，以不能事秦桧中废居分水，为分水人。数传而至元古川先生，讳梦声，仕昆山州学正，家焉，遂为昆山人。[25]

王梦声有三子，中子早年夭折，长子与少子繁衍为王氏东西二族，西族世居昆山，东族则因弘治十年（1497）割昆山地而归太仓。[26]据上文引述《嘉庆直隶太仓州志》得知，昆山割地包括新安、惠安、湖川三乡，那么王家到底所居何处？《嘉靖昆山县志》有王梦声的传记，其中说道：“王梦声，字应甫，号古川，其先严州人，宋司谏缙之后。咸淳进士，授迪功郎、秘书省检阅，致仕。复起仕昆山州儒学正，因家湖川塘。时兵燹之馀，学宫颓圮，梦声始至，捐己赀力为经营，自殿堂而下，鼎鼎一新，邦人称之。”[27]因此，“昆山王氏”的世居之地可明确为南直隶苏州府昆山县湖川乡。

王梦声少子名曰王方泽，方泽子王琬，传至王琳，琳之子讳辂，四代皆隐居不仕。依据时间推算，王方泽应生活在元末明初，正值战乱动荡之时，家族隶属军户可能正是从此时开始。王辂育有四子：侨、佳、倌、倬，其中少子王倬就是王世贞的祖父。王倬，字用简，一作用检，号质庵，历任山阴、余干、兰溪知县，南京山西道监察御史，贵州按察司副使，四川左布政使，都察院右副都御史，终以南京兵部右侍郎给驿归里，卒年七十有五。王倬年少之时已聪慧异常，七岁时外祖父素庵公即称赞曰："是儿必昌大汝家。"他为官勤政，刚直不阿，对百姓豁达仁厚，赢得了"名臣"与"循吏"的美誉。为表彰王倬的治政功绩，朝廷加赠祖考王琳、王辂"如公官"，为南京兵部右侍郎，并荫长孙王世德为国子生。[28]毫无疑问，正是从王侨、王倬这一代开始，昆山王氏家族开始逐渐获得地方声望，并有愈加兴旺之势。[29]由于缺乏史料，我们已经很难还原王倬与明代中叶苏州文坛的具体联系，但依凭毛澄、王鏊、顾鼎臣分别为其撰写《行状》、《神道碑》、《墓志铭》的事实，即可推知他在苏州文人士夫阶层的人脉与交往。[30]而王倬长子王愔与顾鼎臣的联姻，则为整个家族在苏州地区提升文化、政治资本预留了足够的空间。[31]此外，王世贞为母丁忧期间，[32]曾与孙世良一同编校《乔庄简公集》，书中有乔宇撰写的《南京兵部右侍郎王公神道碑铭》，亦是王倬与乔宇同僚情谊的最好见证。[33]

除却政治上的仕宦声望，王氏家族对地方乡里乐善好施的家风，也是积聚民望的重要途径，广受推崇。据王世贞《琅琊先德赞》记载，王倬"孝友天性，好施予，豁达大度，家产不能及中豪，而割其田千亩为义庄以赡族"。[34]以千亩之田救济族人，确实是笔不小的数字，王家的实际田产应该远过于此数。《琅琊先德赞》中还有一处关于田产的记录，与王辂有关："封知县累赠南京兵部右侍郎先大王父夷庵公讳□，字尚殷，少读书修行，不乐仕进，忠信肫切，与物无迕。家大人尝语不肖：公有田三千亩，岁收不能盈一囷，里中有丐者、借贷者，以其时至则令从佃人所取赀故也。"[35]倘若三千亩不是王世贞的夸大之词，那么"昆山王氏"从王辂开始，便已经家境富足。

王倬共有二子三女，长子王愔，次子王忬，兄弟二人同父异母，个性迥异。王愔字民服，初号西庵，更号静庵，生于成化十八年（1482）。作为家中长子，父亲又长年宦游在外，王愔自少壮时就负责照料家中事务，经历家族产业，甚至还要承担王忬的教育之责。由于王忬是王倬六十一岁时（1507）所生，王愔要比这位亲弟弟年长二十五岁。王世贞在为伯父撰写墓志铭时说：

> 公年十五六时，陈孺人已捐馆，既服除，娶龚孺人，而质庵公（王倬）始续于陈，来称母，是曰陈淑人，仅长于公一岁。公率龚孺人旦夕修子媳礼甚恭。陈淑人后举一子一女，子即吾先君子，公抚而爱之，不啻如其子。以故吾先君子庄事公如从父，虽贵不小倦也。司马公（王倬）既远宦，不复能问家，悉以家委公。公课率苍头，多假贷陂田，值巧获，能以时消息之，节缩为盈，傍亩益拓。[36]

每当听到王忬的读书声，王愔便心生欢喜，并督促他心无旁骛，一心向学："夫有薄田足以具饘粥，敝庐足以覆，尔可绝内顾而并日夜艺文之力焉。"[37]而王愔能将偌大家业经营的井井有条，亦有赖龚夫人的协助与帮衬。对这位勤俭持家的杰出女性，王家男性成员给予了高度肯定："司马公（王倬）固宦游，亡问家人产，奉少羡，辄以付孺人（龚氏），为筑室斥买，园圃益拓，婢子日夜纺织，殷殷不绝。"[38]

王愔唯一外出做官的履历，是在友人的举荐下，担任山东承宣布政使司都事之职，只是这段工作经历究竟有多长时间，我们不得而知，《墓志铭》中也是一笔带过，却将大部分笔墨用于描绘王愔对园林声色的迷恋：

> 公故豪有园林声色之奉，至是益发舒，于居第后种竹万余竿，长松半之，它奇卉异木复半之。筑山凿池，……春时游者舄屦相啮，衫珥狼籍。公盛帷张，张乐合宴，临观之则咋指叹咤，以公非仙则神，不然者岂十万户侯裔耶？……至其宴客，奏伎为新声，按节促拍，即丙夜弗告疲。……又曰："人生寄耳，何乃溪刻自苦为！"公自少至老，无一日不乐。最后家中倭，毁于火者十之五，公仅以身免。既寇退，方履行煨烬间，人意公且不堪，公指其腹谓人曰："乃公无恙乎？"又曰："山石无恙乎？"俱应曰如公语。曰："然则我胡为弗乐也。"促具酒奏伎如初。[39]

王愔与王忬截然不同的兴趣爱好，同时作用于王世贞，对其产生直接的家族熏陶。我们在王世贞的身上，既能找到父亲王忬"尤笃精于经术，阅书一过目即成诵，于百家言无所不窥晓"

的勤勉，也能看到伯父王忬夜夜笙歌，喜好园林声色的影子。

注 释

1. 见王世贞《亡弟中顺大夫太常寺少卿敬美行状》,《弇州山人续稿》卷一百四十，文部，行状，第6423—6424页，明崇祯间刊本，《明人文集丛刊第一期》，沈云龙主编，台北：文海出版社，1970年。
2. 明代弘治十年（1497）割昆山、常熟、嘉定三县地建太仓州。苏州府下设七县一州为：吴县、长洲县、昆山县、常熟县、吴江县、嘉定县、崇明县与太仓州。
3. 参见周士佐、周凤岐修，张寅撰《嘉靖太仓州志》卷三《兵防》，南京图书馆藏。
4. 见顾炎武《肇域志》江南一，上海图书馆藏清抄本，《续修四库全书》史部地理类，第586册，第643页，上海：上海古籍出版社，2002年。
5. 参见王世贞《弇州山人四部稿》卷一百十九《宗子相》、卷一百二十《梁公实》，文部，书牍，第5575页、第5626页，明万历五年世经堂刻本，《明代论著丛刊》，台北：伟文图书出版社有限公司，1976年。
6. 文徵明于嘉靖三十八年（1559）去世，据此推断，王世贞的题跋应作于嘉靖四十五年（1566）。见王世贞《衡翁诗画卷》，《弇州山人四部稿》卷一百三十八，文部，画跋，第6364—6365页，明万历五年世经堂刻本，《明代论著丛刊》，台北：伟文图书出版社有限公司，1976年。
7. 见王世贞《文太史三诗》，《弇州山人四部稿》卷一百三十二，文部，墨迹跋，第6109—6110页，明万历五年世经堂刻本，《明代论著丛刊》，台北：伟文图书出版社有限公司，1976年。
8. 参见归有光《思质王公诔》，《归先生文集》卷二十九，天津图书馆藏明万历四年翁良瑜雨金堂刻本，《四库全书存目丛书》，集部别集类，第138册，第773—774页，济南：齐鲁书社，1997年。
9. 见《明史》卷二百八十七，列传第一百七十五，文苑三，第24册，第7383页，北京：中华书局，1974年。
10. 王世贞《中顺大夫山东按察司副使少谷温公墓志铭》："先公属大故藁葬，诸知名士咸自避晦，削门下籍，而公走使二百里而来，以金助缮墓。"见《弇州山人四部稿》卷八十七，文部，墓志铭，第4134页，明万历五年世经堂刻本，《明代论著丛刊》，台北：伟文图书出版社有限公司，1976年。
11. 钱谦益《震川先生归有光》："当是时，王弇州踵二李之后，主盟文坛，声华烜赫，奔走四海。熙甫一老举子，独抱遗经于荒江虚市之间，树牙颊相搘拄不少下。尝为人文序，诋排俗学，以为苟得一二妄庸人为之巨子。弇州闻之曰：'妄诚有之，庸则未敢闻命。'熙甫曰：'唯妄故庸，未有妄而不庸者也。'弇州晚岁赞熙甫画像曰：'千载有公，继韩欧阳，余岂异趋，久而自伤。'识者谓先生之文，至是始论定，而弇州之迟暮自悔，为不可及也。"见《列朝诗集小传》丁集中，下册，第559—560页，上海：上海古籍出版社，2008年。
12. 见王世贞《弇州山人续稿》卷一百五十，文部，像赞，第6876页，明崇祯间刊本，《明人文集丛刊第一期》，沈云龙主编，台北：文海出版社，1970年。
13. 见钱钟书《谈艺录补订》之《65页》，第385—387页，北京：中华书局，1984年。
14. 钱谦益《王尚书世贞》："元美之才，实高于于鳞，其神明意气，皆足以绝世。少年盛气，为于鳞辈捞笼推挽，门户既立，声价复重，譬之登峻坂、骑危墙，虽欲自下，势不能也。迨乎晚年，阅世日深，读书渐细，虚气销歇，浮华解驳，于是乎涣然汗下，蘧然梦觉，而自悔其不可以复改矣。论乐府，则亟称李西涯为天地间一种文字，而深讥模仿、断烂之失矣。论诗，则深服陈公甫。论文，则极推宋金华。而赞归太仆之画像，且曰：'余岂异趋，久而自伤'矣。其论《艺苑卮言》则曰：'作《卮言》时，年未四十，与于鳞辈是古非今，此长彼短，未为定论。行世已久，不能复祕，惟有随事改正，勿误后人。'元美之虚心克己，不自掩护如是。"见钱谦益《列朝诗集小传》丁集上，下册，第436页，上海：上海古籍出版社，2008年。

15. 参见焦中栋《"王世贞晚年定论说"考辩》，《晋阳学刊》，2005年第1期。

16. 见钱钟书《谈艺录补订》之《65页》，第385—387页，北京：中华书局，1984年。

17. 见王世贞《雨泊昆城，遣信要仲蔚》，《弇州山人四部稿》卷二十七，诗部，五言律，第1589页，明万历五年世经堂刻本，《明代论著丛刊》，台北：伟文图书出版社有限公司，1976年。

18. 见《明清历科进士题名碑录》，明嘉靖二十年，第1册，第740页，台北：华文书局股份有限公司，1969年。

19. 见《明清历科进士题名碑录》，明嘉靖二十六年与明嘉靖三十八年，第2册，第771页与第851页，台北：华文书局股份有限公司，1969年。

20. 见《明清历科进士题名碑录》，明成化十四年，第1册，第374页，台北：华文书局股份有限公司，1969年。

21. 见王昶等《嘉庆直隶太仓州志》卷三《太仓州》，清嘉庆七年刻本，《续修四库全书》史部地理类，第697册，第48页，上海：上海古籍出版社，2002年。

22. 见周世昌《原志》，周世昌撰《重修昆山县志》，明万历四年刊本，《中国方志丛书》华中地方，第433号，第1册，第9页，台北：成文出版社有限公司，1983年。

23. 见王世贞《弇山堂别集》卷三《皇明盛事述三》，第一册，第49—50页，北京：中华书局，1985年。

24. 王锡爵《太子少保刑部尚书凤洲王公神道碑》："公名世贞，字元美，凤洲其号，系出琅琊王氏。"见王锡爵《王文肃公文草》卷六，《王文肃公全集》，首都图书馆藏明万历王时敏刻本，《四库全书存目丛书》集部第136册，第308页，济南：齐鲁书社，1997年。

25. 见王世贞《先考思质府君行状》，《弇州山人四部稿》卷九十八，文部，行状，第4588—4589页，明万历五年世经堂刻本，《明代论著丛刊》，台北：伟文图书出版社有限公司，1976年。

26. 王世贞《故光州知州进四品阶警斋子暨元配吴孺人合葬墓志铭》："古川公有三子，中一子夭。其长者留昆山，为警斋子之始祖。少者徙东乡，遂割隶太仓为余之始祖。"见《弇州山人续稿》卷九十，文部，墓志铭，第4338页，明崇祯间刊本，《明人文集丛刊第一期》，沈云龙主编，台北：文海出版社，1970年。

27. 见《嘉靖昆山县志》卷十二《人物》，叶十六A，天一阁藏明代方志选刊，上海：上海古籍出版社，1963年。

28. 参见王鏊《通议大夫南京兵部右侍郎王公神道碑》，《震泽集》卷二十三，《景印文渊阁四库全书》集部别集类，第1256册，第368—370页，台北：台湾商务印书馆股份有限公司，1986年；顾鼎臣《明故通议大夫南京兵部右侍郎质庵王公墓志铭》，《顾文康公文草》卷七，中国科学院图书馆藏明万历至清顺治顾氏家刻本，《四库全书存目丛书》集部别集类，第55册，第416—420页，济南：齐鲁书社，1997年。

29. 据《明清历科进士题名碑录》载，王侨于明成化十一年（1475）进士及第，名列"赐同进士出身第三甲二百二名"中。见是书第1册，第361页，台北：华文书局股份有限公司，1969年。

30. 王世贞《明故承事郎山东承宣布政使司都事静庵王公墓志铭》："司马公（王倬）既以寿考终，公哀毁如礼已，驰之京上疏得请祭葬已，复乞《状》于毛文简公、《碑》于王文恪公、《志》于乔庄简公，而后曰庶几有以慰地下。"《弇州山人续稿》卷一百一，文部，墓志铭，第4794页，明崇祯间刊本，《明人文集丛刊第一期》，沈云龙主编，台北：文海出版社，1970年。

31. 参见王世贞《明故承事郎山东承宣布政使司都事静庵王公墓志铭》，《弇州山人续稿》卷一百一，文部，墓志铭，第 4794 页，明崇祯间刊本，《明人文集丛刊第一期》，沈云龙主编，台北：文海出版社，1970 年。
32. 据郑利华《王世贞年谱》，王世贞母亲卒于隆庆四年（1570），见是书第 202 页，上海：复旦大学出版社，1993 年。
33. 参见王世贞编、孙世良校《乔庄简公集》卷十，明隆庆五年（1571）刻本，南京图书馆藏。
34. 见王世贞《琅琊先德赞》，《弇州山人续稿》卷一百五十一，文部，像赞，第 6896 页，明崇祯间刊本，《明人文集丛刊第一期》，沈云龙主编，台北：文海出版社，1970 年。
35. 见王世贞《琅琊先德赞》，《弇州山人续稿》卷一百五十一，文部，像赞，第 6891 页，明崇祯间刊本，《明人文集丛刊第一期》，沈云龙主编，台北：文海出版社，1970 年。
36. 见王世贞《明故承事郎山东承宣布政使司都事静庵王公墓志铭》，《弇州山人续稿》卷一百一，文部，墓志铭，第 4792 页，明崇祯间刊本，《明人文集丛刊第一期》，沈云龙主编，台北：文海出版社，1970 年。
37. 见王世贞代王忬作《寿长兄藩幕静庵先生偕龚夫人七十序》，《弇州山人四部稿》卷六十，第 2941 页，明万历五年世经堂刻本，《明代论著丛刊》，台北：伟文图书出版社有限公司，1976 年。
38. 见王世贞代王忬作《王室孺人墓志铭》，《弇州山人四部稿》卷九十三，第 4395 页，明万历五年世经堂刻本，《明代论著丛刊》，台北：伟文图书出版社有限公司，1976 年。
39. 见王世贞《明故承事郎山东承宣布政使司都事静庵王公墓志铭》，《弇州山人续稿》卷一百一，文部，墓志铭，明崇祯间刊本，《明人文集丛刊第一期》，沈云龙主编，台北：文海出版社，1970 年。

第二部分
园林与交游

南山博文

第四章
从“离薋”到“弇山”

《离薋园图》与《求志园图》

王世贞与吴门文坛的艺术交游开始于家族园林的修建，并非偶然。正如本文第一章中所言，这既是王氏家风的影响，亦为明代苏州文人对“玉山佳处”的向往。嘉靖四十二年（1563），父丧服除，离薋园落成，王世贞邀约文坛名士三十多人赠诗四十余首，其中多数为苏州籍挚友，也包括早年任职刑部的同僚与“后七子”成员。王世贞将诗集收拢，装成两册，请钱穀和尤求绘图，又命王穀祥、周天球篆额：

> 第诸名大夫士人不以余鄙而时过从，又不以兹园鄙而辱之，诗歌若李于鳞、徐子与、彭孔嘉、皇甫子循辈，为人者三十而赢，为古近体者四十而奇，凡两卷皆满，钱叔宝、尤子求各为之图，而王禄之、周公瑕又各以小篆题额。噫嘻！为兹园者，亦幸矣！[1]

不难看出，这次以园林为主题的书画汇集，仍然带有鲜明的文学色彩，是王世贞远离京师、七子离散后首次作为召集人而展开的交游活动，但与“后七子”间纯粹的诗文唱和相比，

《离贇园图》的创作又明显具有苏州文化的地方特色。王世贞首次尝试融入这既熟悉又陌生的家乡生活，便试图以文坛盟主的身份示人，确实耐人寻味。此时距离文徵明逝世刚刚过去四年的光阴，而王世贞已在家乡丁忧三年。

钱穀与尤求的配图并非这次书画召集的主角，王世贞希望展现的是李攀龙、吴国伦、徐中行、俞允文、彭年、皇甫汸、张凤翼、张献翼、魏裳、朱察卿、章美中、徐学谟等人的诗文唱和，并藉此汇集诸位友人的亲笔书法。在这件以图命名的作品中，加入绘画创作也许只能起到插图的效果，却无疑是王世贞诗文交游的首创。“离贇”之名源自屈原的《离骚》，以《离骚》的幽怨寄托家难过后难以释怀的愤懑之情，显然具有深刻寓意，而故交挚友的酬唱则是对父亲王忬的最好祭奠。作为晚辈，尽管王世贞对于家难的结果无力回天，他却十分智慧的运用悲伤与哀愁，赢得了文人阶层广泛的同情与支持，为其日后成为文坛盟主奠定了人脉基础。多年之后，王世贞自郧阳休官归里，每日徘徊于弇山园中，触景生情，回忆起家难丁忧的蹉跎岁月，情不自禁地写道：

因追为一记，以志余之非有恶于贇而无所托于离也。不然，即诸名大夫士人怜而诗歌之，女嬃而在复呻呻詈余矣，或者曰：不然，子之园固未有贇也，子何以贇之而复离之，而又复名之，子不亦赘哉？而又何女嬃之怪？余亡以应。[2]

至于离贇园中景色，王世贞有如下细致描绘：

出鹦哥桥东第之左门，不五步而渠，其水仅逾寻，然宛宛通官河。桥踞之，临桥而门，榜曰“离贇园”。园故里人朱氏之菜壤也，东西不能十馀丈，南北三之。入门为蟠松二，方竹十馀茎。最南有亭曰“壶隐”。其三方皆梅，可二十树。前叠石为山，頫盎沼蓄朱鱼其中，山之延袤仅可以丈计，而中有涧，有洞，有岭，有梁，皆具体而微。碧梧数株，骎骎欲干云。其右方为书室二楹，其左方种竹千馀竿，露翠风篁，时时琴酒。适竹间有亭曰“晞发”，以憩客。步“壶隐”之后，得小圃二，皆有栏竹藩之，桃杏、木药、海棠、山礬之属寓焉。

圃尽而径见，为广除孤峰。出为洞庭石，嵌空玲珑，色青黑。而右有锦川、斧劈辅之，复有老梅，玉蝶、绿萼各一，植左右，大可荫台。临台而屋凡五楹，中榜曰“鹪适轩”，状其卑小也，亦以志自得也。左室可读书，以得竹故署曰“碧浪”；右室可栖客，曰“小憩轩”，之后为“重轩”，临后池，拟种白莲百本，榜曰“芙蓉沼”。沼后距墙咫，而近亦有夭桃、紫薇、垂柳以覆之。度小憩室折而西北，为侧楼三楹，临渠而傍阶，其前庖湢浴室也。[3]

与王愔麋泾园相比，离贇园规模不大，却精巧可爱，是王世贞亲自主持修造的第一座园林，见证了他与苏州文坛交游的初始阶段。尽管《离贇园图》是否仍旧存世，我们尚不得而知，但据此推断，王世贞在为父守孝期间，已经展开了与吴中文坛核心人物的密切往来。交游网络的建立，可能从一开始就伴随着某种经济关系的存在。在共同为离贇园赋诗作画的人物名单中，确有几位家境不甚富裕、需要以卖文鬻画作为谋生主业的布衣文士，俞允文、周天球、钱榖、彭年都是其中的代表。此次离贇园交游实乃纯粹的文人雅集，但王世贞一定会为优秀作品支付相应的润笔，因为这不仅意味着朋友间的礼尚往来，更符合王氏家族周济乡里、乐善好施的家风。更何况，俞允文、周天球、钱榖、彭年等人都算是王世贞的长辈，亦都是文徵明的门生。

作为文徵明的高足，俞允文是王世贞得以顺利进入苏州文坛的关键人物，也是最早能够加入王世贞文学阵营的吴中艺苑人士。两人自定交之后，便常有书信往来，[4]也经常一起讨论书画，因此王世贞的收藏眼力很可能从俞允文处获益良多。《仲蔚先生集》收录有若干作品题跋，都是受王世贞的邀请而作，其中包括《题海天落照图》[5]、《题赵伯驹画陶靖节归去来辞图赵承旨书词真迹》[6]、《题褚摹兰亭》[7]、《书王青州元美白莲图社后》[8]等作品。

本文第一章中提及，王世贞丁忧期满的第一次昆山、吴门之行，便写信邀请俞允文同游，情谊笃深。王世贞不仅将俞允文引荐给李攀龙，[9]甚至还将其列入“广五子”，[10]作为“后七子”复古运动的骨干力量，与李先芳、卢柟、吴维岳、欧大任齐名，其中俞允文、卢柟以布衣之身加盟，足见王世贞对其文学造诣的推崇。因此，俞允文很快便获得诗社其他成员的一致认同，名声大振。就在王世贞遭受家难丁忧里居期间，俞允文的长兄身故，两人同病相怜，书信慰问往来不断：

家人来得仲蔚手书，郁郁中更不堪读，为我酿泪耳。赖二章一破之，笔势朗朗超著，如见米颠父子，仆老不办事此，舍弟颇好临池，便付之作津梁也。长公遂弃仲蔚，致悼人琴，固所不免，亦愿达者念有尽之期，削无益之痛，毋徒戚戚自苦为也。[11]

对于俞允文书法造诣的评价，王世贞从来不惜溢美之词，并追朔其书法风格的渊源，上推至赵孟頫、米芾、柳公权、欧阳询、褚遂良，甚至《西岳华山碑》：

少工临池，久而益擅之。其小隶骎骎欧、柳而上登吴兴堂；行笔出入褚河南，而稍纵之则米襄阳。八分自谓得《西岳碑》体，以方韩蔡，蔑如矣。[12]

《艺苑卮言》亦云：

昆山俞允文仲蔚小楷绝得褚河南法，而以颜柳筋骨干文，遇所合作，深可嘉尚。而行笔颇仿河南，稍大则兼黄、米，而伤佻纵。[13]

所谓“字如其人”，王世贞将俞允文的书法风格溯源至晋唐，既有称赞其书风古雅的目的，也暗含对其文学复古主张的推许。从上述记录可知，俞允文书法各体皆能，小字楷书尤令王世贞爱不释手，遂经常请求俞允文为其收藏的书画著文题跋，其中就包括《临李伯时莲社图》、《王摩诘弈碁图》等。[14]此外尚有一件俞允文独自写就的小楷作品，名曰《俞仲蔚小楷赵皇后昭仪别传》，王世贞跋曰：“近年吾吴中小楷当推俞仲蔚，几与文太史雁行，履吉（王宠）、孔嘉（彭年）俱不如也。”[15]三人都是文徵明的学生，而王世贞独推俞允文，足见两人间的深厚友谊。

这既是最为真实的朋友关系，可能也意味着某种庇护的因素。王世贞将其纳入“后七子”社盟，有利于提升俞允文的名气声望，而每次乞请著文题跋，则是以文人的方式为其拮据的生活提供经济资助。

在为俞允文撰写的墓志铭中，王世贞生动的笔墨描绘，将俞允文塑造成“布衣文人”的理想典型：“先世昆山人，屡业儒，而其父评事公某始显重，由进士连任大郡司理，以清干闻，入佐散署，邑邑不得志，病卒。公是时甫十三也，而哀瘠踰礼，又能上奉祖母黄与母陆养，庄事兄某而抚弟某，咸得其志，时人以是称之。”[16]少年丧父，俞允文以病弱之躯，承担家庭重任，遂常常陷入生活窘迫的尴尬境地，以至于最终放弃举业，依靠文章、书法维持生计。

> 先生用调古，试辄少利，而又中更二太夫人变，仕念益减，遂移书学使者胡殖，请以诸生老田里，固留之不得也。先生家世寠薄，又性嗜书，不别自生。日以产挫，其配梁至洴澼絖而助之，犹不给也。先生独夷然问曰：不能三食乎，则姑二食，乃至不二食乎，则又姑一食。得麦饭少藜莱羹佐之，若粱肉矣。（《俞仲蔚先生墓志铭》）[17]
>
> 而仲蔚好里居，又善病，病辄不出应客。家人数米而饮，旦夕不办治饭，即且治糜耳，终不复能有干谒。凡仲蔚所行，桑枢甕牖咀藜裋褐不厌，死而已。（《俞仲蔚集序》）[18]
>
> 仲蔚生时，人为作一顿美食或荐数软语得其书，今乃闻有并金购者。（《俞仲蔚书》）[19]
>
> 余自归里中，旬日仲蔚辄有诗及牍见贻，而辄为人持去，甚或童裂以炷油。而一友生乃欲持此册博余两月粮，何也？（《俞仲蔚书》）[20]

类似的文字在王世贞的著作中反复出现，绝非虚言。“数米而饮”的原因，显然是因为俞允文体弱多病，不仅徒增医疗的费用，也极大削弱了他谋生的能力。生活在晚明最为繁华的城市中，又要肩负整个家族的日常开销，俞允文的经济状况自然捉衿见肘。与之相比，周天球的境况则要宽裕许多。

王世贞《周公瑕七十寿叙》中详细记述了周天球的生活

面貌：

先生不别治生，所养孤嫠兄姊戚属以百计。友朋所急，往往共之。而又好治精舍，叠石树竹木，斥买书画古玩，以故所得随手辄散去。里中儿艳先生之入而不悉其出，悉其出者又欲以是徼先生惠，而或不偏，争齮龁先生，先生夷然弗屑也。[21]

以“不别治生”四字形容周天球的经济来源全靠书画的买卖与润例，竟能负担亲族赡养、叠石造园、收藏古玩等高额消费，其收入之可观令人钦羡。相比俞允文的老病缠身、文嘉的年迈力衰，以书法见长的周天球自然能够获得大量的委托订单。只是长期不治生产、不蓄财富的生活习惯，亦给周天球的经济状况带来隐患。对于未能通过科举取得功名利禄的布衣文人而言，倘若没有土地、房产、庄园作为稳定收入的来源，就必须通过商业手段不断创造财富。可是他们又并非真正意义上走南闯北的商人，因此，将自己的学识转化为商品以获取利润，便成为唯一可以依凭的选择。问题在于，自己创作的文化产品，如何能够获得社会的广泛认同，进而成为潮流追逐的对象，则直接关系着日常收入的多寡，并最终影响生活水平的优劣。要想获取更多的经济利益，就必须尽最大努力提升名誉声望，拓展交游网络，释放社会影响，这已然成为晚明布衣文人赖以生存的必然法则.

文徵明的突然离世，致使苏州文坛失去了庇护者，整个文化繁荣的社会机制缺少了应有的向心力，就在人们为文徵明驾鹤西去唏嘘不已时，王世贞因家难而返乡里居，确实有些恰逢其时的意味：首先，早年积累的丰富人脉与家难造就的社会同情，为王世贞接替文徵明主持文坛，提供了无限方便；其次，苏州文人阶层也清楚的意识到，这样一位家底殷实的文坛巨子，不仅能使他们在艺术道路上名利双收，更有可能成为他们死后声名的盖棺定论者。周天球就经常对王世贞说：“异日传我于身后者，必子也。”[22]将自己的一世英名托付于年轻十三岁的后生晚辈，绝非朋友情谊可比，这种现象已然属于文人群体间相互依附与庇护的范畴。柯律格先生在《雅债：文徵明的社交性艺术》一书中，谈及明代文人在建构社交网络时，通常以长辈庇护晚辈的形式出现，可实际而言，类似王世贞对俞允文、周天球等长辈的庇护同样有可能发生。[23]

参与《离薋园图》绘制工作的钱榖则更为年长，又常以“室如悬罄”的形象示人，因此也属于没有固定资产，全凭卖画谋生的文人艺术家。[24]王世贞在为钱榖撰写传记时，有一段对其经济生活的描述：

钱先生者，吴里阛阓人也。然其始祖最贵，王于吴越，累代而其后人名能诗，又世受绘。自其父曾负才事倜傥，竟夭于酒，独母唐在。而钱先生少孤，即好读书，家贫无所蓄书，多从邑子游贷且读。……而吴中称画最圣曰沈周先生，钱先生不相及而间得其秘，声日以起，造请时时户满屦矣。钱先生故无家，乃又愈不为家徒四壁立。待诏过而题其楣曰“悬罄”，志贫也。钱先生贫士哉。其所手录古文金石书几万卷，校雠至丙夜不置。而造请画者，时得赢钱以奉母唐，滫瀡不废度，更赢则斥而召客曰：“毋念我，我腕足为诸君欢也。”钱先生汎与，而所最善以文章相琢劘者，待诏子太学博士彭、助教嘉、布衣彭年、浔州牧沈大谟，咸卓举奇士，相与为游扬，益有声，郡守相争延置钱先生请益，至弥月无所及私事，愈益重钱先生以为贤，而钱先生竟用是益贫且老矣。[25]

以“悬罄”志贫，并乐于以贫士形象示人，钱榖安贫乐道的豁达态度值得赞赏，却折射出晚明苏州布衣文人的普遍窘境。生活在物价指数居高不下的城市中，没有固定资产作为基本的生活保障，只能依靠出售诗文书画养家糊口，若能积攒些许闲钱，则大多用于文化资本的再积累、再循环。无论是借书抄录，还是添置文房用具，甚至就连请客会友，都是他们得以维持文人身份的关键环节，因为只有这样，才能确保始终活跃于文人群体的交游场域，与时俱进，不至于为社会所淘汰。

从“造请时时户满屦”可以看出，布衣文人的治生之道绝不局限于单一的艺术赞助人，他们的艺术作品肯定面向公开的市场。正如邓民亮先生所言：“过去学者对书画市场的敏感反应和过分强调文人画家与职业画家的分野，忽略公开市场的存在。在本国学者而言，是因长期以来对文人画及文人画家不应涉市利的迷信；对外国学者而言，主要由于受翻译文献的影响，以及反应社会情况的文献资料欠全面触及，以致产生误导。”[26]因而，在涉及晚明艺术交游的经济面向时，本文将谨慎使用西方语境中的“赞助”观念，与依靠经济手段的资助模式相比，钱穀等人显然更加重视社会价值的建立。王世贞能够为布衣文人提供的福利，并非巨额的物质保障，而是类似《钱穀先生小传》这样可以传之后世的史学文献，以及现世交游中积累的个人名望。由是观之，柯律格《雅债：文徵明的社交性艺术》的中文译本，将“Patron”翻译为“恩庇者”（或“庇主”），[27]确实更加接近晚明的历史情境，较之“赞助人”含有金钱资助的浓厚味道，“庇护”一词则更加凸显政治资本与文化权力在社会机制运行中的特殊效能。

令人惊讶的是，《离薋园图》很快就显现出应有的社会影响。一年之后，即嘉靖四十三年（1564），钱穀为张凤翼创制的《求志园图》问世。两幅作品的主题都是文人私家园林，且都由钱穀绘图，王穀祥小篆题额，王世贞撰写记文，并有相同的社交网络参与雅集题跋，我们很容易就能感受到二者间一脉相承的文化渊源。据王世贞《求志园记》载，此园位于苏州城东北角、张凤翼宅第之后。推门而入，便置身于荼蘼与玫瑰攀附交织的花屏间，满眼缤纷，芳香扑鼻，主人名曰“采芳径”。这种装饰手法在晚明颇为流行，是文人园林中常见的陈设。高居翰先生认为，类似以各种鲜花搭建的芳径，可以追溯到石崇金谷园中的步障。[28]而在文徵明创作于嘉靖壬子（1552）年的《金阊名园图卷》中，我们也能清晰地看到类似以鲜花构建的花屏。穿过求志园的“采芳径”，便进入园中主厅“怡旷轩”。其右三间为“风木堂”，“以奉其先隐君像”。轩右为“尚友斋”，“以栖图史”。斋后为“文鱼馆”，俯临水池，“池中多金银玳瑁杂细鳞”。穿池过桥，稍向西南，为古梅十余树，取名“香雪廊”。[29]如今《求志园图》卷首尚有文徵明题“文鱼馆”三字，应该是文徵明生前为张凤翼题写，本与此图无关，将二者合裱一处，其实是画作的拥有者想借用文徵明的声誉，为求志园赢得荣耀。

从画面内容分析，《求志园图》的总体格局与文字记载大体吻合，因此我们可将此幅作品视为具实创作的园林绘画，虽然其中也有不尽相同之处，但局限于卷轴的狭长空间，画家对于布局构图的改动并未损害内容主题的传达。画幅后有李攀龙、皇甫汸、黄姬水、黎民表、张献翼等人的题跋，王世贞的《求志园记》书于隆庆二年（1568），晚于钱穀创作此图有四年时间，尽管如此，李攀龙、黎民表的题诗则时刻提醒我们，王世贞在组织完成整件作品的过程中，始终扮演着主要角色。黎民表是广东人，与名列“后七子”的梁有誉、“广五子”的欧大任同为“南园后五子”，遂与王世贞相交。因此，黎民表的题跋能够出现在苏州文人雅集的书画作品中，肯定与王世贞的桥梁作用有关。

由《离贇园图》与《求志园图》的内在联系，继续激发我们探索诸多颇具趣味的疑问，即王世贞丁忧乡里的初期在苏州文坛中到底处于何种地位？他与求志园主人张凤翼的关系如何？王氏兄弟与张氏兄弟间是否存在类似争夺盟主地位的博弈与竞争？与上文论及俞允文、周天球、钱穀等人的贫寒形象不同，商贾出身的张凤翼、张献翼、张燕翼兄弟并称“三张”，不仅家境殷实，为吴中望族，且富有收藏。王世贞曰：

其先自凤阳徙而金陵，已又徙而吴，为望族。王父准能积著起家，有四子，以伯氏、叔氏材任治生，弃之贾；而仲、季恂恂守经术，仲卒繇乡举至台郡司理，季游太学得金吾幕职，而叔氏遂大廓其产，以谊侠闻，至倾郡邑。叔即幼于之父，所谓云槎处士沖春也。当是时处士以才能振其姓，家所蓄三代敦鼎尊彝古图画书籍器玩，即代称膏华者莫敢抗。[30]

凭借雄厚的经济实力，张氏兄弟很早就在苏州文化圈确立了声望，尤其是张凤翼和张献翼二人，终日游走于名门仕宦间，获得文徵明的赏识。

张伯起（张凤翼）者吴人也，少于余一岁。始于为郎奉使归吴里中，而伯起名声籍甚，吴人于古今文辞推王文恪公，于诗推徐迪功，于书推祝京兆、文待诏，一旦以属之伯起，待诏时犹老寿无恙，每伯起一造门，辄倒屣出近，把臂促膝，尽尔汝之分，且复自叹以得尚伯起晚。余所善彭年孔嘉，每谓余不

恨伯起不识公，恨公不识伯起。然余卒卒竟无由识之，而又数年乃始定交，已相得懽甚。（《张伯起集序》）[31]

已而伯起生，又七年幼于生，皆生而白皙，娟好秀丽。每出，市人连袂矓盻属之曰：谁家璧儿，当非复尘世间物。父怜爱之，为置师塾，日诵数千言，稍受笔，即能破累纸，而所造语奇，往往出意表。年十七即以诗贽故翰林待诏文翁，文翁世所推伏，前辈无两，辍食而读，谓其客陆礼部师道曰：吾与若俱不及也，趣延入，酒之。而是时伯起业已名文翁客，居数岁，遂客及叔贻，陆君亦折行与幼于称诗友。故里皇甫按察汸、彭处士年、黄处士姬水，今刘按察凤，尤相得，唱酧无虚夕。当是时操觚者，以不得幼于一语为歉。（《张幼于生志》）[32]

以上两段引文，让我们对张氏兄弟留下了深刻印象。张凤翼比王世贞小一岁，算是同龄人，张献翼又小张凤翼七岁。兄弟二人面容俊秀，引人称羡，又皆有诗名，少年时便与文徵明、陆师道、皇甫汸等吴中文坛的前辈名宿唱酬往来，自然积累了广泛的人脉基础。商人出身的客观现实，让他们更加注重博取社会声望，因此张家兄弟亦逐渐养成扶困安贫、乐善好施的家族风气，这与王氏家风颇为相似。王世贞曰：“（张献翼）急朋友之难逾于己……或馆饩，或治丧葬，或受孤寄，或解纷难，其始分谊不甚深，亦往往竭财力为之弗计也，若素所敦重及贵人长者弗暇计矣。”[33]这段评价绝非朋友间相互恭维的套语，事实上，当王家遭受家难，很多人都唯恐避之不及时，张献翼就曾致信慰问，并给予经济援助：

昨迫家大人命，南还告先垅，因治献亩之羡，为桂玉计，过吴门，得与足下相闻也。亡何而有燕中之耗，且扶服北上矣。业已置犬马之食于夜台傍，不谓尚在人世，复与足下相闻也。自中祸来，即无论名姓见厌人齿颊间，亦自厌之矣。而独足下惓惓然慰问，而且遗之歌诗也，跫然而来也，其为空谷之足音耶！[34]

依据书信内容判断，王世贞是在嘉靖三十二年（1553）

奉母避兵吴中时，与张献翼订交，这与《文起堂新集序》中的记载可相互印证。[35]但是，王世贞与张氏兄弟真正成为至交友好，可能还是源自家难落寞时的患难真情。

由是观之，王世贞丁忧里居的初期，他在苏州文坛的人脉基础显然没有张氏兄弟深厚，毕竟王氏父子长期宦游，无法与苏州文坛保持密切往来，更不可能像张氏兄弟那样，有缘借助耆老名宿的地位拓展自己的交游网络。王世贞当然清楚自己的尴尬处境，但他却拥有张氏兄弟无法比拟的优势，进士及第、京官生涯，以及主盟复古运动的领袖身份，这些头衔都足以令其迅速获得布衣文人的青睐，因为所谓交游的本质，即是在相互庇护的关系网中实现双赢的结果。王世贞不仅能为布衣文人提供所需的经济支持，更能使他们获得可观的社会名望，这般优势，始终令屡受科场困顿并最终放弃举业的张氏兄弟望尘莫及。

将复古运动的浩大声势带入吴门，是王世贞能够在苏州迅速站稳脚跟的关键。嘉靖四十二年（1563），刚刚换下孝服的他，便展开一系列交游活动，其目的显而易见，即要尽快拉近与吴门文坛的实际距离。王世贞先是于年初写信邀请俞允文同游昆山；五月，又借徐中行罢官归里途径吴门的机会，偕苏州名士与之交游，或许《离薋园图》就是这一时期完成的作品。[36]在逐渐展开与苏州名士交游的同时，王世贞照样与“后七子”成员保持密切、频繁的书信往来，他常与李攀龙、吴国伦、宗臣等人诗书酬答，[37]并在两大艺术群体间架设起互通讯息的桥梁：一方面，将文化最为繁荣的苏州文坛纳入复古运动的洪流，可以藉此壮大七子社盟的声名；另一方面，借助文学复古的全国性影响，亦可改变长期以来苏州文坛的地域性面貌。身处两方均能获益的双赢格局中，王世贞便具备了足够的影响力，为其成为文坛独领风骚的“执牛耳”者，打下了坚实的舆论基础。

次年（1564）二月十七日，王世贞与彭年、章美中、刘凤、魏学礼、张凤翼、张献翼、王世懋等人过访袁尊尼，后一日，又与诸位名士集于张氏兄弟园亭，作诗唱和。章美中《章玄峰先生诗集》卷四有《仲春十七夜雪，同宪副王元美、进士王敬美、侍御刘子威、孝廉彭孔嘉、魏季朗、张伯起、张幼于集进士袁鲁望馆，分得先字》、《次日同诸公集张氏兄弟园亭，分得梅字》等两首诗作，尽管没有直接言明“张氏兄弟园亭”所指为何，但我们猜想，钱穀《求志园图》的创作应与此次雅集活动关系密切。黄姬水同样以“梅”字和韵赋诗，诗题为《早春同彭孔嘉、章道华、袁鲁望、刘子威陪王元美兄弟集张伯起怡旷轩，得梅字》。[38]不经意间，一个“陪”字，全然道出此时王世贞在苏州文化圈的处境，至少在黄姬水的理解中，王世贞好似走访苏州的客人，虽然对其尊敬有加，却依然缺少应有的亲近感。

从《离贇园图》与《求志园图》的前后因缘，我们深感王氏兄弟与张氏兄弟间，存在着某种相互竞争的张力，只是这种暗中较劲的方式才刚刚开始，便以王世贞的全盘胜出而宣告结束。是年秋天，当徐中行、彭年、黄姬水、周天球、梁辰鱼与王世贞、王世懋在虎丘寺为袁尊尼与张凤翼兄弟北上会试送行时，[39]可能谁都不曾料想，张氏兄弟未能进士及第的遗憾，正在缓慢影响着文坛地位的此消彼长。嘉靖四十四年（1565）《艺苑卮言》最终成书，则进一步让世人清楚地意识到，王世贞操持文坛声气的能力绝非他人可比，甚至包括李攀龙在内的“后七子”成员，也无有能出其右者。

弇山园：叠石与藏书

离贇园建成之后的第五年（隆庆二年，1568），王世贞的文集中又出现了另一处园林，名曰“小祇园”。如此频繁建园，确是因为离贇园局促的面积与喧闹的环境已经逐渐令王世贞感到不满：“始余卧离贇园之鷃适轩，与州治邻，旦夕闻敲朴声，而恶之，行求得隆福之右方耕地，颇僻野，而亦会故人华明伯致佛藏经，于其地建一阁以奉之。前种美篠环草，亭后有隙地若岛，杂莳花木，捧经之暇，一咏一觞于其间足矣。”[40]几年间，经常与苏州文士游览江南各地的风景名胜，无疑使王世贞对园林山水有了更为深刻的感悟。[41]渴望将自然美景与文人生活相结合，寄托隐逸旷达的人生态度，正是他自家难以来的现实追求。

见诸记载，最早造访小祇园的客人是汪道昆与戚继光。汪道昆与王世贞为同年进士，他在担任福建按察司副使期间，奉命为戚继光监军，并肩抗击倭寇，因此二人在戎马生涯中缔结了深厚友谊。正是在汪道昆的引荐下，戚继光得以与王世贞相识。[42]隆庆二年（1568），朝廷采纳给事中吴时来的建议，调戚继光北上，以都督同知总理蓟州、昌平、保定三镇练兵事。汪道昆自福建巡抚罢归后，一直赋闲在家，便陪同戚继光北上，途径太仓，过访王世贞。[43]三人聚会的地点，正在小祇园中：

嘉隆中兴，命世之作者二：一在东海之东，其山曰历，是生于鳞；一在东海之南，其山曰弇，是生元美。乃余不敢以同籍而齿元美，元美不欲以同舍而当于鳞。顾弇山之下历山，盖其让也。两君子既以身退，余方从元敬平闽，元美独多闽功，向予而急元敬。齐鲁间于文学，厥有于鳞。益之以元敬武功，文武具矣。海岱一都会耳，不亦竞爽乎哉！及于鳞起浙江，元美待次。余既释闽事，则自浙而趋娄江。元敬应召北征，遇于鳞于浙，舳舻相望，胥命于吴。时元美治小祇园，吾两人以轻舟微服至，元美披褐而出，则二客皆羽衣。敬、美犹摄衣冠，执士相见礼。元敬以盘水奉剑跽进曰："不佞继光尝以戈船逐寇，从大海中得巨铁寻丈，绀青朱绿，黟黮不啻尊彝。属欧冶为良剑三，司马与继光各佩其一，其三在椟。愿归长公。"于时木兰著华两楹，予与元美各据一本，席地以华筹酒，酒行累百，宾主嗒然。适外客以苛礼前，予摽而就寝。早起，元美出十绝句，击剑而歌，再信遍历诸园，舣舟吴门而别。[44]

此次小祇园聚会，尽管只是一次看似不经意的过访，但对于王世贞、汪道昆与戚继光三人来说，都具有非同寻常的意义。我们推测，戚继光造访小祇园的具体原因大致有二：1. 他希望在履新蓟州之前，能从王世贞处了解更多北方战事的实际详情，毕竟王氏家族世袭军籍，不仅通晓谋略，亦沉淀着惨痛的血泪教训；[45] 2. 从小"通晓经术"，令戚继光始终向往文人的生活方式，与王世贞等苏州文人结交，可以提升他在文化领域的社会名望。沈德符甚至如是说道："至隆万间戚少保继光为蓟帅，时汪太函、王弇州并称其文采，遂俨然以风雅自命。幕客郭造卿辈，尊之为'元敬词宗先生'，几与缙绅分道扬镳。而世所呼为山人，充塞塞垣，所入不足以供此辈溪壑，久亦厌之而不能止矣。”[46]以“元敬词宗”媲美“元美词宗”，无疑太过奉承，然而和王世贞的交往最终让戚继光受益匪浅确是不争的事实。

王世贞与汪道昆的关系则较为复杂，尤其是在嘉靖后期与隆庆刚开始的前两年中，二人间相互依附、相互利用的味道十分明显。首先，尽管汪道昆进士及第，年轻时却并无文名，他需要凭借王世贞在复古运动中的领袖地位，为其博得社会名望；而作为来自新安商贾家族的朝廷官员，出于文化身份与经济利益的考量，汪道昆显然更加希望能与苏州文坛展开密切交游，因此王世贞便顺理成章地成为他结交、笼络的对象。其次，自严嵩势败之后，徐阶成为内阁首辅，经王氏兄弟多方奔走，隆庆元年（1567）皇帝下诏复王忬原官，王世贞看到了重新出仕的希望。虽然此时汪道昆刚刚罢官，但是官至福建巡抚的地位与常年抗击倭寇的功业，都使他在官场积累了丰富的人脉基础，王世贞里居多年，显然需要政治上的庇护，为其未来可以预见的仕途铺平道路。因此，能够有机缘结交戚继光等政坛当红明星，正是汪道昆为久疏官场的王世贞带来的福音。事实也是如此，我们可以从王世贞留下的文献资料中，感受此次小祇园聚会的重要程度：他不仅为此专门创作了一首《戚将军赠宝剑歌》，[47]有多篇诗歌存世，[48]而且在他晚年分别为戚继光、汪道昆六十大寿撰写的序文中，对此事亦有详细回忆。[49]

钱谦益《列朝诗集小传》中记有一段王世贞与汪道昆的轶闻遗事：

万历初，江陵为权相，其太公七十称寿，朝士争为颂美之词，元美、伯玉皆江陵同年进士，咸有文称寿，而伯玉之文独深当江陵意，以此得幸于江陵，元美乃迁就其辞，著于《艺苑卮言》曰：“文繁而有法者，于鳞；文简而有法者，伯玉。”伯玉之名从此起矣。厥后名位相当，声名相轧，海内之山人词客，望走噉名者，不东之娄东，则西之棫中，又或以其官称之，曰两司马。昔之两司马以姓也，今以官，元美亦心厌之，而无以禁也。元美晚年，尝私语所亲：“吾心知绩溪之功，[50]为华亭所压，而不能白其枉，心薄新安之文，为江陵所胁，而不能正其讹，此生平两违心事也。”伯玉为古文，初剿袭空同、槐野二家，稍加琢磨，名成之后，肆意纵笔，沓拖潦倒，而循声者犹目之曰大家。于诗本无所解，沿袭七子末流，妄为大言欺世。[51]

仔细品味上述引文，字里行间充满着钱谦益对汪道昆的鄙夷与不屑，甚至亦有指桑骂槐的味道，将王世贞一并牵连。其中所谓王世贞晚年对汪道昆产生厌恶之情的说法，实属捏造，真实意图与本文第一章所论王世贞"晚年定论说"类似，都是钱谦益的刀笔伎俩。《艺苑卮言》成书时，张居正还没有位极人臣，以王世贞的孤傲性格，又怎会为"迁就其辞"而抬举汪道昆呢？徐朔方先生同样对钱谦益的言论深表怀疑："有的记载说：王世贞晚年心怀嫉妒，在汪道昆背后对他有所指责，甚至后悔当初不该热切赞扬对方。这也同《书影》的那则轶事一样经不起核对。[52]王世贞收到汪道昆为他文集写的序言时回信说：'执事文美矣，尽善矣，论笃矣，纵令天下后世尽废仆言，不能废执事叙也。'这里有溢美之词，但不会全都是言不由衷的表面文章。王世贞在去世前不久，还在为汪道昆的重新起用而努力。"[53]由此看来，钱谦益为了达到诋毁、贬斥复古运动历史地位的目的，不惜屡次歪曲事实，挑拨离间复古派与唐宋派、复古派内部之间的矛盾冲突，肆意混淆视听，对后世产生了极其恶劣的影响。

随着时间推移，小祇园也逐渐得到扩建和完善，工程前后竟长达十余年，耗费大半家产。隆庆五年（1571）至隆庆六年（1572）间，小祇园迎来了第一次扩建。当时王世贞正辞官里居，为母丧丁忧，恰逢家中族兄要变卖王愔营建的祖产"麋泾山居"，其中大量珍贵山石眼看就要散落乡野，王世贞只能出巨资将山石悉数买下，并聘请张南阳叠石于经阁之后，即为"中弇"：

辛、壬间，居母氏忧小祥，谢客无事，而从兄求美必欲售故乡之麋泾山居，得善价而去，山石朝夕堕村农手，为几案、碪盅之属，巧者见戕亡赖子，不得已与山师张生徙置之经阁后，费颇不訾。[54]

此后，王世贞又计划在中弇之西修筑土山，与之隔水相望，种植甘果嘉蔬，并建书屋三间。万历元年（1573），王世贞离家远赴湖广任按察使一职，便只能将扩建工程交由管家“政”主持修造，等到万历四年（1576）王世贞致仕回乡，才惊讶地发现园林的规模已经远远超出了他的想象，而家中的积蓄已经几乎耗尽：

其西隙地市之邻人者，余意欲筑一土冈，东傍水与今中弇相映带，而瓜分其亩植甘果嘉蔬，中列行竹栢，作书屋三间以寝息。而亡何有楚臬之除，余故不别治生，与仲氏产俱以授家幹政，其人有力用而侈。余自楚迁太仆，则所谓土冈者皆为石，而延袤之倍中弇再矣。余亦不暇问，自太仆领郧镇，迁南廷尉以归，则东弇与西岭之胜忽出，而文漪、小酉之崇甍杰构复翼如矣。时与推故第敬美徙居其间，乃复治凉风堂、尔雅楼，及西三书舍，则余指也。盖园成，而后问橐则已若洗。第惜政才不能诘。[55]

面对如此规模浩大的造园工程，王世贞的内心无疑充满矛盾，但他又无法责备管家的挥霍无度，毕竟这座豪华的私家园林为他在天下文士间撑足了脸面。顷刻间，游园、赏园的宾客络绎不绝，王世贞不仅未加阻止，反倒大开门户，乐见其成，这一举动逐渐令“弇山园”的声名享誉海内，却也因此招来部分非议。[56]但“弇山园”的建设并未因此而结束，王世贞始终以极大的热情对园林精雕细琢，显然，他已将其视为一件可居可游的艺术作品。据《疏白莲沼筑芳素轩记》载，直至万历十四年（1586），园林的局部修缮与改造仍在进行，此时王世贞已经六十一岁。[57]

为详细记录弇山园如画的迷人魅力，王世贞还特别为其撰写了园记，前后八篇共七千多字的长篇叙述，堪称古今园林记述中少有的巨制。园记依照游园的先后顺序，依次展开，娓娓道来：第一篇总论地理位置、布局构造，第二篇介绍小祇园区，第三篇涉及弇山堂区，之后分别陈述西弇、中弇与东弇等三座叠石假山，第七篇为北部园区，最后则详论园林的整体游赏。弇山园位于太仓隆福寺西侧，门前有一条清澈的溪流，两岸垂柳交荫，溪南则是良田数亩。园之西为家族墓园，有古松柏十馀株。与离蓍园毗邻州治的喧闹相比，弇山园占地七十馀亩，山水相映成趣，且地处乡野间，确实要幽静安逸许多，这正是王世贞希望实现的理想。[58]

园门面南临水，上悬“弇州”匾额。穿门而入，即是“惹香径”，两侧以竹子编织高垣，沿墙攀植蔷薇、荼蘼、月季、丁香等鲜花。每当花季来临，游人置身其间，雕缋满眼，香气扑鼻。这般场景，能够令人联想起张凤翼求志园入口处的“采芳径”，相比之下“惹香径”的规模可能更大。两处园林的入口竟然如此相似，可见这种以鲜花作为迎宾篱墙的形式，在晚明的园林设计中十分流行。“惹香径”东边距离很近的地方，杂植榆树、柳树和枇杷，栖养仙鹤，鹤鸣声声，因而名曰“清音栅”；径西为小圃，种植柑橘，乃南方特产，故曰“楚颂”。径之阳有墙隔之，中通一门，颜曰“小祇林”，即前文提及汪道昆与戚继光造访的“小祇园”。入门有亭，四周环绕从竹间，故取王徽之“何可一日无此君”名之曰“此君亭”，其间清凉四袭，竹影斑驳，不见畏日，是游人休憩避暑的好去处。绕过竹林，山石独立，其状若俯首聆听，与北面经阁遥相对望，故曰“点头石”。去峰向北十步许，建有“梵生桥”，广而平，取释迦于忉利天说法还王舍城意。石桥通向的小岛，正是小祇园的中心区域，藏经阁与高榆古松掩映其间，以致好友文彭过此而乐之古隶大书曰“清凉界”，王世贞将文彭的题字摹刻上石，立于桥之阳。藏经阁左室曰“法宝”，右室曰“玄珠”，专门用于收藏佛教、道教经藏典籍。静坐阁中，推窗远望，则中弇与西弇的峦色峰势尽收眼底。阁下底层四壁，请尤求绘制佛教题材的水墨壁画，可列榻其间，随意偃息。轩后植梧桐数株，至此而北则水隔路穷。藏经阁左有隙地，与中岛相对，踞水为华屋三楹，游客过此可观赏池中花木禽鱼，名曰“会心处”，前植梨树、栗树，有禽鸟栖息；阁右有“鹿室”，以栖三鹿，与园丁共之。[59]（小祇园区）

藏经阁所在的小岛四面环水，无路可寻，游客必须返回“惹香径”才能继续前往弇山堂。从径西便门出，有“知津桥”，横跨“小庵画溪”，桥西临水有一座五楹门屋，张佳胤榜曰“城市山林”。门前有垣障，稍折南复向西，眼前则豁然开朗，因广植含桃，果可解馋，花可娱目，因而名曰“含桃坞”。转而向北，即为五楹“弇山堂”，两翼带耳房，其阳旷朗为平台，可供揽月，左右各植玉兰五株，花时交映如雪。堂北种海棠、棠梨各二株，大可两拱，其余繁花妖艳，种种献媚。再向北为一方池，东西七丈许，南北半之。游人春天坐二种棠树下，不酒而醉；长夏醉而临池，不茗而醒。恰巧同乡有人从废圃中得一石，刻曰“芙蓉渚”，是开元古隶，或云范成大家中物，王世贞将其树于池右，并以此名池。池南有“磬折沟”宛转北上，与后溪汇合，池塘四周则环植木芙蓉，北面有“琼瑶坞”，以竹篱为界，坞内种植红白缥梅、四色桃树和少量李树。更西有小平桥横跨“磬折沟”上，名曰“小有”，自此复折而向北，缘沟皆植木芙蓉，即“芙蓉渚”立石处。随“香雪径”蜿蜒曲折而上，大片的梅竹相互掩映，忽见一亭前阻，隔岸始得西弇，怪石奇树，高下起伏，若坐若立，若舞若骞，游人立于亭中美景尽收眼底，故取名为“饱山亭”。沿水岸边向东数十步，在“香雪径”的尽头便是通向西弇的“萃胜桥”。[60]（弇山堂区）

“萃胜桥”以山石垒叠而成，与前述所有平桥不同，似乎具有一定的高度，是诸多溪流汇聚之所，可以远眺小祇林、弇山堂、西弇、中弇等大部分景区，只有东弇无法看见，因此王世贞曾想在其北岸立绰楔曰“海上三山”，却未能实现。度桥始入山路，一石卧道如虎，南北皆岭，南卑而北雄。北峰之东南，有一山石独尊，突兀云表，名曰“簪云”，其首类狮子微微探身，又曰“伏狮”；其右一峰稍亚若从，曰“侍儿”；再右一峰曰“射的”。南岭诸峰皆前向，此处只能看到背面，由“饱山亭”望之，其中一石类似古碑文，故曰“禹篆”。沿路北折，得一滩，群石怒起，千姿百态，有的像狮子、蟒蛇，有的像眠牛、踯躅羊，不可胜数，总名曰“突星濑”。濑右皆为山石，其中不乏“岝萼峰”、“楚腰峰”、“白云屏”等可让游人驻足欣赏、啧啧称奇的所在。濑之源为“蜿蜒涧”，宛转数十折入“天镜潭”，其中一支穿“飘渺楼”下，入“潜虬洞”，其间怪石崚峋，应接不暇。距“白云屏”不远处，山径忽断，两石不接尺许，其下涧水湛湛，通“小龙湫”。湫之西南，有线道佝偻而上，可达“小雪岭”，因与太湖洞庭西山石公山的“风弄”相似，王世贞便给这条小道起名为“石公弄”。其上不远处有“息岩”坐磐石中，可供游人歇足休息，鸟瞰山石林立，曰“似傲”、“残萼”、“碎衲”、“太朴”、“苍玉”者，皆尽收眼底。就在“息岩”所在的位置，设计师专门安排了一处石阶，倘若游人循石阶而上，便会顺道经由“乾坤一草亭”、“省获亭”、“金粟岭”向南折返“磬折沟”上的“小有桥”，绕行一圈又回到“芙蓉渚”，故而王世贞戏称这段石阶为“误游磴”。自石阶向西，可俯瞰涧中奇石，穿石洞而出，便来到“缥缈楼”下，其间山石耸立，目不暇接，“黑云堆”、“千年菌”、“陬牙”、“玩客”、“指迷”、“青虹”等，颇为著名。“缥缈楼”是三弇最高处，不仅能俯视园林全貌，还能欣赏到园外的景致：东面是太仓城中鳞次栉比的房舍屋宇，向西走上“大观台”，凭栏眺望，可见娄水和马鞍山，北方则是百里之遥的虞山，天日晴好之时，一抹弄碧，美不胜收。“缥缈楼”下靠东边的位置是“超然台”，实乃赏月的最佳处，坐此令人意自远矣，台上有“逗云”、“端士”、“巫髻”等山峰，皆为台饰。楼南有石磴经“白云门”、“隔凡门”而下，为弇山第一洞天，其间有瀑布暗流与“天镜潭”合，或明或晦，乳窦涔涔欲滴。游客跋山涉水，方能依循石阶，来到“环玉亭”前，这里正是通向中弇的必经之路。[61]（西弇）

从“环玉亭”向东即来到西弇边缘，与中弇相隔颇远，遂架桥相连，由于此处两山相夹，很容易引起风浪，乘月过之，溶漾琐碎，别有一番韵味，故以蔡襄《万安桥记》中“月波”二字作为桥名，摹刻于桥楔之楣。正如前文所言，中弇的建造时间比西弇早，且山石均取自祖上“麋泾”故业，有数百年历史，因此算是三弇中最为令人瞩目的叠石杰作，其中不乏“古廉”、“拥袖”、“渴猊”、“猊儿”、“凌波”、“悯相”、“司阍”、“西归津”、“天骨”、“楚琢”等名石。中弇的南端有一条峡谷，名曰“磬玉”，溯溪流北上，便可到达“壶公楼”。楼中左室与东弇相对，王世贞曾在春末夏初时节与王世懋共坐其间，远观绯桃烂漫；而右室则是冬季欣赏西弇缥缈雪色的绝佳处，因名之曰“含雪”。从“含雪”前廊转而南，有“梵音阁”，阁内供奉莲花世尊塑像。由此向南盘旋于山间小径，便可依次领略“红缭峰”、“漏月峰”、“盘陀峰”、“衲霞峰”、“独锦峰”、“青玉笱”，而抵达“徙倚亭”。自“徙倚亭”向南折下数级，得“东泠桥”，即可前往东弇。[62]（中弇）

中弇和西弇全都出自张南阳的设计，代表了晚明园林叠石艺术的最高水平。[63]在王世贞《弇山园记》中，有大量的文字叙述都用于山石峰峦的描绘，显然体现出弇山园以峰石作为主要欣赏对象的独特魅力，附建其上的亭台楼阁只是游览路线中仅供逗留、赏景的点睛之笔。从山石的定名中，我们可以多次发现王世贞移情太湖洞庭的例证，希望采用“小中见大”的造园手法比拟真山真水，以此呈现立体三维的视觉感受。[64]遗憾的是，弇山园今已无存，但同样出自张南阳之手的上海豫园仍然保存完好，能为我们遥想弇园风采提供宝贵的借鉴，尽管两者间的相似程度只存在于理论的推想中，毕竟私家园林的设计风格不仅取决于设计师的造型手段，更要满足所有者的审美需求。

豫园主人潘允端也是位精通园艺的著名文人，生活年代与王世贞相同，依据《豫园记》中的叙述，豫园的营建时间开始于嘉靖三十八年（1559），却始终进度缓慢，直至万历五年（1577）潘允端退职归里，才展开大规模的拓展兴建，而此时弇山园已经接近完工。[65]其父潘恩官至刑部尚书、左都御史，为官宦世家，具有足够的经济实力，却也陷入“每岁耕获，尽为营治之资”、“经营数稔，家业为许”的尴尬，可见豫园与弇山园一样，都曾耗费巨大的经济支出。只是这种不计工本的行为，亦是园林主人身份与地位的象征。从时间推断，豫园与弇山园确实存在密切关联，均可谓张南阳造园生涯的巅峰之作。陈所蕴《张山人卧石传》曰：“维时吴中潘方伯以豫园胜，太仓王司寇以弇园胜，百里相望，为东南名园冠。”[66]二者的实际影响和地位，在晚明的江南地区可谓首屈一指。即便是在苏州园林甲天下的范围内，也只有徐廷祼的“东园”可与之匹敌。据王世贞《游吴城徐少参园记》载，该园基址本为吴宽的“东庄”，是明代中叶以来苏州城内最为著名的园林之一，徐廷祼前后经营十年乃成。[67]袁宏道曾将东园与弇山园相互媲美，曰：“近日城中，唯葑门内徐参议园最盛，画壁攒青，飞流界练，水行石中，人穿洞底，巧踰生成，幻若鬼工，千溪万壑，游者几迷出入，殆与王元美小祇园争胜。祇园轩豁爽垲，一花一石，俱有林下风味。徐园微伤巧丽耳。”[68]显然在袁宏道看来，弇山园的整体风格与东园相比实则更胜一筹。

与张南阳设计的中弇、西弇相比，东弇的叠石风格迥然有别，其设计者是一位吴姓的叠石专家：

大抵中弇以石胜，而东弇以目境胜。东弇之石，不能当中弇十二，而目境乃蓰之。中弇尽人巧，而东弇时见天趣，人巧皆中撅，而天趣多外拓。时有二山师者，张生任中、西弇，吴生任东弇。余戏谓二弇之优劣即二生之优劣，然各以其胜角，莫能辨也。[69]

游人自“徙倚亭”过“东泠桥”，即可见“窈窕”、“青峭”、“拙叟”、“碧皱”诸峰耸立，北上数十步为“分胜亭”，自此分“阳道”与“阴道”等两条游览路线。前者主要沿“广心池”南岸北上，经“百衲峰”、“蟹螯峰”、“流杯处”、“云根嶂”、“飞练峡”、“挹清峰”、“娱晖滩”、“锦云屏”、“嘉树亭”、“似莲峰”、“玢碧梁”、“九龙岭”、“三步梁”等景点，以山石、池涧的千变万化为特色；后者则经“山神祠”抵“留鱼涧”，沿着山石之中的涧溪经“振衣渡”（因女客至此往往怯而返，故又曰“却女津”）到达“敛霏亭”，给人以幽径俯涧的游览体验。此地原为隆福寺范围，由王世贞重价购归，一些原本属于佛寺管辖垂荫半亩的老朴树也为东弇增添了许多生气。[70]（东弇）

整个弇山园的北面是生活区，可由西弇的“环玉亭”向北经“广心池”西岸的“先月”草亭抵达。其中位置最佳的观景建筑就是“文漪堂”，堂俯清流，湘帘朱栏，倒影相媚，夜色朦胧时坐于堂中，正值中弇“壶公楼”灯火阑珊，令王世贞不禁想起杭州西湖的迷人景致。堂中三壁悬挂周天球、钱榖的书法作品，可供游人观景之余驻足欣赏，而此处亦是进入弇园北区的必经之地。自“文漪堂”左折入“息文门”，得“凉风堂”三楹，北区众多生活实用型建筑绕其四周依次布局排列。其中，“尔雅楼”格外引人关注，这里是王世贞收藏古董、读书写作的重要场所：

尔雅楼，一曰九友。所以称九友者，余宿好读书，及古帖名迹之类，已而傍及画，又傍及古器罏鼎酒鎗。凡所蓄书皆宋梓，以班史冠之；所蓄名迹，以褚河南《哀册》、虞永兴《汝南志》、钟太傅《季直表》冠之；所蓄名画，以周昉《听阮》、王晋卿《烟江叠嶂》冠之；所蓄酒鎗，以柴氏窑杯托冠之；所蓄古刻，以《定武兰亭》、《太清楼》冠之。凡五友。僭而上攀二氏之藏以及山水，并不腆所著集，合为九。[71]

参考《九友斋十歌》序中所言，王世贞将“九友”分为“外物”和“内物”：“外物”包括弇山园中山、水，“内物”则为古法书、古石刻、古法籍、古名画、二藏经、古杯勺以及他自己撰写的诗文。[72]上述文字记述的藏品，都是“尔雅楼”中弥足珍贵的稀世之宝，而王世贞收藏的总量则无法完全统计清楚。仅以书籍版刻为例，弇山园中有三处重要的藏书楼：“尔雅楼”只收藏宋刻善本，“藏经阁”专门用于佛道经藏的保管，而其余三万卷书籍则放置在“凉风堂”之后的“小酉馆”中。胡应麟曾言：“王长公小酉馆在弇州园凉风堂后，藏书凡三万卷，二典不与，构藏经阁贮焉，尔雅楼庋宋刻书皆绝精。余每读《九友歌》，辄泠然作天际真人想。次公（王世懋）亦多宋梓，一日燕汪司马，尽出堂中，并诸古帖、画卷列左右，坐客应接不暇，司马谓：‘此山阴道上行也。’司马公尤好古，彙刻坟雅诗书，今盛传于世云。”[73]三万卷藏书绝非胡应麟的夸张恭维，而是王世贞《弇山园记》中的自述，王氏兄弟家藏之丰富，确实给我们留下了深刻的印象。

即便仅以宋版善本而言，王世贞的收藏都超过二千余卷，其中《前后汉书》又是最为稀有的镇宅之宝。《弇州山人四部稿》有两则题跋曰：

宋板前汉书后

此书余得之江南故家，末有倪元镇跋，当是元镇家藏北宋板也。惜阙目录及陈涉、项籍等传十余卷。中有朱书，用唐抄本及南本舍人院本参校，系宋景文笔，字画妍好，无一字苟简。而考证评隲有出于诸注之外者，别作墨书，亦景文笔，盖录刘原父语也。前辈读书用心如此，令人汗下。

又前后汉书后

余生平所购《周易》、《礼经》、《毛诗》、《左传》、《史记》、《三国志》、《唐书》之类，过二千馀卷，皆宋本精绝，最后班范二《汉书》尤为诸本之冠，桑皮纸匀洁如玉，四旁宽广，字大者如钱，绝有欧、柳笔法，细书丝发肤致，墨色清纯，奚潘流沈。盖自真宗朝刻之秘阁，特赐两府，而其人亦自宝惜，四百年而手若未触者。前有赵吴兴小像，当是吴兴家物，入吾郡陆太宰，又转入顾光禄，失一庄而得之。噫！余老矣，即以身作蠹鱼其间不惜，又恐兹书饱我而损也。识其末以示后人。[74]

从题跋的内容分析，王世贞至少拥有两套完全不同的宋版《前汉书》，原因如下：1. 第一则题跋只是为《前汉书》而作，未见《后汉书》之名，且为倪瓒家藏，并有缺损；2. 第二则题跋明确言明班范二《汉书》，前后共存，珠联璧合，是赵孟頫家藏，却没有提到倪瓒的名字。因此我们推断，两则题跋涉及的对象应该截然不同。就品相而言，经赵氏收藏的前后《汉书》要明显好于倪瓒的《前汉书》，王世贞以一座庄园换得，真可谓不惜血本。

遗憾的是，这部绝世精美的前后《汉书》并未在"尔雅楼"中保存太久，王世贞就将其转赠给长子王士骐，时间当在万历十年（1582）之前。在为赵孟頫旧藏的《六臣注文选》作跋时，王世贞曰："余作见宋本《文选》，亡虑数种。此本缮刻极精，纸用澄心堂，墨用奚氏，[75]旧为赵承旨所宝。往见于同年生朱太史家，[76]云得之徐太宰所。[77]几欲夺之，义不可而止。太史物故，有客持以见售，余自闻道日，束身团焦，五体外俱长物。前所得《汉书》已授儿辈，不复置几头，宁更购此，因题而归之，吾师得无谓余犹有嗜心耶！壬午春日，世贞书于昙阳观大参同斋中。"[78]壬午，即万历十年（1582），此时王世贞已经皈依王锡爵次女、昙阳大师王焘贞，潜心奉道修行。王世贞散尽收藏的时间，应该就在万历七年（1579）之后的三、四年间。[79]此后，王士骐竟然由于无力承担国税，而将《汉书》典当于质库。[80]从某种意义上说，这部当年曾令王世贞无比自豪的宋版书籍，也见证了王氏家族迅速衰落的历史。

几番辗转，《汉书》的流传历经磨难，钱谦益以千二百金从新安黄正宾处购得，却又为筹集建造绛云楼的费用，以损二百金的价格售予四明谢象三。[81]明亡清兴，是书又归新乡张缙彦，最终进入宫廷内府。范景中先生在《书籍之为艺术：赵孟頫的藏书与〈汲黯传〉》中，对《汉书》颇具传奇意味的流传经历讨论甚详，本文便不再赘述。[82]只是尚有一处疑问，可与范先生商榷：

《钦定天禄琳琅书目》曰："牒文前叶有赵孟頫像，右方上书'赵文敏公小像'，下书'长洲陆师道题于顾汝修芸阁'。考王世贞《弇州续稿》载，陆师道字子传，长洲人，官尚宝少卿。汝修无考。按明版《秦汉印统》有黄姬水序，称其书为东川御医顾公所纂，[83]厥嗣汝由光禄、汝修鸿胪、汝和廷评，共成之。考《松江志》，顾从礼字汝由，顾从义字汝和，而不及汝修。今卷中有顾从德印，以从礼、从义证之，当即汝修之名。但姬水称其官为鸿胪，而世贞跋以光禄称之，似误。以汝由之官属之汝修，固不若姬水序其所著之书为可据也。"[84]据此推断，王世贞跋中所谓"顾光禄"者，似乎不应该为顾鼎臣的父亲顾恂，[85]而是一位在光禄寺任职的顾姓官员。虽然《钦定天禄琳琅书目》的编撰者精于考据之学，但是在分析推敲上述史料时，却给人留下刻板生硬的印象。我们认为，无论是王世贞提及的"顾光禄"，还是黄姬水所称"汝修鸿胪"，都不违背"长洲陆师道题于顾汝修芸阁"的事实。陆师道在顾从德（汝修）的芸阁中为《汉书》赵孟頫小像题字，并不意味着顾从德就一定会是此书的实际主人，作为兄弟，顾从礼（汝由）完全与可能将自己的收藏带至顾从德的家中，与亲朋好友共同欣赏阅读；更何况，顾从礼与顾从德也可能都是这部宋版《汉书》的拥有者，兄弟之间交换彼此的收藏，亦是人之常情，无可厚非。因此，《钦定天禄琳琅书目》以黄姬水的序文批驳王世贞的题跋，着实有些过于苛刻。王世贞与顾氏兄弟均有交往，不可能弄混兄弟二人的官职，他所称"顾光禄"者，确是顾从礼无疑。

纵观《汉书》在"尔雅楼"中的短暂停留，我们不禁感叹世事的变幻无常，与其说是弇山园收藏了众多艺术珍品，还不如说是这些古籍、书画、珍玩在收集一次次传承流变的经历。

当年，王世贞借用《南华经》、《山海经》中的仙山之名将自己的园林称为“弇山”，颇有脱尘出世之感，却也终归无法摆脱时过境迁的宿命。据《娄东园林志》记载，王世贞去世不久，这座冠绝一时的名园便转售他人，“不复旧胜”。[86]园中山石，也散落四方，其中有部分流落至无锡“东园”。[87]

其实，相较神道仙山的虚无缥缈，王世贞应该更加看重“弇山之石”的深刻内涵，因为这是对他耗费毕生心血投身史学著述的最好诠释。所谓“弇山之石”，常用于指代古老的碑铭。《文心雕龙》曰：“碑者，埤也。上古帝皇纪号封禅树石埤岳，故曰碑也。周穆纪迹于弇山之石，亦古碑之意也。”[88]我们猜想，王世贞之所以会以此命名自己的私家园林，园中又以山石为胜，全然是出于人生理想的寄托。即使园中叠石假山都最终难逃颓败、散落、消失的命运，但园林主人立志于史学著述的精神追求，可似“弇山之石”般，百世流传。

注释

1. 见王世贞《离薋园记》，《弇州山人续稿》卷六十，文部，记，第3025页，明崇祯间刊本，《明人文集丛刊第一期》，沈云龙主编，台北：文海出版社，1970年。
2. 见王世贞《离薋园记》，《弇州山人续稿》卷六十，文部，记，第3025—3026页，明崇祯间刊本，《明人文集丛刊第一期》，沈云龙主编，台北:文海出版社，1970年。
3. 见王世贞《离薋园记》，《弇州山人续稿》卷六十，文部，记，第3022—3024页，明崇祯间刊本，《明人文集丛刊第一期》，沈云龙主编，台北:文海出版社，1970年。
4. 据王世贞《俞仲蔚先生集序》曰:“余以嘉靖癸丑有维扬谳，而投俞先生诗，与定交。”知二人结识于嘉靖三十二年（1553）。是年，王世贞曾过访吴门，拜谒文徵明。
5. 俞允文《题海天落照图》:“唐李将军父子画世不多有，王大理元美遗示仇实夫所为汤氏摹昭道《海天落照图》，特为奇绝。若其晴蛟蒸云，不能弥天，而怪气曛黄，悉变初色，海岛潋滟，村树晶莹，参差缕分，如出幻景，措意着色，尤非平时落照可比。今摹本若此，不知昭道之迹又当何如耶？昭道本已入内府经煨炉矣，则此本宜为人间所宝，辄缀书其后云。”见《仲蔚先生集》卷二十四，明万历十年程善定刻本，《续修四库全书》，集部别集类，第1354册，第577页，上海:上海古籍出版社，2002年。
6. 俞允文《题赵伯驹画陶靖节归去来辞图赵承旨书词真迹》:“昔人谓赵伯驹画人物精神清润，观此图虽无款署，知当为伯驹笔也。况其词又承旨晚年之书，最为精绝。元美大理得之张幼于，既自题其后，复俾余鉴定，知其爱玩之无已也。”见《仲蔚先生集》卷二十四，明万历十年程善定刻本，《续修四库全书》，集部别集类，第1354册，第577页，上海：上海古籍出版社，2002年。
7. 俞允文《题褚摹兰亭》:“米元章书史云：唐摹兰亭有二，其一为王文惠家褚遂良黄绢上临本，其一刘泾收唐绢临本。今此本是元章所题手笔审定真迹，以为褚法之妙，薛、魏、欧、虞所不能及，殆即黄绢本也。大理（王世贞）以十三百千购得之，仍详订其始末，复以示余，已无能赞叹，聊补其未备云。”见《仲蔚先生集》卷二十四，明万历十年程善定刻本，《续修四库全书》，集部别集类，第1354册，第577页，上海：上海古籍出版社，2002年。

8. 俞允文《书王青州元美白莲图社后》："远公初从佛驮跋陀罗三藏授念佛三昧，与弟惠持高僧慧永朝贤隐士一百二十三人，凿山为铭，誓生净土。刘遗民为之著文。此特称十八贤者，盖择其最贤者入社耳。然考其时同誓有阙公则者，殁后友人于东京白马寺为公则追忌。是夕，林殿皆作金色，闻空中有声曰：我阙公则也。向所祈往生极乐宝国，今已果矣。故来相报佛氏以灵悟为最上乘就，其众中如公则最为灵悟。友道林虞孝敬并有赞文，而十八贤乃不称公则何也？王青州元美以莲社图属书，宋李元中所为图记，辄附记以阙其疑。"见《仲蔚先生集》卷二十四，明万历十年程善定刻本，《续修四库全书》，集部别集类，第1354册，第578页，上海：上海古籍出版社，2002年。

9. 李攀龙与俞允文之间的书信交往，可参见李攀龙《沧溟集》卷二十八，《景印文渊阁四库全书》，集部别集类，第1278册，第540—541页，台北：台湾商务印书馆股份有限公司，1986年；俞允文《与李于鳞书》，《仲蔚先生集》卷二十三《书启》，明万历十年程善定刻本，《续修四库全书》，集部别集类，第1354册，第567页，上海：上海古籍出版社，2002年。

10. 参见王世贞《广五子篇》，《弇州山人四部稿》卷十四，诗部，五言古体，第1060页，明万历五年世经堂刻本，《明代论著丛刊》，台北：伟文图书出版社有限公司，1976年。

11. 见王世贞《俞仲蔚》，《弇州山人四部稿》卷一百二十七，文部，书牍，第5907页，明万历五年世经堂刻本，《明代论著丛刊》，台北：伟文图书出版社有限公司，1976年。

12. 见王世贞《俞仲蔚先生墓志铭》，《弇州山人续稿》卷九十一，文部，墓志铭，第4358页，明崇祯间刊本，《明人文集丛刊第一期》，沈云龙主编，台北：文海出版社，1970年。

13. 见王世贞《艺苑卮言》附录三，《弇州山人四部稿》卷一百五十四，说部，艺苑卮言，明万历五年世经堂刻本，《明代论著丛刊》，台北：伟文图书出版社有限公司，1976年。

14. 王世贞认为，《临李伯时莲社图》并非赵孟頫的临本，而是后人依据赵氏临本的重临。据《秘殿珠林》载，此幅画作拖尾有俞允文书《李冲元莲社十八贤图记》及相关跋语，亦有王世贞题跋。参见王世贞《临李伯时莲社图》，《弇州山人四部稿》卷一百三十八，文部，画跋，第6361—6362页，明万历五年世经堂刻本，《明代论著丛刊》，台北：伟文图书出版社有限公司，1976年。《王摩诘弈碁图》是王世贞收藏摹古绘画一卷四本中的第四本，从袁祖庚处借得原作临摹，并请俞允文小楷题叙诗于后，是俞允文死前的绝笔。参见王世贞《摹古画后》，《弇州山人续稿》卷一百六十八，文部，画跋，第7699—7702页，明崇祯间刊本，《明人文集丛刊第一期》，沈云龙主编，台北：文海出版社，1970年。

15. 见王世贞《俞仲蔚小楷赵皇后昭仪别传后》，《弇州山人续稿》卷一百六十五，文部，墨迹跋，第7546—7547页，明崇祯间刊本，《明人文集丛刊第一期》，沈云龙主编，台北：文海出版社，1970年。

16. 见王世贞《俞仲蔚先生墓志铭》，《弇州山人续稿》卷九十一，文部，墓志铭，第4356—4357页，明崇祯间刊本，《明人文集丛刊第一期》，沈云龙主编，台北：文海出版社，1970年。

17. 见王世贞《俞仲蔚先生墓志铭》，《弇州山人续稿》卷九十一，文部，墓志铭，第4357—4358页，明崇祯间刊本，《明人文集丛刊第一期》，沈云龙主编，台北：文海出版社，1970年。

18. 见王世贞《俞仲蔚集序》，《弇州山人四部稿》卷六十四，文部，序，第3119页，明万历五年世经堂刻本，《明代论著丛刊》，台北：伟文图书出版社有限公司，1976年。

19. 见王世贞《俞仲蔚书》，《弇州山人续稿》卷一百六十五，文部，墨迹跋，第7545页，明崇祯间刊本，《明人文集丛刊第一期》，沈云龙主编，台北：文海出版社，1970年。

20. 见王世贞《俞仲蔚书》，《弇州山人续稿》卷一百六十五，文部，墨迹跋，第7546页，明崇祯间刊本，《明人文集丛刊第一期》，沈云龙主编，台北：文海出版社，1970年。

21. 见王世贞《周公瑕先生七十寿叙》,《弇州山人续稿》卷三十九,文部,寿序,第 2131 页,明崇祯间刊本,《明人文集丛刊第一期》,沈云龙主编,台北:文海出版社,1970 年。
22. 见王世贞《周公瑕先生七十寿叙》,《弇州山人续稿》卷三十九,文部,寿序,第 2128 页,明崇祯间刊本,《明人文集丛刊第一期》,沈云龙主编,台北:文海出版社,1970 年。
23. 参见柯律格《雅债:文徵明的社交性艺术》,第一部分,2、"友"、师长、庇主,北京:生活、读书、新知三联书店,2012 年。
24. 王世贞甚至专门为钱穀的"悬罄室"题诗曰:"钱郎坐我悬罄室,要我为作悬罄篇。我歌欲就须斗酒,君言室中无一钱。空梁颇受落月色,北窗仅可凉风眠。门前黄叶霜如洗,刺促归来愧妻子。已少成都学士裘,袛饶东郭先生履。挂壁蟏蛸寒欲堕,当门乌雀时空喜。自矜顾恺为前身,丹青在手终不贫。只愁妙画通神去,依旧能生釜底尘。"见王世贞《为钱世重题悬罄室》,《弇州山人四部稿》卷二十,诗部,七言古体,第 1306 页,明万历五年世经堂刻本,《明代论著丛刊》,台北:伟文图书出版社有限公司,1976 年。
25. 见王世贞《钱穀先生小传》,《弇州山人四部稿》卷八十四,文部,传,第 3972—3974 页,明万历五年世经堂刻本,《明代论著丛刊》,台北:伟文图书出版社有限公司,1976 年。
26. 见邓民亮《王世贞艺术赞助的研究》,香港中文大学,哲学博士论文,2006 年,未刊稿。
27. 见柯律格《雅债:文徵明的社交性艺术》,第一部分,1、家族,第 7 页,北京:生活、读书、新知三联书店,2012 年。
28. 参见高居翰《不朽的林泉:中国古代园林绘画》,第二章《画中园林》,第三节《手卷》,第 120 页,北京:生活、读书、新知三联书店,2012 年。
29. 参见王世贞《求志园记》,《弇州山人四部稿》卷七十五,文部,记,第 3579—3581 页,明万历五年世经堂刻本,《明代论著丛刊》,台北:伟文图书出版社有限公司,1976 年。
30. 见王世贞《张幼于生志》,《弇州山人续稿》卷一百四十一,文部,志,第 6480 页,明崇祯间刊本,《明人文集丛刊第一期》,沈云龙主编,台北:文海出版社,1970 年。
31. 见王世贞《张伯起集序》,《弇州山人续稿》卷四十五,文部,序,第 2388 页,明崇祯间刊本,《明人文集丛刊第一期》,沈云龙主编,台北:文海出版社,1970 年。
32. 见王世贞《张幼于生志》,《弇州山人续稿》卷一百四十一,文部,志,第 6481—6482 页,明崇祯间刊本,《明人文集丛刊第一期》,沈云龙主编,台北:文海出版社,1970 年。
33. 见王世贞《张幼于生志》,《弇州山人续稿》卷一百四十一,文部,志,第 6485 页,明崇祯间刊本,《明人文集丛刊第一期》,沈云龙主编,台北:文海出版社,1970 年。
34. 见王世贞《张幼于》,《弇州山人四部稿》卷一百二十八,文部,书牍,第 5947—5948 页,明万历五年世经堂刻本,《明代论著丛刊》,台北:伟文图书出版社有限公司,1976 年。
35. 王世贞《文起堂新集序》谓:"余始识幼于甫二十。"考张凤翼生于嘉靖六年(1527),据上述引文知张献翼小张凤翼七岁,则应生于嘉靖十三年(1534),因此张献翼二十岁时,正是嘉靖三十二年(1553)。《文起堂新集序》见《弇州山人续稿》卷五十五,文部,集序,第 2823—2824 页,明崇祯间刊本,《明人文集丛刊第一期》,沈云龙主编,台北:文海出版社,1970 年。
36. 李炤《明故通奉大夫江西左布政使天目徐公行状》:"癸亥,属内考,公为飞语所中,当左迁,解郡归。"见徐中行《天目先生集》卷二十一,山西大学图书馆藏明刻本,《四库全书存目丛书》,集部别集类,第 121 册,第 821—825 页,济南:齐鲁书社,1997 年。又据王世懋《奉常集》诗部卷三有《徐使君子与解郡归,过吴门,同家兄元美及诸名士出送之,泛舟石湖,分韵作七言长歌,得豪字》,可知王世贞偕苏州名士与徐中行的聚会地点为苏州石湖。石湖景区在明代深受文人士夫的喜爱,经常成为沈周、文徵明绘画创作的母题,上海博物馆就藏有文徵明作于嘉靖十一年(1532)的《石湖清胜图》,后有张凤翼题跋。
37. 参见郑利华《王世贞年谱》嘉靖四十二年,第 143 页,上海:复旦大学出版社,1993 年。
38. 见黄姬水《黄淳父先生集》卷十三《七言律诗》,中山图书馆藏明万历十三年顾九思刻本,《四库全书存目丛书》集部别集类,第 186 册,第 396 页,济南:齐鲁书社,1997 年。

39. 王世贞作有《虎丘寺同子与、孔嘉、淳父、公瑕、伯龙、舍弟送别袁鲁望、张伯起会试北上，得阳字》、《送袁鲁望会试》、《送张伯起兄弟会试》等诗，见《弇州山人四部稿》卷三十七，诗部，七言律，明万历五年世经堂刻本，《明代论著丛刊》，台北：伟文图书出版社有限公司，1976年。
40. 见王世贞《题弇园八记后》，《弇州山人续稿》卷一百六十，文部，杂文跋，第7310—7311页，明崇祯间刊本，《明人文集丛刊第一期》，沈云龙主编，台北：文海出版社，1970年。
41. 从嘉靖四十二年（1563）至隆庆元年（1567），王世贞的出游次数十分频繁，其中包括苏州虎丘、洞庭山、要离墓、横塘、灵岩山、虎山桥、铜坑山、支硎山、天池山、天平山、木樨岭、石湖以及长兴、阳羡等地，参见郑利华《王世贞年谱》，上海：复旦大学出版社，1993年。
42. 王世贞《寿少保兼太子太保左都督南塘戚公六十序》："往余与左司马汪公伯玉为石交，而伯玉实进今少保兼太子太保左都督戚公元敬于余，则竿尺时往反焉，盖嘉靖之癸亥（嘉靖四十二年，1563）也。去于今二十五年矣。"见《弇州山人续稿》卷三十八，文部，寿序，第2111—2112页，明崇祯间刊本，《明人文集丛刊第一期》，沈云龙主编，台北：文海出版社，1970年。
43. 据徐朔方《汪道昆年谱》载，嘉靖四十五年（1566）六月，四十二岁的汪道昆自福建巡抚罢归。见《晚明曲家年谱》，第三卷，第33—34页，杭州：浙江古籍出版社，1993年。
44. 见汪道昆《沧洲三会记》，《太函集》卷七十六，徽学研究资料辑刊，第1552—1553页，合肥：黄山书社，2004年。
45. 王世贞《寿少保兼太子太保左都督南塘戚公六十序》："隆庆之戊辰（1568），元敬自闽帅御追锋而北，偕伯玉访余弇中。……盖三宿而后别，与谈兵事亹亹。"见《弇州山人续稿》卷三十八，文部，寿序，第2112页，明崇祯间刊本，《明人文集丛刊第一期》，沈云龙主编，台北：文海出版社，1970年。
46. 见沈德符《万历野获编》卷十七，《武臣好文》，第434—435页，北京：中华书局，1959年。
47. 参见王世贞《弇州山人四部稿》卷五十，诗部，七言绝句，第2536—2540页，明万历五年世经堂刻本，《明代论著丛刊》，台北：伟文图书出版社有限公司，1976年。
48. 参见王世贞《戚大将军入帅禁旅，枉驾草堂，赋此赠别》、《汪中丞、戚都督道服访余小祇园即事》，分见《弇州山人四部稿》卷三十九第2062页、卷五十第2540页，明万历五年世经堂刻本，《明代论著丛刊》，台北：伟文图书出版社有限公司，1976年。
49. 参见王世贞《寿左司马南明汪公六十序》、《寿少保兼太子太保左都督南塘戚公六十序》，分见《弇州山人续稿》卷三十四第1909—1913页、卷三十八第2111—2116页，明崇祯间刊本，《明人文集丛刊第一期》，沈云龙主编，台北：文海出版社，1970年。
50. "绩溪之功"，应指胡宗宪抗倭事功。
51. 见钱谦益《汪侍郎道昆》，《列朝诗集小传》丁集上，第441页，上海：上海古籍出版社，2008年。
52. 周亮工《书影》卷五曰："广陵陆弼记：嘉靖间，汪伯玉以襄阳守迁臬副，丹阳姜宝以翰林出提学四川，道经楚省，三省会饮于黄鹤楼。伯玉举杯大言曰：蜀人如苏轼者，文章一字不通。此等秀才当以劣等处之。众皆愕眙。姜亦唯唯而已。后数日会饯，伯玉又大言如初。姜笑而应之曰：访问蜀中胥吏，秀才中并无此人，想是临考畏避耳。"北京大学图书馆藏清康熙六年刻本，见《续修四库全书》子部杂家类，第1134册，第378页，上海：上海古籍出版社，2002年。周亮工的这段记录，可能正是抄自钱谦益《汪侍郎道昆》。
53. 见徐朔方《汪道昆年谱》之《引论》，《晚明曲家年谱》，第三卷，第3页，杭州：浙江古籍出版社，1993年。
54. 见王世贞《题弇园八记后》，《弇州山人续稿》卷一百六十，文部，杂文跋，第7311页，明崇祯间刊本，《明人文集丛刊第一期》，沈云龙主编，台北：文海出版社，1970年。
55. 见王世贞《题弇园八记后》，《弇州山人续稿》卷一百六十，文部，杂文跋，第7311

—7312 页，明崇祯间刊本，《明人文集丛刊第一期》，沈云龙主编，台北：文海出版社，1970 年。

56. 王世贞《题弇园八记后》："余以山水花木之胜人人乐之，业已成，则当与人人共之，故尽发前后扃，不复拒游者，幅巾杖屦，与客屐时相错，间遇一红粉，则谨趋避之而已。客既客目我余，亦不自知其非客。与相忘游者日益狎，弇山园之名日益著，于是群讪渐起。"见《弇州山人续稿》卷一百六十，文部，杂文跋，第 7312—7313 页，明崇祯间刊本，《明人文集丛刊第一期》，沈云龙主编，台北：文海出版社，1970 年。

57. 王世贞《疏白莲沼筑芳素轩记》："丙戌冬，乃募工更疏之至四丈许，又深之取其土为土山于沼之南，高与东山埒，多种玉螺绿萼深浅红梅绯桃木芙蓉之属，杂以垂柳东西称是，山之后隙地亩许，皆令种竹，竹迳设石榻一二，沼左为曲沟，通天镜潭，资其水以为沼浸。沼之北筑精舍三楹……榜其楣曰芳素轩。"见《弇州山人续稿》卷六十五，文部，记，第 3252—3253 页，明崇祯间刊本，《明人文集丛刊第一期》，沈云龙主编，台北：文海出版社，1970 年。

58. 王世贞《弇山园记》之一："园亩七十，而羸土石得十之四，水三之，室庐二之，竹树一之，此吾园之概也。"见《弇州山人续稿》卷五十九，文部，记，第 2958—2959 页，明崇祯间刊本，《明人文集丛刊第一期》，沈云龙主编，台北：文海出版社，1970 年。

59. 参见王世贞《弇山园记》之二，《弇州山人续稿》卷五十九，文部，记，第 2962—2966 页，明崇祯间刊本，《明人文集丛刊第一期》，沈云龙主编，台北：文海出版社，1970 年。

60. 参见王世贞《弇山园记》之三，《弇州山人续稿》卷五十九，文部，记，第 2966—2969 页，明崇祯间刊本，《明人文集丛刊第一期》，沈云龙主编，台北：文海出版社，1970 年。

61. 参见王世贞《弇山园记》之四，《弇州山人续稿》卷五十九，文部，记，第 2969—2977 页，明崇祯间刊本，《明人文集丛刊第一期》，沈云龙主编，台北：文海出版社，1970 年。

62. 参见王世贞《弇山园记》之五，《弇州山人续稿》卷五十九，文部，记，第 2977—2982 页，明崇祯间刊本，《明人文集丛刊第一期》，沈云龙主编，台北：文海出版社，1970 年。

63. 张南阳，松之上海人，始号小溪子，更号卧石生，世称"卧石山人"。其家业农，父善绘事，故其自幼即善画，后以画家三昧法式叠石为山，名气由此籍甚。以故三吴诸缙绅家山园，问非山人所营构，主人忸怩不敢置对，其见重一时如此。可参见陈所蕴《张山人卧石传》。

64. 曹汛先生认为，中国的园林叠山艺术可分为三个阶段：从先秦到魏晋南北朝是第一阶段，山造得很大，跟真山几乎没有区别，但缺乏提炼和概括。隋唐至明中期为第二阶段，追求小中见大，所谓"一峰则太华千寻，一勺则江湖万里"，是将自然山水缩微到自家庭院中，欣赏者再凭借想象力将它们还原为真实的山水，造园成为三维的绘画。第三阶段以张南垣为标志，追求以真实尺度再现真山大壑之一角，在园中堆筑局部的真山，既有真实感，又不会耗费太多人力和物力。见曹汛《略论我国古代园林叠山艺术的发展演变》。

65. 潘允端《豫园记》："嘉靖己未，下第春官，稍稍聚石凿池，构亭艺竹，垂二十年，屡作屡止，未有成绩。万历丁丑，解蜀藩绶归，一意充拓。"见《豫园》，第 7 页，上海市文物保管委员会编，1962 年。

66. 见陈所蕴《张山人卧石传》，《竹素堂集》卷十九。转引自《豫园》，第 10—12 页，上海市文物保管委员会编，1962 年。

67. 参见王世贞《游吴城徐少参园记》，《弇州山人续稿》卷六十四，文部，记，第 3210—3212 页，明崇祯间刊本，《明人文集丛刊第一期》，沈云龙主编，台北：文海出版社，1970 年。

68. 见袁宏道《园亭纪略》，《袁宏道集笺校》卷四，《锦帆集》之二，上册，第 180 页，上海：上海古籍出版社，2008 年。

69. 见王世贞《弇山园记》之六，《弇州山人续稿》卷五十九，文部，记，第 2988 页，明崇祯间刊本，《明人文集丛刊第一期》，沈云龙主编，台北：文海出版社，1970 年。

70. 见王世贞《弇山园记》之六，《弇州山人续稿》卷五十九，文部，记，第 2982—2988 页，明崇祯间刊本，《明人文集丛刊第一期》，沈云龙主编，台北：文海出版社，1970 年。

71. 见王世贞《弇山园记》之七,《弇州山人续稿》卷五十九,文部,记,第 2988—2993 页,明崇祯间刊本,《明人文集丛刊第一期》,沈云龙主编,台北:文海出版社,1970 年。

72. 王世贞《九友斋十歌》序:“斋何以名九友也?曰山,曰水,斋以外物也;曰古法书,曰古石刻,曰古法籍,曰古名画,曰二藏经,曰古杯勺,并余诗文而七,则皆斋以内物也。是九物者,其八与余周旋,而一余所撰著,故曰九友也。九友得之有早晚,亦有从余而游与留而不能从者。其不能从者,既日思御,而从者亦倦而思归矣。秋日山镇无事,每一及之,不胜尊鲈之感,乃成十歌。所以有十歌者,并余身,而十亦欧阳居士六一意也。”见《弇州山人四部稿》卷二十二,诗部,七言古体,第 1402—1403 页,明万历五年世经堂刻本,《明代论著丛刊》,台北:伟文图书出版社有限公司,1976 年。

73. 见胡应麟《少室山房笔丛》甲部卷四《经籍会通四》,历代笔记丛刊,第 48—49 页,上海:上海书店出版社,2009 年。

74. 见王世贞《弇州山人四部稿》卷一百二十九,文部,杂文跋,第 6018—6019 页,明万历五年世经堂刻本,《明代论著丛刊》,台北:伟文图书出版社有限公司,1976 年。

75. 奚鼐,唐易水人,墨印有“奚鼐墨”或“庚申”字样,或谓其子超在南唐受赐姓李,超子李廷珪,一说与奚廷珪为二人。参见范景中《书籍之为艺术:赵孟頫的藏书与〈汲黯传〉》,《附庸风雅和艺术欣赏》,第 124 页,注释 10,杭州:中国美术学院出版社,2009 年。

76. 朱太史,即朱大韶,与王世贞为进士同年,松江华亭人,家富收藏,是晚明著名的藏书家。

77. 徐太宰,即徐缙,字子谷,号崦西,弘治十八年(1505)进士,官至吏部左侍郎。

78. 见《钦定天禄琳琅书目》卷三,宋版集部,《六臣注文选》二函二十册,《清人书目题跋丛刊》十,第 56—57 页,北京:中华书局,1995 年。

79. 王世贞《昙阳大师传》:“明年正月为己卯(万历七年,1579)……是时不佞世贞屏迹小祇园,窃闻师之概而心慕之。”见《弇州山人续稿》卷七十八,文部,传,第 3803 页,明崇祯间刊本,《明人文集丛刊第一期》,沈云龙主编,台北:文海出版社,1970 年。

80. 王士骐跋曰:“此先尚书九友斋中第一宝也。近为国税,新旧并急不免,归之质库中,书此志愧。”见《钦定天禄琳琅书目》卷二,宋版史书,《汉书》五函四十四册,《清人书目题跋丛刊》十,第 24 页,北京:中华书局,1995 年。

81. 陈寅恪先生曰:“牧斋售书之日,与绛云楼上梁之时,相距甚近。两事必有相互关系无疑。象三虽与牧斋争娶河东君失败,但牧斋为筑金屋以贮阿云之故,终不得不忍痛割其所爱之珍本,鬻于象三。”见《柳如是别传》,第四章《河东君过访半野堂及其前后之关系》,第 406 页,北京:生活、读书、新知三联书店,2001 年。

82. 参见范景中《附庸风雅和艺术欣赏》,第 123—133 页,杭州:中国美术学院出版社,2009 年。

83. 御医顾公,即顾定芳,字世安,号东川,顾英孙。顾从礼、顾从德、顾从义都是他的儿子。

84. 见《钦定天禄琳琅书目》卷二,宋版史部,《汉书》五函四十四册,《清人书目题跋丛刊》十,第 23 页,北京,中华书局,1995 年。

85. 见范景中《书籍之为艺术:赵孟頫的藏书与〈汲黯传〉》注释 8,《附庸风雅和艺术欣赏》,第 124 页,杭州:中国美术学院出版社,2009 年。

86. 参见《古今图书集成》经济汇编考工典,卷一百十八,园林部,汇考二。

87. 参见王永积《游东亭园小记》,《心远堂遗集》卷八,浙江图书馆藏清刻本,《四库全书存目丛书》集部别集类,第 194 册,第 173 页,济南:齐鲁书社,1997 年。

88. 见刘勰《文心雕龙》卷三《诔碑第十二》,黄叔琳注,李详补注,杨明照校注拾遗,第 155 页,北京:中华书局,2000 年。

第五章
主盟地位的竞争与庇护

《文先生传》与《停云馆跋》

隆庆二年（1568），即戚继光、汪道昆过访小祇园的前后，王世贞受文彭、文元发的邀请撰写《文徵明传》，[1]这一看似平常的举动却具有极其深远的意义，而此时距离文徵明仙逝已有九年光景。显然，王世贞已经具备了主盟文坛的潜质和条件，否则文氏家族也不会将享誉盛名的先辈传记托付于一位后生晚辈。依据年齿，王世贞与文元发同龄，[2]可谓是文徵明的孙辈，[3]文彭能够不考虑悬殊的辈分差距，力邀王世贞为文徵明作传，便足以成为一件轰动文坛的新闻。这也正是王世贞不断积累文化资本的必然结果。

由于众多客观条件的限制，王氏兄弟与文氏家族的早期交游始终较为疏离。第一次见诸记载的可靠往来，可能还是嘉靖三十一年（1552）王世懋的拜谒，此时文徵明已经八十三岁，以亲笔书写的楷书《原道》见赠小友。王世懋跋曰："盖世懋年甫十有七，而见文先生，先生缪谓奇颖而爱之。因手写是笺为赠。纸尾所呼季美，盖先君初命字也，已复改称今字云。嘉靖戊午年（1558），世懋举北畿，先生犹在人间，笑指贤书曰：'此子果如余所料邪！'己未（1559）举南宫，而先生已仙逝矣。宝惜此册，盖终身不去目焉。尝为《怀旧诗》云：'总角谒大贤，握手呼小友'，盖纪实也。"[4]一年之后（1553），王世贞奉使南下，便道还里，正值倭寇作乱，奉母避兵吴中，遂有缘拜谒文徵明。[5]与王世懋单纯获赠书法作品不同，王世贞与文徵明的互动则以诗文唱和为主，符合他格外注重文学交游的兴趣特点。当年文徵明写在金花古局笺上的诗作，可能就包括《文嘉钞本》中收录的《送王元美主事奉使还朝》：

缥缈晴云拥使旌，燕山吴水漫游行。通家珍重宁亲乐，旋轸委蛇恋阙情。紫禁仙班联旧鹭，青春上苑听新莺。风云壮志输年少，看取骅骝万里程。[6]

诗中文辞大有振奋人心的美好愿景，对于王世贞这般意气风发、踌躇满志的年轻官员而言，无疑是最为贴切的礼物。遗憾的是，王世贞却因少年盛气，对文徵明的诗文颇为轻视，久而久之，才自觉鲁莽，终身悔之：

自待诏大耄之年，语稍率致，而先生病后语亦逊少时食牛之气。甚口少年，走都下，耳习搢绅先生言，辄雌黄艺文："是能不作吴儿语否？文徵仲书画老博士耳，何知诗若文？"呜呼！吾不知其人笃志力学，直诣旁综，即无论待诏；何能一如子传先生（陆师道），汲汲从待诏问业乎？盖余兄元美，少年盛气，一轻视待诏，终身悔之。故为序其文与传，郑重可睹矣。夫元美能重待诏，世懋何敢于父行为异日悔境也。[7]

王世懋的此番肺腑之言，一语道破王世贞年轻时期的孤傲性格，成为影响他与文徵明交游的主观因素。年少成名，经常游走于京城官宦缙绅间，又热衷于全国性的文学社盟，这些令人惊艳的履历，都足以让王世贞与偏安江南的苏州文坛产生隔阂。尽管他十分清楚文徵明的社会声望，也肯定了解苏州文化引领全国风雅的历史地位，但毕竟以文徵明为首的交游成员大多都是布衣山人，而王氏家族从祖父王倬开始便积累下深厚的政治基础。受家庭环境的影响，王世贞会更加在意官僚体制内部的人脉交游，他积极投身诗社，参与新科进士们的诗文唱和，其实也是拓展政治资本的必要手段。出于心理层面的自信和优势，王世贞的人生格局已经远超苏州之外，倘若没有家难事件的发生，没有长期丁忧里居的生活，他也不会有缘经历与苏州文坛的交游活动，或许只有身临其境，才能真正体会到文徵明的实际影响。对于自己早年轻率贬低文徵明的言论，王世贞后悔莫及，他在《艺苑卮言》中说："吾少年时不经事，意轻其（文徵明）诗文，虽与酬酢，而甚卤莽。年来从其次孙请，为作《传》，亦足称忏悔文耳。"[8]

就在文彭、文元发父子邀请王世贞为文徵明作传的前夕，至少发生了两件重要的事情，值得我们特别关注。

其一，隆庆元年（1567）三月，王世贞为彭年作《明故徵士彭先生及配朱硕人合葬墓志铭》时，以"天下模楷"称赞文徵明，将文徵明在苏州文坛的地位推向巅峰：

余为吴人，多从吴贤士大夫游，好称说文先生，文先生殁，又好称说彭先生，咸彬彬隐德文采矣。而彭先生贫，不及中寿以死。王子曰：悲夫！悲夫！彭先生死矣，即后进好称说，焉能更二先生也。夫皤皤黄耇，天下模楷，文先生庶几近之。若乃因时为迹，匠心成言，应不循物，止不近名，其犹在彭先生乎！其犹在彭先生乎！[9]

据郭伟其先生考证，"天下模楷"的说法出自《后汉书·党锢传序》，其中有"天下模楷李元礼，不畏强御陈仲举"的说法。[10]李元礼即东汉桓灵时期的世家大族李膺，他因反对宦官权力而与其他大族一起联结太学生抨击朝政，终于东汉建宁二年（169）下狱处死，史称"党锢之祸"。历代史家皆对遇难的士大夫表示同情，更是将李膺等人推为后世文人学习的典范。[11]王世贞长于史学，更对《汉书》情有独钟，他以"天下模楷"形容文徵明的威望，对其艺术造诣推崇备至，与年少气盛时"轻视待诏"的态度相比，已有了天壤之别。

其二，隆庆元年（1567），新皇登极改元，王氏家族迎来了为王忬平反昭雪的天赐良机。王世贞与王世懋北上京师，投书徐阶、李春芳、高拱、陈以勤、张居正等内阁辅臣，为父辩理申冤。在首辅徐阶的极力声援下，是年八月皇帝下诏复王忬原官。王世贞在给李攀龙的信札中说：

> 卧都门外招提五阅月，而勘覆之疏始上。当事者幸哀怜先君子，予故官。不佞兄弟亦始得称人，即以其日归。[12]

努力为先父洗刷罪名，恢复名誉，不仅是王世贞、王世懋兄弟彰显孝行的必然选择，同时也为他们自己卸下了社会舆论的无形枷锁。在道德至上的明代社会，无论王忬是否为嘉靖党争的牺牲品，王氏兄弟都会被视为“罪人之子”。背负着朝廷钦犯的标签，整个家族都无法获得正常的社会地位。王世贞以“始得称人”四字发出名誉恢复后的感叹，可谓字字血泪，尤其对于像他这样一位希望引领风雅、掌握史权、操持清议的著名文人而言，家族的声誉甚至要比个人的生命贵重万分。因为，没有人会愿意邀请一位“罪人之子”来为自己家族长辈的死后声名树碑立传。

正是上述两件事情的同时发生，才最终促成《文先生传》的撰写因缘，这无疑是一次双赢的明智选择。文氏家族看中了王世贞著书立说的文学才能；而王世贞也凭借为文徵明书写传记的事功，逐渐确立起主盟坛坫的文化资本。

时至今日，有三篇重要文献可为后世重构文徵明的生平事迹提供宝贵资料，王世贞《文先生传》名列其中（可能也是影响最为深远的一篇），其余两篇分别是文嘉《先君行略》和黄佐[13]《将仕郎翰林院待诏衡山文公墓志铭》。[14]将三篇文字放置一处，比较分析各自内容，王世贞的《文先生传》则完全出乎我们的意料。这篇在文徵明逝世九年之后完成的纪念性文章，似乎是为了达到某种预先设定的目标，而有意窜改了部分史实。王世贞的做法完全有悖常理，更不符合以史家自居的身份，不禁令人惊讶错愕。

最为明显的改动涉及文林逝世的时间。[15]据杨循吉《明故中顺大夫温州府知府文公墓志铭》载：“弘治丁巳（1497）冬十一月，上起南京太仆寺寺丞文公（文林）于家，以为温州府知府。公抵庙堂书力辞，不果从。遂以单车赴任。至之日，首释系徒千人，民大悦。既而以法约豪强，咸遵于令。设施详明，惠洽黎庶。尊礼耆德，风以丕厚。盖一年而政化茂行。竟用己未六月乙未卒于官，年五十有五。”[16]可知文林卒于弘治十二年（1499），此时文徵明已经三十而立。黄佐《将仕郎翰林院待诏衡山文公墓志铭》亦曰：

弘治己未（1499），闻交木有疾，（文徵明）挟医而往，至则殁已三日矣。故事卒于官者，郡邑咸赙，官尊则益厚。时所赙几千金，公尽却之。为书以谢曰："吾父以廉吏称，而吾忍污其死耶？《传》不云乎，父死之谓何？又因以为利！"温人骇异曰："廉官则吾见之矣，未有为公子而廉者也。"由是声称藉甚。温人为立却金亭以识之。[17]

然而王世贞《文先生传》却称文林死亡事件发生在文徵明十六岁时，即成化二十一年（1485），前后竟相差长达十四年之久：

（文徵明）年十六而温州公以病报，先生为废食挟医而驰至，则殁三日矣。恸哭且绝，久而乃苏。郡寮合数百金为温州公赙，先生固谢不受，曰："劳苦诸君，孤不欲以生汙逝者。"其郡吏士谓温州公死廉，而先生为能子，因修故却金亭以配前守何文渊，而记其事。[18]

在王世贞的记述中，文徵明以"孤"自称，确实更具煽情的效果。正如柯律格所言，一个拒绝大笔赙金的十六岁失怙少年，与同样拒绝赙金但已是两个孩子父亲的三十岁男人，且又是当朝御史的侄子以及礼制上唯一有权为父亲料理后事的长子的弟弟，两者间具有非常大的差别。[19]王世贞希望在读者面前，将文徵明描绘成失怙少年自力更生、奋发图强的有为形象，绝非笔误，而是有意为之。或者更为确切地说，他是在文氏家族的授意下，尝试对文徵明的历史面貌进行善意的修饰。尽管这样做的风险巨大，很有可能令其著称于世的史家身份名誉扫地，但王世贞还是接受了雇主的无理要求（对于史家而言，有意篡改史实的行为当然属于无理的要求）。细心忖度，我们不难感受到一种潜藏着的，却又更为含蓄的交游互动。此时的文氏家族对于王世贞来说，既非赞助人，也不是庇护者，但仍旧能够凭借逝者的声望主导年轻一代的社会菁英，我们甚至很难找到相应的词汇来描述这种微妙的关联。似乎可以肯定的是，在王世贞主盟苏州文坛的道路上，文徵明仍将长期释放出深远的影响，只是构建辐射场域的原动力已经潜移默化为象征性的符号，存在于继任者的诗文唱和与书画题跋间。

因此《文先生传》的本质，并非严谨的史学著述，而是王世贞与文氏家族间展开的一次文化资源的互换，双方各取所需，各尽其责。在王世贞的笔下，文徵明第一次获得了与官方正史“文苑传”相类似的史学地位。[20]文章结尾处，王世贞又仿照“太史公曰”的笔调，为文徵明的艺术造诣盖棺定论：

王世贞曰：吴中人于诗述徐祯卿，书述祝允明，画则唐寅伯虎。彼自以专技精诣哉，则皆文先生友也，而皆用前死，故不能当文先生。人不可无年，信乎文先生盖兼之也。先生晚而吴中人以朱恭靖公希周并称。夫朱公者，恂恂不见长人也，何以得比称先生哉？亦可思矣！[21]

由于王世贞此后执掌文坛牛耳二十年的声名地位，《文先生传》获得了普遍的关注，以至《明史》的纂修官也对文徵明十六岁丧父的细节深信不疑：“文徵明，长洲人，初名壁，以字行，更字徵仲，别号衡山。父林，温州知府。叔父森，右佥都御史。林卒，吏民醵千金为赙。徵明年十六，悉却之。吏民修故却金亭，以配前守何文渊，而记其事。”[22]王世贞深谙史书撰写的春秋笔法，他知道如何渲染人物性格品行，更容易得到翰林院史官的青睐和重视。由此看来，我们甚至可以略带夸张、稍加臆断的认为，《文先生传》在文徵明死后声名的定论中，确曾扮演过积极的角色。

正如上文所论，王世贞对待文徵明态度的转变，应是发生在丁忧里居期间的事情，因为只有瞬间从云端跌落谷底的挫折，才能让他看清自己的年少轻狂，同样也只有与苏州文坛密切接触之后，方能知晓文徵明的实际地位。可仍旧存在这样一种疑问，即王世贞钦慕文徵明艺术造诣的程度究竟有多深？《文先生传》中所有的溢美之词，能否视为发自内心的肺腑之言？亦或只是以笼络人心为目的，需要在与苏州文坛的互动中表现出对文徵明的格外敬重？

由于缺少确凿的证据,我们不便对其内心的考量妄加猜度，但这种可能暗藏的矛盾心理，始终都潜移默化地影响着王世贞与文彭、文嘉兄弟的交往。毕竟发生在嘉靖三十二年（1553）的登门拜谒具有太多的巧合，王世贞慕名前往的意味并没有显示出太大的诚意。而文氏家族已经具备了足够的社会资本，每日登门拜访、请求书画者络绎不绝，似乎也不太需要刻意与王世贞拉近距离。与俞允文、彭年不同，文氏兄弟并不热衷于古文辞，更没有展现出优秀的文学才能，也就与王世贞缺少了很多共同语言。前文使用“疏离”一词,概括他们之间长期维持的交游状态，倘若从心理的角度分析，实际情形可能远为复杂。我们甚至可以从王世贞晚年为文氏兄弟创作的像赞中，感受到某种“轻视”的意味：

南京国子博士文三桥先生讳彭，字寿承，故待诏徵明子也。少承家学，善正行草书，尤工古隶，咄咄迫其父，以诸生久次贡授秀水训导，擢国子助教于南京，时七十馀矣。先生敦直坦易，于进退取予皆称心而受，不为餙让，人以待诏故，多优假之，七十六卒。

赞曰：父子俱有艺文，而俱不得志于科目，羸马青衫，潦倒散局，然父视之若蜡，而子甘之若饴，各行此是，不论彼非。

和州学正文文水先生讳嘉，字休承，彭之介弟也。其书不能如兄工，而画得待诏一体，鉴赏古迹亦相埒。以诸生久次贡授乌程训导，擢今官老矣。乃移文乞归，归而乞书画及请鉴别者履相踵，先生犹一一应之，至困惫不支乃卒，年八十三。先生不能如兄浑然天真，然有分辨，不苟取。

赞曰：维名与寿，以及技艺，宦薄家贫，各足于志，拟父则子，视兄则弟。[23]

以晚辈身份为长辈撰写像赞，毫不讳忌文氏兄弟久困诸生的尴尬，虽然所述皆为实情，却仍旧给人留下评价不高的印象。王世贞借用宋代“苏门学士”张耒的诗句“羸马青衫亦何事，一生空负野人心”[24]形容文彭的潦倒境遇，其中希望传达的信息，耐人寻味。通读《吴中往喆像赞》全篇内容，体会王世贞为文氏兄弟和俞允文等人撰写像赞的不同语气，我们很容易发现字里行间细微的态度差别。甚至在他为钱穀撰写的小传中，也不似上述这般严肃苛刻，而是尽力凸显钱穀克勤苦学、画艺超群的文化形象。[25]引起这种现象的原因，与其说是双方兴趣爱好的差异，倒不如说是彼此间相互竞争的结果，我们不能排除《像赞》中可能存在的意图：王世贞借助自己的著述能力，有意压制文氏家族的社会声望，即便绝非恶意，却也是他努力构建排他性文化权力的必要手段。文彭、文嘉少承家学，以书画名世，因文徵明的荫庇而成为社会普遍追捧的对象，并以诸生受聘于官方教职。恰巧王世贞回乡里居，身披进士头衔与诗坛荣光，客观上削弱了文氏兄弟在苏州文化圈中独领风骚的影响力，双方围绕主盟地位的较量随之展开。

结合有关张凤翼创制《求志园图》的讨论，我们似乎已经在不经意间，触及到“后文徵明时期”苏州社会文化权力再分配的敏感神经。文氏、王氏、张氏等苏州世族间构成的博弈机制，除却个人才学的因素外，更是家族底蕴与实力的体现，也同样关乎交游网络延伸的范围。[26]在文徵明去世的初期，三大家族皆有各自的现实特点：1. 文氏兄弟作为文徵明的直系亲属，自然在社会声望上占得先机，只是此时的他们皆已逐渐步入老年，与正当壮年的王世贞、张凤翼兄弟相比，缺少了年轻人的锐气与干练，且不善诗文始终都是阻碍他们主盟文坛的短板；2. 张氏家族拥有雄厚的经济实力，又长期游学于文徵明门下，在苏州文坛建立起广阔的人脉基础，然而始终缺乏类似文氏、王氏两家已然建立的全国性影响；3. 尽管王世贞名享诗坛，交游广泛，拥有丰富的政治、文化资本，却险些因为家难事件导致整个家族声誉的崩溃，加之长年宦游，缺少与苏州文坛的往来，与文氏、张氏兄弟近水楼台的便利条件相比，又相对处于劣势。但无论如何，王世贞的回归无疑为苏州文坛在痛失文徵明之后的迷茫中，注入新鲜的活力。如果说张氏兄弟创制《求志园图》，还只是以模仿离賫园交游的方式徘徊于竞争场域的外围地带，那么文、王两家则从一开始便卷入了声望角逐的核心区域。

文人间的暗自较劲并不总是呈现口诛笔伐的激烈交锋，也经常会以相互依靠、扶持的方式实现文化资源的互换。王世贞就曾多次延请文氏兄弟为其创作书画作品，其中较为早期的请托应属文彭写制《五子篇》，当时谢榛尚且名列其间："文博士寿承为余书五子篇，五子者谢榛、李攀龙、徐中行、梁有誉、宗臣，并余六也，为篇凡二十五，寿承此书最为园熟丰妍。其后五子稍有去取，辞亦微改易。第其人并书家四君皆游道山，仅余一硕果耳，循览之际，为黯然低回久之。"[27]显然，王世贞是希望借助文氏家族的书法造诣，为他与五子的诗文唱和提供最为精美的书写风格，使之成为子孙永葆的艺术珍品。相对而言，王世贞与文嘉的交往则要更为密切，因为文嘉的书法虽不及兄长文彭，但在画艺与鉴赏方面都具备承袭文徵明事业的能力，而他与苏州文坛的交游也更加广泛。《像赞》中提及向文嘉"乞书画及请鉴别者履相踵"，应是其晚年生活的真实写照，王世贞就曾委托他创作一幅小楷《黄庭内景经》，却最终因为年老力衰或是需要应付的书画订单太多,而未能按时交付："文仲子休承许为余作小楷，奉持之一月，而休承目眵手战不能终诺，乃改以乞周公瑕,公瑕日受役碑板间，乃能舍而为余结此段方外缘，亦佳事也。"[28]从这些题跋记录中，我们深感由于文学才能的缺失，文氏兄弟在文徵明去世后，已逐渐沦落为以书画为主要谋生手段的职业文人行列，只是家族背景的庇护令他们长期成为艺术市场追捧的对象，因此在陆治、钱穀、周天球等艺术群体间，文氏兄弟还是拥有着更高的社会地位。

与受邀撰写《文先生传》有别，《文氏停云馆帖十跋》则是王世贞主动为之的个人行为，尽管撰写的最终目的仅是作为私家藏帖的鉴赏记录，但我们也不应忽视其可能存在的社会功能。作为明代最重要的刻帖之一，文氏家族两代人历经数十年方才完成，[29]共有十二卷，一百二十石，内容丰富，耗资巨大，从挑选原迹到临摹勾勒，均渗透着文氏父子的心血。文嘉之子文元善曾言：

> 余家停云馆帖，盖出自先祖太史公之所指授，先国博及学正二父之所临摹，而温君恕、章君简甫之所手勒，由晋、唐小字而下，太半以唐、宋胜国诸名流遗墨对刻，无纤微不惬，下真迹一等者也。自顷赝本相仍，市鬻肆售，不免有混珠之惜。[30]

据孙承泽《闲者轩帖考》记载，停云法帖清劲不俗，为近世诸刻第一，市肆为谋暴利，常割裂重装，变其格式，钤以伪印，饰为宋拓。[31]法帖原石历传数代，至文俶时作为嫁妆转入赵宧光家，赵氏继续拓印此帖，并根据不同的用料拓工，订价出售，《停云馆帖》在晚明社会的影响可见一斑。赵宧光曾详述此帖制作规模的浩大：

余家近藏停云馆法帖贞珉，乃文待诏先生为之冰鉴，国博和州两先生为之手勒，温恕、吴鼒、章简甫三名人为之手刻，镂不计工，惟期满志，完不论日，第校精粗。凡此诸公每构真迹古搨，非弥月穷年不轻摹拓，最后止得一十二卷。特以待诏先生父子三人皆握翰墨，宗匠海内，以名迹观览者门无虚日，是以此帖遂得晋、唐、宋、元、我明剧迹咸萃于中。今有遗帖与之相角，无不纤微克肖，名公苦志，于此逮见。且多历年所，总计其时，则春秋阅盖二十又四始克竣工。至若右军、黄庭，尤三易石而就，首卷小字，则名公继起不易镌摹。且无论国朝名帖舍之莫可比肩。[32]

王世贞可谓最早对该帖做出回应的文人之一，伴随着《弇州山人四部稿》在万历初年的出版，《文氏停云馆帖十跋》也曾一度成为社会公论。只是我们并不赞同邓民亮先生的观点，他认为题跋的撰写，是王世贞在使用自己已然具备的文化资源为文氏家族提供的赞助行为。[33]由于王世贞收藏的拓本只有十卷，部分卷目的内容也与现存的版本有别，其中更是缺少刊行于嘉靖三十九年（1560）的第十二卷内容（该卷为文徵明书写的《黄庭经》、《西苑诗》），因此，王世贞获得《停云馆帖》的时间可能在嘉靖三十九年（1560）之前。万历三年（1575）《弇州山人四部稿》成书，王世贞撰写题跋则不会晚于此时。十五年的间隔看似漫长，很难为我们准确分析题跋的社会性因素提供帮助，然而实际情形却在巧合中蕴藏着必然的缘由。其实，嘉靖三十九年（1560）正是王世贞服丧丁忧的人生转折点，此后他便一直在苏州参与社会交游，处于逐步建立文化权力的过程中。因此，无论《文氏停云馆帖十跋》具体作于何时，都无法超脱王世贞这一阶段的人生轨迹，他自己尚且需要借助文徵明死后声望的影响和庇护，又如何存在能够为文氏家族提供赞助的可能呢？

令王世贞迅速作出反应的原因，可能全然在于《停云馆帖》本身所承载的历史讯息。郭伟其指出："翻检明代收藏家的收藏目录，可以发现很多人都已经有意识地在建立一个完整的收藏体系，或者说在通过自己的收藏而建立一部首尾完整的书画历史。……在这些建构中像刻帖出版这样的文化行为也往往能够表达出编者的历史见解，文徵明父子所出版的《停云馆帖》就是这样一个典型的例子，它所包含的书法作品从晋代的经典书迹一直延续到文徵明自己的作品。自孔子删《诗经》、昭明编《文选》以来，选本之学就已经成为了中国文学批评的一种最重要的方式，而这种批评方式也影响到书法的'选学'之上，《停云馆帖》当然体现了文氏父子选择的眼光，同时这部法帖所引起的批评与反批评也是一个有趣的现象。"[34]王世贞对法帖所录作品的选择并非一味褒扬，而是提出了很多批评意见，延续着《艺苑卮言》的一贯风格，希望借此表达对于书法史的态度和见解。事实上，当孙鑛站在"否定之否定"的立场，以《书画跋跋》的形式又对王世贞提出相应的反驳时，我们能够深切感受到晚明社会代代相传的批判思维。文人交游的实质正是在相互提携、庇护、压制、反驳的不断循环中，实现群体性的结盟，有时恰如"吴门文坛"源自地域的界限，有时也可能像"刑部诗社"那样出于政治派系亦或是学识主张的差别。文化领域的权力之争，一旦延伸至官场，也就自然构成了晚明党争现象的风起云涌。尽管"文人相轻"可能是中国社会固有的顽疾，但以结社、雅集的方式最终演变为政治运动，则是晚明社会独有的阵痛。

《万历野获编》中曾记录过这样一段轶事，可为我们提供鲜活的案例，揭示文化名望的竞争关系，随时随地都有可能导致撕破脸皮的事件发生：

胡元瑞亦好使酒。一日寓西湖，适汪太函司马携乃弟仲淹来杭，王元美伯仲并东南诸名士大会于湖中。仲淹已病，其诗颇有深思秀句，心薄胡之粗豪，忽傲然起谓弇州曰："公奈何遽以诗统传元瑞，此等得登坛坫，将置吾辈何地？"汪、王三先王出仓猝不及答。元瑞亦识仲淹气盛，第怒目视。时戚元敬少保实偕二汪渡江，因同席饮，出软语两解之。胡大怒移骂，至目为粗人。戚惊避促舆度岭去，满座不欢而罢。[35]

假如沈德符所言不虚，那么王世贞作为文坛领袖，则未能在汪道贯和胡应麟间树立良好的表率，至少没有及时制止可能存在的矛盾心理。王世贞甚至在潜移默化中，助长了年轻文人争名逐利的心态，因为他自己就经常以清高、骄傲的面目示人。以文学复古的全国性影响入主吴门，借助文徵明的地位开展交游，与文氏兄弟保持交往的同时亦对其有所压制，王世贞将早年京官生涯所经历的官场较量用于文坛权力的竞争中，也在某种程度上令苏州地区的文化风气为之一变。当然，我们没有理由责备他带来的负面效应，身处党同伐异愈演愈烈的社会氛围中，也许谁都无法真正出离世外。联想到钱谦益在《列朝诗集小传》中使用“刀笔伎俩”排击王世贞的行为，又何尝不是权力竞争的轮回效应呢？

《钱叔宝纪行图》与《临王履华山图》

自从朝廷为王忬恢复名誉，王世贞便如释重负，进一步加速其建立主盟地位的步伐。隆庆年间，他不仅重新获得吏部的征召，先后出任河南按察司副使、浙江左参政、山西按察使等职，并与徐阶、李先芳、张居正等人书信往来，还大力修建、扩建私家园林，可谓家难之后迎来的曙光。隆庆四年（1570），母亲郁氏驾鹤西去，令王世贞第二次回乡丁忧，而李攀龙的逝世，也最终将他推向复古诗坛的领袖地位。[36]王世贞先后为文徵明、钱穀、陆治等耆老名宿撰写传记，逐步确立起史学著述的社会名望；与莫是龙、皇甫汸、袁尊尼、张佳胤、梁辰鱼、何良俊、黄姬水、卓明卿、陈文烛、俞允文、陆师道等人的诗酒唱和，也不断加深着他在苏州文坛的影响力。如果我们将万历三年（1575）《弇州山人四部稿》的整理出版，视作王世贞个人向外界展示文坛地位的里程碑，那么发生在万历二年（1574）两套书画作品的创作，则为我们揭开王世贞此时此刻的心路历程，探讨他与苏州艺术界的交游庇护关系，提供了最佳的切入点。

是年早春，母丧服除，王世贞赴京出任太仆寺卿，邀请钱穀一路随行，以小祇园为起点，绘画沿途风景直至扬州，共得三十二页。或许是因为钱穀年事已高，无法胜任长途的旅行，遂委派弟子张復继续随舟北上直到通州，再得画幅五十页，后交由钱穀点染润饰。因此，这套现藏台北故宫博物院的《纪行图》，不仅完整详实地记录了王世贞北上宦游的行程，且具有较为统一的风格。王世贞跋曰：

吾家太仓去神都为水道三千七百里，自吾过舞象而还往者十二，而水居其八，得失忧喜之事错或接淅，卜夜所经繇都会繁盛若云烟之过眼而已。去年春二月，入领太仆，友人钱叔宝以绘事妙天下，为余图，自吾家小祇园而起至广陵得三十二帧。盖余尝笑叔宝如赵大年，不能作五百里观也。叔宝上足曰张復，附余舟而北，所至属图之，为五十帧，以贻叔宝，稍于晴晦旦暮之间加色泽或为理其映带轻重而已。昔宗少文图五岳名山于斋壁，曰“鼓琴动操欲令众山皆响”，吾请老之日，以此册置书斋，阿堵得之不自笑令泪出耶！然终南山有捷径，又安知长安道中之无隐沦也。吾与二子俱幸而不死，是不能为向子平，亦终当为少文矣。因题于后。[37]

模仿宗炳“澄怀观道，卧以游之”的艺术态度，显然是王世贞隐逸思想的真实体现。尽管家难事件已经平反，但由此造成的心理创伤则永远也无法彻底抚平。为父亲投书辨怨的过程，充斥着阁僚之间权力的碰撞博弈，政治环境的险恶甚至比嘉靖后期有过之而无不及。在经历了长年的里居生活后，王世贞几乎将全部的兴趣转移至文学艺术领域，与苏州文坛的交游也逐渐显现出游刃有余的自信，社会声望的建立可以从轻松自在的交游中获得，因此仕途权力也就对其丧失了足够的吸引力。年轻时七子社盟的激情是为了获得更多的政治、文化资本，既然苏州可以为其提供更为舒适的文化土壤，在没有安身立命的现实压力下，又何必再去仕宦的漩涡中摸爬滚打呢？事实上，王世贞曾多次表达出无意仕进的心态，他在一封写给曾数次荐其起用的友人信中坦言：

世贞自奉先君子讳，杜门席藁者七年矣。春初，天子霈恩，诏与天下更始，不肖方有霜露之恙，匍匐而北，白见先人冤状，俟命国门之外。……不肖束发时即冒朝籍，其时妄不自量，亦欲效铅刀于一割。而不幸与用事者忤，驯致大变，震荡摧裂之馀，此心已灰久矣。……烛之武曰："臣之少也，尚不如人，今老矣。"田光先生曰："太子闻光盛状之日，而不知臣精已销亡矣。"不肖之所以逡巡而不能出者，窃用二子之言自问，而颇有所验。……区区一得之见，蓄之久矣，敢以闻于执事。大抵今之称大臣者，类多内顾之念，而不肯为国家任事。今之为谏臣者，各欲自靖其志，而不肯为国家惜才，且与其易而退之，毋宁难而进之。今主上固宽仁恭俭，不忝守文主，然颇倦于万幾，而左右之道谀者，其兆已大露。即远无论元祐、元丰，近不见正德、嘉靖初事乎？正德诸中贵人，弘治诸君子激之也；嘉靖诸新贵人，正德诸君子激之也。此意唯执事可以奉闻，亦愿与同志者相为慎重而已。不肖不然之灰，无能为报，第先君子入土，即纵身散帙中作老蠹鱼，送馀日。[38]

信中涉及隆庆时局的分析，真可谓肺腑之言，洞若观火，恐怕就连内阁大臣也很难一语道破朝政困局的症结所在。因此，王世贞无意仕进，屡次称病推脱吏部任命，绝非以退为进的官场手腕，实则心灰意冷的真实写照。即便在迫不得已的情势下走马上任，他也将大部分时间和精力用于沿途的游览与交游等活动中。简单梳理发生在隆庆年间的几次迁任经历，我们便可对其彷徨的为官心态有更为深刻的认识：

1. 隆庆二年（1568）四月初十，王世贞接到邸报，起补河南按察司副使，整饬大名等处兵备。五月十八日，上《患病不能赴任恳乞天恩仍旧致仕疏》，不允。六月二十七日，吏部劄付，催促赴任，方仓皇就道。过常州遇王穉登，经扬州访欧大任，均有诗文唱和。至徐州，复上《中途病患日深不能赴任乞恩放归田里疏》，要求致仕回乡。后经济宁，拜谒徐阶。此时王世贞可能确实有病在身，但肯定没有疏中所言"元气积耗已甚"那么厉害，否则他也没有精力沿路拜访友人，并相互诗歌赠答。[39]

2. 隆庆三年（1569）正月，王世贞启程赴任浙江参政，沿途拜访李攀龙于齐河，会王世懋于金陵，宿天界寺。直至四月，方履任，期间又常与茅坤、骆居敬、慎蒙、莫如忠、徐阶、范应期、潘季驯、陆纶、董份、朱察卿等人诗文唱和，游览浙中名胜。[40]

3. 隆庆四年（1570）正月初四，王世贞接吏部急字文凭，调任山西等处提刑按察司按察使。可能是朝廷已经注意到他每次都拖延上任时间，便明令限期四月初一必须到任。而王世贞再次上《患病不能赴任乞恩致仕疏》，[41]直到六月才被迫启程，一路游山玩水，直至七月十五日抵达太原府。王世贞甚至还为此次宦游经历特别撰写了游记《适晋纪行》。[42]

将上述几次宦游的经历综合分析，王世贞倾向归隐的心意表露无疑，即便不得违抗旨意，他也将频繁的迁任看成一次次放飞心灵的旅行。绢本《纪行图》的创作并非一时的心血来潮，王世贞希望以视觉图像代替文字游记的尝试，可视为《适晋纪行》的延续。台北故宫博物院还藏有钱穀、张復合作的纸本《水程图》，构图和内容都与《纪行图》大致相同，既无图名也无钤印，应该是二人与王世贞同行时的草稿，亦足见此套绘画册页创作的严谨程度。其中，首幅画面即为小祇园的全景描绘，画家以饱满的构图，俯瞰的视角，写实再现弇山园的结构布局，为我们重构这座私家园林的精致景象留下了宝贵的图像资料。王世贞肯定清楚纪行题材在吴门的流行程度，前辈沈周、文徵明都曾创作过类似的作品，但大都以单幅画面为主，成套的册页不仅能够帮助观者串联美好的回忆，实现卧游移情的心理满足，多达八十二页的巨制则更是社会价值的体现。钱穀、张復当然不会拒绝王世贞的邀请，毕竟这项前无古人的艺术创作有利于提升他们在苏州画坛的现实地位。

我们在前文的论述中，已经详细说明了钱穀的经济状况，文徵明曾以“悬罄”二字相赠，赞赏其安贫乐道的心态。文徵明去世后，王世贞顺理成章成为其理想的庇护人，多次邀请他绘制作品，并配上自己的诗文或是题跋，赠送他人。例如王世贞送给谷中虚的画作，便由钱穀创作，自己再题写长歌，诗题为《大中丞济南谷公家近沧海，因署别号见志，寻圣聪简眷，开府吴越，东南诸海，复在四履。故吏王生尝辱公国士之知，乃属吴人钱叔宝而歌之》。[43]王世贞给谷中虚赠画的时间当在隆庆元年（1567）至隆庆四年（1570）间，因为此时谷中虚正担任浙江巡抚一职，与“开府吴越”的说法吻合。相同类型的作品还有以黄山为题赠送新安吴孝父、以岷峡山为题赠送张佳胤的画作，皆由王世贞委托钱穀创作。[44]张佳胤是王世贞诗社的重要成员，嘉靖二十九年（1550）进士，名列“后五子”中，他与王世贞的友情自然不必多言。只是吴孝父到底为何许人，值得我们关注。翻检万历《歙志》，吴治字孝父，号梦竹，溪南人，少习举子业，后弃而经商，善鉴古鼎釜鐏彝、法书名画之属，居銮江之上，常游公卿间。[45]而吴治、吴守淮（虎臣）兄弟与王世贞的交游，皆有赖汪道昆的引荐。[46]

其实，作为爱好收藏的徽州商人常与王世贞保持礼尚往来，并不是一件令人稀奇的事情，我们之所以感兴趣的原因在于王世贞请托钱穀创作绘画时的真实目的，以及作品在人际交往中扮演的实际角色。本文并不愿意将所有的案例一概而论，诸如在使用“应酬”、“礼物”、“商品”等词汇概括艺术品的社会功能时，往往会让人忽视每一次书画流传的特定情境。在上述三件案例中，即便钱穀完全是凭借想象，亦或是按照传统绘画模式创作了一幅与现实景致毫无关联的作品（王世贞和钱穀都从未到过岷峡山），我们也不能在没有任何证据的前提下，怀疑他创作的随意性，甚至名义上的应酬或赠送，也可能暗示着某种交换关系的存在。在王世贞眼中，谷中虚、张佳胤和吴治分别代表着三种不同类型的社会交往，谷为政府官员，张是诗坛密友，吴则为徽州商贾，也许他们每个人都带有文人的性格，却在王世贞的关系网中占据着不同的亲疏位置；相反，对于钱穀而言，在上述案例中他只要能够满足王世贞的个人需求即可，自己的作品最终会以何种方式参与社会交游，则不是他能左右的事情。

《纪行图》与上述三件作品的本质区别，就在于王世贞是最终的收藏者，钱穀面对这类请托时，肯定会更加在意笔法、风格的优劣，精益求精。有时，他还会特意向王世贞要求，能有更多的机会展现自己的才华。《溪山深秀图》便是类似的作品，在钱穀完成了王世贞委托的设色版本后，又兴致勃勃主动创作了一幅水墨的同名画作。王世贞跋曰：

余近获高丽贡茧，洁白如玉，夏月钱叔宝见过，令作矮行长帧浅色《溪山深秀图》。结法一脉流自黄子久，而间以启南老笔，苍古秀润，绝出蹊径之外。一时吴中名士俱作歌赏羡之，真胜事也。人或谓余有所寄，则不然，大丈夫好山水，便当谢去朝市，安用役役寄此为然？人生有义命，要不当以一端成出处也。譬如见佳画辄云是真山水，见佳山水辄云一幅真画，究竟何所归，书此志感且以解嘲。

又第二卷

叔宝为余图之两月，意不满，会得佳纸，复作此图，纯用水墨气韵，精神奕奕射眼睫间，且要余作歌酬之，曰能事尽矣。余既如其言复戏谓叔宝，此浙东西山水也。昔赵大年出新意作画，人辄嘲之曰："得非朝陵回乎？"谓其所见不满五百里也。叔宝当频发赤，然异日老屐游秦陇巴蜀八桂七闽还，吾更当得两奇卷矣。[47]

回忆王世贞在《纪行图》的题跋中有"盖余尝笑叔宝如赵大年，不能作五百里观也"的调侃，《溪山深秀图》的创作时间当在《纪行图》之前，且相去不远。幸运的是，此图的第二卷水墨版本现藏上海博物馆，可知其创作的准确时间为隆庆五年（1571），正值王世贞里居苏州为母亲丁忧。以赵大年所画皆为京畿附近可一日往返的风景比拟钱穀的山水画作，王世贞是在用诙谐的方式点明钱穀的缺点，倘若画家只局限于狭小地域，没有路行万里的勇气和魄力，不能开拓眼界，也就无法用笔墨展现山水的千变万化。因此，王世贞邀请钱穀、张復随船宦游的真实目的，也就不仅仅只是想为自己留下一套以资"卧游"的图像资料，他希望为画家提供更多的机会能够亲身领略自然风光，掌握更为宏大的图像叙事手法。薛永年先生在《陆治钱穀与后期吴派纪游图》中，注意到纪游绘画的发展与王世贞为核心的吴中文化圈存在内在的直接关联；[48]教授亦认为，王世贞在山水画的评价中强调纪游性质的真实描绘，则是他重视史学、崇尚客观的理性反映。[49]

就在第二卷《溪山深秀图》王世贞的题跋前，还保留着一段钱穀的自题，极为罕见地谈到自己的创作过程和心得：

凡作画须具五到：兴到、意到、心到、手到、目到。五到既具，楮墨须佳，情景两会，方克成事。楮墨不佳，情景乖戾，亦无所展其神用也。近与太仓王提刑元美作《溪山深秀卷》，意颇精到，但黏联茧纸数段成之，少不惬意耳。予偶获此纸，长而且佳，遂于闲窗无客时，拂几涤研，点染为之，中间屡作屡辍，几一月馀，始能就绪。楮墨有限，意兴则无穷也。不敢追踪古人，平生能事尽之矣。画成就着数语，复寄去提刑作配肯卷，未知以为何如耶？辛未九月望前一日。[50]

创作第一卷时，受制于拼接的纸张，钱榖未能尽兴，当他偶然间获得尺幅品质俱佳的画纸后，又主动创作了第二幅作品，希望得到王世贞对其艺术造诣的认可。王世贞却以玩笑的方式，批评钱榖未能遍览万里山河，泼了他一盆凉水，因此也才有了《纪行图》的创作因缘。钱榖赠画的意图，透露出主动依附王世贞的味道，我们认为这很有可能与隆庆五年（1571）前后苏州文坛的风气有关。自从受邀完成《文先生传》，王世贞的史学地位便在苏州确立起来，很多人都希望能将自己的社会声名托付于他，无论是传记还是墓志铭，似乎只要经由王世贞的手笔，就等于进入了历史的保险箱，得以流传后世。陆治和钱榖都注意到了王世贞的能力，如何能在不失身份的情况下，获得这位年轻晚辈的认可和赞扬，便是他们都在努力的目标。王世贞撰写《陆叔平先生传》时，陆治已经七十六岁，[51]依据他生于弘治九年（1496）推算，传记的写作年代正是隆庆五年（1571），而《钱榖先生小传》也应该于此前后完成，因为王世贞有“钱先生六十馀以不朽相托”的说法。[52]参考钱榖的生年，王世贞为其作传的时间不会超过隆庆二年（1568），这一年也是《文先生传》问世并产生影响的关键节点。尽管我们还没有足够的证据，能够在《溪山神秀图》与《钱榖先生小传》间找到必然的联系，但倘若将细节的讨论放置在更为广阔的历史背景中，我们便不难发现苏州文坛开始整体依附王世贞的普遍现象。甚至以不朽声名托付终身，也让人隐约感受到陆治、钱榖间可能存在的竞争关系。在面对死亡的问题上，他们似乎都没有太多的忌讳，却更加在意如何才能让自己的成就名垂千古。

隆庆六年（1572）九月，德高望重的陆治接受王世贞的邀请，仅带一名随从，便与王世懋、周天球、李釜、曹昌先、王世望等晚辈共游太湖洞庭。[53]众人先抵胥门，访伍员庙，上鼋头山，游林屋洞、包山寺、毛公坛，上方寺；继游石公山、明月湾、销夏湾；登飘渺峰；再游西湖、东湖、资庆、长圻诸寺；放舟小洞庭，观奇石。所到之处，诗文唱和不断，王世贞更是为此专门写下游记，以资纪念。[54]旅行期间，王世贞与王世懋受邀过访陆治的山庄赏菊，[55]据《陆叔平先生传》载，其住处应在西郊的支硎山中。[56]为酬谢王世贞为其作传，陆治根据其旅行期间吟诵的游记、诗歌，创作了一套十六帧纪行画册，并于万历元年（1573）五月亲赴弇山园相赠。王世贞为这突如其来的惊喜所感动：

余以壬申（1572）之秋九月游洞庭，而陆丈叔平时亦从诸少年往，盖七十七矣，而簪履在云气间若飞，归日始草一记及古体若干首，以贻陆丈，存故事耳。居明年之五月，而陆丈来访，则出古纸十六幅，各为一景，若採余诗之景不重犯者而貌之。其秋骨秀削，浮天渺瀰，的然为太湖两洞庭传神无爽也。妙处上逼李营丘、郭河中，马夏而下所不论矣。陆丈画品高，天下远近望里闾而趋者，求一水一石而不可得。今乃举太湖全洞庭之胜而赠我，且复巽辞以其画将托余诗而不朽也。余固有偏幸，陆丈毋亦有偏嗜耶？问之，陆丈自言至八十二画当大成，审尔吾于其时上章乞道士服，策一杖从探未竟之胜，归而吾二人者合作摩诘一身，毋谓伧少年得陇望蜀也。[57]

陆治“自言至八十二画当大成”，其心态与钱穀二次创作《溪山深秀图》的内在动机相类似，都是有意向王世贞展现自己的艺术成就，并希望借助他的笔墨获得更多的社会声名。很可能正是因为这套带有鲜明纪行色彩的作品，从某种程度上激发了王世贞想要主导一次规模更为宏大的创作冲动，只是陆治年老体衰的客观条件无法应对长途跋涉的旅行，因此，钱穀和张復便顺理成章地成为《纪行图》的绘制者。将陆治与宋代李成、郭熙、马远、夏珪相媲美，对他的艺术造诣推崇备至，这在王世贞有关同代书画的评论中确实少见。相较《钱穀先生小传》，他也只是给予“吴中称画最胜者曰沈周先生，钱先生不相及，而间得其秘”的评价，陆治的赠画行为确实获得了圆满的效果。[58]

模仿宋人笔墨，注重写生，始终都是陆治有意为之的艺术追求，与王世贞的趣味不谋而合。《艺苑卮言》曾评价其绘画风格曰：“叔平工写生，能得徐、黄遗意，不若道復之妙，而不真也。其于山水喜仿宋人，而时时出己意，风骨峻削，霞思涌叠，而不免露蹊径，谓余更二年当大成，余甚壮之。”[59]尽管十六帧《游洞庭诗画》是否存世尚不得知，但我们仍旧可以从《飞阁凭江图》（台北故宫博物院藏，1570）和《三峰春色图》（北京故宫博物院藏，1571）等两幅作品中，感受陆治晚年的绘画风格。运用宋画中全景山水的图式，强调山势的峻削挺拔，用笔枯淡方劲，确实要比钱穀的风格具备更多的视觉冲击力，也自然能够引起经常在北方宦游的王世贞产生内心的共鸣。或许正是出于风格气质的相似，王世贞最终将自己多年来对于华山的眷恋，交由陆治以绘画临摹的方式呈现。

余既为武侯跋王安道《华山图》，意欲乞钱叔宝手摹而未果。踰月陆丈叔平来访，出图难其老，侍之，至暮，口不忍言摹画事也。陆丈手其册不置曰：此老遂能接宋人，不至作胜国弱腕，第少生耳。顾欣然谓余“为子留数日存其大都，当更为究丹青理也。”陆丈画品与安道同，故特相契合，画成当彼此以意甲乙耳。不必规规骊黄之迹也。吾友人俞仲蔚、周公暇、莫云卿辈特妙小楷。吾适取安道叙记及古近体诗托仲蔚，唐人杂记并诗托云卿，李于鳞诗一纪六诗、乔庄简一纪一赋托周公暇，都元敬一纪托程孟孺别书一册附于后，此册成，安道有灵，不免作卫夫人泣矣。[60]

王世贞的题跋写于甲戌夏日，即万历二年（1574），与钱穀《纪行图》的创作基本同时。陆治过访太仓弇山园，正是万历元年（1573）五月以十六帧《洞庭诗画》见赠的日子，他为临摹《华山图》册，花费了整整一年的时间。最新出炉的《洞庭诗画》，让王世贞打消了之前的顾虑，尽管陆治已近耄耋之年，可当他看到王履的《华山图》册，却主动请缨，要求承担临摹的工作。毕竟从风格而言，陆治具备模仿王履的实力，早年学习宋画的经历，也让他最终获得王世贞的信任。有意思的细节是，王世贞为了向武氏家族借取原画，并打消主人的顾虑，他甚至以一幅唐棣的绘画和自己辑录的《尺牍清裁》作为酬礼相赠，这也从侧面体现出他对整件事情的重视程度。[61] 问题在于，王世贞为什么想要重新临摹《华山图》册？在他心中，华山到底有无特殊的含义？

若要回答上述疑问，我们还是应该首先关注王世贞对王履原作的题跋：

> 游太华山者，往往至青柯平而止，至韩退之登其颠不能下，恸哭与家诀，其语闻于人人，而仙掌莲花间永绝搢绅先生之迹，而仅为樵子牧竖所有。洪武中，吾州王履安道，独能以知命之岁，挟策冒险，凌绝顶，探幽宅，与羽人静姝问答，归而笔之记若诗，又能托之画，而天外三峰高奇旷奥之胜尽矣。画册凡四十，绝得马夏风格，天骨遒爽，书法亦纯雅可爱。安道殁，归之里人武氏而失其四，后于长干酒肆见之，宛然延津之合也，倾橐金购归，为武家雅语，垂二百年，而吾友人李宪使攀龙复能登其巅，所至书吾姓名于石，而吾又托友人王参政道行刻石莲花峰。今夏复从武侯所借观安道画册及诗记，磅礴累日，太华既两有吾名姓，而吾胸中又具一太华矣，是何必减三君子耶！为大粲笑识其末。[62]

王世贞在题跋中毫不掩饰对王履的钦羡，所谓“与羽人静姝问答，归而笔之记若诗”，正是他渴望实现的隐居生活，也与其慕仙求道的精神追求相互吻合。尽管自己未能亲赴华山，但若能从王履的作品中体会“卧游”的意境，确也是令人心驰神往的快意之事。更何况，王履也是昆山人，且精通医术，[63] 或与“昆山王氏”同宗同脉，存在血缘关系。《明画录》记其“字安道，号奇叟，昆山人。工诗文书法，画得马夏风格，行笔秀劲，布置茂密，作家士气咸备。洪武中，登华山绝顶，图其景，尽得天外三峰高奇旷奥之胜，乃知从前不过纸绢相承，指为某家数，屏弃旧习，以意匠就天则出之。有问何师，则曰‘吾师心，心师目，目师华山而已。’”[64]其中部分字句，显然受到王世贞上述题跋的影响。

借助重新临摹《华山图》，表达对好友李攀龙的怀念，可能也是王世贞积极促成此事的关键因素，他将临写此图的任务交给陆治之时，正值李攀龙逝世三周年纪念。回忆嘉靖三十五年（1556）李攀龙擢升陕西提学副使，于次年秋天登上华山，在复古阵营中传为佳话。诗友们纷纷赋诗寄赠，王世贞也作有《于鳞寄余登华诸篇走笔奉答》："落日中原太华阴，客携秋色独登临。俄添岳掌莲峰峻，忽入关头紫气深。六箸仙人邀对博，三浆玉女醉还斟。谁怜此地馀秦观，西望双悬万古心。"[65]与王世贞交往甚密的俞允文，则直接向李攀龙提及王履《华山图》册的存在：

昨见游华山长句甚佳，又闻有《华山记》，当是奇文章，不惜惠示令共欣赏也。闻足下下山时，从丛棘中出，衣襦尽为罥刺，又迷失道。退之以来，惟王安道与足下三人而已。安道名履，元末时人，精医药方，尝游此山，颇为诗，亡虑数千言，至今犹传写之，又善画，自为图四十幅，用马远、夏珪墨法，今临本亦殊绝也，暇时当临一、二纸奉观，以见古今人之不相远也。[66]

从书信的语气分析，我们怀疑王履以诗画著称于世的盛名是否在王世贞之前就具有广泛影响。对于李攀龙这样的文坛领袖而言，竟然需要俞允文以书信的方式向其细致介绍王履的生平经历，可见李攀龙对此人并不十分了解。作为元代著名医家朱丹溪的门生，王履显然也会把济世救人看成自己的主业，五十岁登临华山实为寻医访药，[67]绝非一时兴起的文人情怀。因此他在诗歌、绘画方面的造诣无法受到世人的普遍关注，只能在苏州地区小范围流传，恰是历史情境的真实写照。王世贞出于对宋画风格的推崇，借助陆治重新临摹图册所能造成的社会影响，以此突显王履在画史上的地位，或许也是我们不能忽视的原因之一。

至此，有关王世贞主持临摹《华山图》册的真实意图，我们已经总结出三条可能存在的因素：

1. 借临摹原作获得仿本的拥有权，满足"卧游"的文人理想；

2. 怀念文坛盟主李攀龙，表达哀思之情；

3. 彰显王履的文化影响，以及他在画史上本应具有的实际地位。

此外，傅立萃先生曾在《谢时臣的名胜四景图——兼谈明代中期的壮游》一文中，为我们梳理出更为宏大的历史图景，他认为自明代中叶以来，对于五岳的向往始终都是复古文学阵营渴望参与的主题。[68]从乔宇登临华山始，[69]便深刻影响着李梦阳、王廷相等“前七子”成员，他们甚至会引用乔宇登华山的故事为喻，说明文学创作的取法须不避险阻，上追远古、独往不羁的道理。王廷相曾言：“空同子（李梦阳）往与余论文，云：学其似不至矣，所谓法上而仅中也，过则至且超矣。子不闻乔白岩登华山乎？至华坪，道士曰：诸登者此止矣！乔瞪目而起，穷探险涉，不但已已，遂能摩莲峰，扪仙掌，下视方夏为眶中物。昌离子挽牵即悲号恐矣，彼安得知华山！”[70]因此，华山对于明代的复古阵营而言，确实具有了某种特殊的象征意味，李攀龙的登临绝非一次普通的旅游，可视为向前辈传统的致敬。王世贞在对王履原作的题跋中，甚至将这种意象追溯到古文运动的鼻祖韩愈，其用意不言自明。

为了更好地配合陆治的临摹工作，王世贞收集起几乎所有与华山相关的文学创作，分别邀请俞允文书写王履的叙记及古近体诗，莫是龙书写唐人杂记与诗歌，周天球书写李攀龙、乔宇的诗文，并由程孟孺完成都穆《游名山记》的抄写工作。这一连串的请托，确实符合王世贞偏重文学书法的兴趣爱好，以“华山”为主题的综合性艺术创制由此诞生。绘画不再只是单一的视觉图像，也并非只为某一特定的事件或人物而存在，王世贞渴望通过临摹王履的《华山图》册，展现更为宏大的文化图景。以历史的眼光主盟艺术创作，正是他区别于普通文学家、书画家的特点所在。因此，《临王履华山图》的社会意义已经远超“艺术赞助”的范畴，尽管王世贞没有机缘追随李攀龙的脚步登临华山的现实峰顶，但他仍旧希望通过这种方式，宣示自己续接文坛领袖的地位，并最终成为登临“文化之巅”的践行者。

注释

1. 王世贞《文先生传》曰："余轡者东还时，一再侍文先生，然不能以貌尽先生。而今可十五载，度所取天下士折衷无如文先生者，乃大悔。与先生之子彭及孙元发撰次其遗事。"考王世贞"轡者东还时，一再侍文先生"事应发生在嘉靖三十二年（1553）间，即王世贞察狱四郡，便道还里，巧遇倭寇作乱，奉母避兵吴中之时。以此后推十五年，《文徵明传》应作于隆庆二年（1568）。见《弇州山人四部稿》卷八十三，文部，传，第3932页，明万历五年世经堂刻本，《明代论著丛刊》，台北：伟文图书出版社有限公司，1976年。
2. 文元发乃文彭次子，比王世贞小三岁，生于嘉靖八年（1529）。参见周道振《文徵明年谱》卷五，第422页，上海：百家出版社，1998年。
3. 文徵明比王世贞年长五十六岁，生于成化六年（1470）。参见周道振《文徵明年谱》卷一，第1页，上海：百家出版社，1998年。
4. 见王世懋《文太史楷书原道跋》，《王奉常集》卷五十，首都图书馆藏明万历刻本，《四库全书存目丛书》集部别集类，第133册，第716页，济南：齐鲁书社，1997年。
5. 参见本文第一章第三节《家居与家世》。
6. 转引自周道振《文徵明年谱》卷七，第630—631页，上海：百家出版社，1998年。
7. 见王世懋《陆符卿集序》，《王奉常集》卷七，首都图书馆藏明万历刻本，《四库全书存目丛书》集部别集类，第133册，第283页，济南：齐鲁书社，1997年。
8. 见王世贞《艺苑卮言》卷六，《弇州山人四部稿》卷一百四十九，说部，艺苑卮言，第6807页，明万历五年世经堂刻本，《明代论著丛刊》，台北：伟文图书出版社有限公司，1976年。
9. 见王世贞《明故徵士彭先生及配朱硕人合葬墓志铭》，《弇州山人四部稿》卷九十一，文部，墓志铭，第4283页，明万历五年世经堂刻本，《明代论著丛刊》，台北：伟文图书出版社有限公司，1976年。
10. 参见范晔《后汉书》之《党锢列传第五十七》，第639页，北京：中华书局，2007年。
11. 参见郭伟其《停云模楷：关于文徵明与十六世纪吴门风格规范的一种假设》，第二章《一语双关的"天下模楷"》，第27页，杭州：中国美术学院出版社，2012年。
12. 见王世贞《李于鳞》，《弇州山人四部稿》卷一百十七，文部，书牍，第5510页，明万历五年世经堂刻本，《明代论著丛刊》，台北：伟文图书出版社有限公司，1976年。
13. 黄佐字才伯，号希斋，晚号泰泉。香山人。弟子众多，其中梁有誉、欧大任、黎民表诗名最著。嘉靖初年，黄佐由庶吉士授翰林院编修，是文徵明任职翰林院时期的同僚，他在撰写这篇墓志铭时，恰好赋闲在家。
14. 文嘉《先君行略》见《甫田集》卷三十六《附录》，《景印文渊阁四库全书》集部别集类，第1273册，第293—297页，台北：台湾商务印书馆股份有限公司，1986年。黄佐《将仕郎翰林院待诏衡山文公墓志铭》见《泰泉集》卷五十四，叶十六A至叶二十二B，万历七年刻本，南京图书馆藏。
15. 文林字宗儒，号交木，成化八年（1472）进士，官至温州知府，文徵明父亲。
16. 见杨循吉《明故中顺大夫温州府知府文公墓志铭》，《松筹堂集》卷六，北京图书馆藏清金氏文瑞楼钞本，《四库全书存目丛书》集部别集类，第43册，第255页，济南：齐鲁书社，1997年。
17. 见黄佐《将仕郎翰林院待诏衡山文公墓志铭》，《泰泉集》卷五十四，叶十六A至叶二十二B，万历七年刻本，南京图书馆藏。
18. 见王世贞《文先生传》，《弇州山人四部稿》卷八十三，文部，传，第3924页，明万历五年世经堂刻本，《明代论著丛刊》，台北：伟文图书出版社有限公司，1976年。
19. 参见柯律格《雅债：文徵明的社交性艺术》，第三部分，8、艺术家、声望、商品，第205页，北京：生活、读书、新知三联书店，2012年。
20. 王世贞《文先生传》开篇即言："余读太史公叙致九流，顾独不及文章家言，讵艺乎哉，诵者少其贬诎节义。然至于传田叔司马相如，抑何其详丰厌志也。范詹事为《汉书》，稍稍具列独行文苑，称有尚矣。夫余自燥发时，则知吾吴中有文先生，今夫文先生者即无论出畯妇孺裔夷，至文先生啧啧不离口。然要问以其翰墨得之，而学士大夫自诡能知文先生则谓文先生负大节，笃行君子，其经纬足以自表见，而惜其掩于艺。夫艺诚无所重文先生，然文先生能独废艺哉？造物柄者，不以星辰之贵而薄雨露，卒亦不以百谷之用而绝百卉。盖兼所重也。”见《弇州山人四部稿》卷八十三，文部，传，第3922—3923页，明万历五年世经堂刻本，《明代论著丛刊》，台北：伟文图书出版社有限公司，1976年。

21. 见王世贞《文先生传》，《弇州山人四部稿》卷八十三，文部，传，第3931—3932页，明万历五年世经堂刻本，《明代论著丛刊》，台北：伟文图书出版社有限公司，1976年。
22. 见张廷玉等《明史》卷二百八十七《文徵明》，列传第一百七十五，文苑三，第二十四册，第7361页，北京：中华书局，1974年。除《明史》外，尚有《明史稿》、《无声诗史》及沈德潜《文待诏祠记》皆沿袭王世贞的错误记载。
23. 见王世贞《像赞》，《弇州山人续稿》卷一百四十九，文部，像赞，第6838—6839页，明崇祯间刊本，《明人文集丛刊第一期》，沈云龙主编，台北：文海出版社，1970年。
24. 见张耒《探春有感二首》，《柯山集》卷十六《七言律诗》，《景印文渊阁四库全书》集部别集类，第1115册，第132页，台北：台湾商务印书馆股份有限公司，1986年。
25. 王世贞《钱穀先生小传》：“钱先生六十馀，业谓余：……吾老矣，即不讳，以不朽累汝。余唯唯。……余故慨钱先生之旨而为之传。”从时间判断，这篇受钱穀请托的传记应撰写于《文先生传》完成之后不久。或许正是看到《文先生传》所引发的社会影响，才促使钱穀同样希望借助王世贞的笔墨，使自己的艺术名声流传后世。参见《弇州山人四部稿》卷八十四，文部，传，第3971—3972页，明万历五年世经堂刻本，《明代论著丛刊》，台北：伟文图书出版社有限公司，1976年。
26. 其实，嘉靖、万历年间苏州地区的世家大族，还包括袁氏和皇甫氏。袁氏家族中，袁表、袁褧、袁衮、袁褒、袁袠、袁裘合称“袁氏六俊”，均为王世贞的长辈，其中袁衮、袁袠进士及第，可都在四五十岁时英年早逝。因此，袁氏家族并不具备与文氏、王氏竞争的可能。袁尊尼是袁袠独子，嘉靖四十四年（1565）才考取进士，王世贞曾作诗道贺，名为《闻袁鲁望登第，志喜却寄》，收录于《弇州山人四部稿》卷十九中。皇甫家族亦有“皇甫四杰”之说，其中皇甫汸最为著名，比文彭年长一岁，享有诗名，但也不及前后七子的影响巨大。
27. 见王世贞《有明三吴楷法二十四册》第十三册，《弇州山人续稿》卷一百六十四，文部，墨迹跋，第7517页，明崇祯间刊本，《明人文集丛刊第一期》，沈云龙主编，台北：文海出版社，1970年。
28. 见王世贞《周公瑕书黄庭内景经》，《弇州山人续稿》卷一百五十七，文部，道经书后，第7172—7173页，明崇祯间刊本，《明人文集丛刊第一期》，沈云龙主编，台北：文海出版社，1970年。
29. 据《停云馆帖》万历十一年（1593）拓本，第一卷的摹勒时间为嘉靖十六年（1537）正月，第十二卷则是嘉靖三十九年（1560）夏四月，此时文徵明已经去世。仅以摹勒上石的顺序计算，前后共相差二十三年，但这并没有包括文氏收集、整理、鉴定、编订作品的时间。因此，文氏家族开始准备刻帖事宜的时间，肯定要早于嘉靖十六年（1537）。
30. 见容庚《丛帖目》卷三，第1册，第242页，《容庚学术著作全集》，北京：中华书局，2012年。
31. 转引自张伯英《张伯英碑帖论稿》，第84页，石家庄：河北教育出版社，2006年。
32. 见容庚《丛帖目》卷三，第1册，第242页，《容庚学术著作全集》，北京：中华书局，2012年。
33. 参见邓民亮《王世贞艺术赞助的研究》，香港中文大学，哲学博士论文，2006年，未刊稿。

34. 见郭伟其《停云模楷：关于文徵明与十六世纪吴门风格规范的一种假设》，第 65 页，杭州：中国美术学院出版社，2012 年。
35. 见沈德符《万历野获编》卷二十三，《金华二名士》，第 584 页，北京：中华书局，1959 年。
36. 王世贞《祭李于鳞文》："维隆庆四年（1570）八月十九日，河南按察司按察使沧溟先生于鳞卒于苫次，其友人山西按察司按察使孤子王世贞闻讣之一日，不及为位，而以家艰归。至明年之三月壬戌朔，哀毁小定，乃始能为诗百二十韵以哭之。又为文一章，絮酒炙鸡，裹粮授其仆之济上，而告先生曰：呜呼！惟子文章，珠藏玉府。示世模楷，为明粉黼。独立熙台，子鼓余舞。炳烺长夜，追琢万古。余所心悲，郁曲龃龉。千二百言，亦足以吐。其未竟者，酹而告汝。"见《弇州山人四部稿》卷一百五，文部，祭文，第 4889—4890 页，明万历五年世经堂刻本，《明代论著丛刊》，台北：伟文图书出版社有限公司，1976 年。
37. 见王世贞《钱叔宝纪行图》，《弇州山人四部稿》卷一百三十八，文部，画跋，第 6377—6378 页，明万历五年世经堂刻本，《明代论著丛刊》，台北：伟文图书出版社有限公司，1976 年。
38. 见王世贞《与岑给事》，《弇州山人四部稿》卷一百二十六，文部，书牍，第 5873—5876 页，明万历五年世经堂刻本，《明代论著丛刊》，台北：伟文图书出版社有限公司，1976 年。
39. 上述二《疏》见王世贞《弇州山人四部稿》卷一百九，文部，奏疏，第 5122—5126 页，明万历五年世经堂刻本，《明代论著丛刊》，台北：伟文图书出版社有限公司，1976 年。
40. 此年创作的诗文作品，大部分可参见王世贞《弇州山人四部稿》卷四十，诗部，七言律，明万历五年世经堂刻本，《明代论著丛刊》，台北：伟文图书出版社有限公司，1976 年。
41. 参见王世贞《弇州山人四部稿》卷一百九，文部，奏疏，第 5126—5129，明万历五年世经堂刻本，《明代论著丛刊》，台北：伟文图书出版社有限公司，1976 年。
42. 参见王世贞《弇州山人四部稿》卷七十八，文部，纪行，第 3697—3715 页，明万历五年世经堂刻本，《明代论著丛刊》，台北：伟文图书出版社有限公司，1976 年。
43. 见王世贞《弇州山人四部稿》卷二十一，诗部，七言古体，第 1349 页，明万历五年世经堂刻本，《明代论著丛刊》，台北：伟文图书出版社有限公司，1976 年。
44. 见王世贞《黄山歌题叔宝画赠新安吴孝父》、《崌崃歌题画赠张中丞肖甫》，见《弇州山人四部稿》卷二十一，诗部，七言古体，第 1358、1369 页，明万历五年世经堂刻本，《明代论著丛刊》，台北：伟文图书出版社有限公司，1976 年。
45. 参见《歙志》传卷六《士林》，万历三十七年（1609）刻本，叶三十三，南京图书馆藏。
46. 王世贞有诗题曰《吴虎臣谒予兄弟吴门，将北访于鳞，且云欲与汪中丞伯玉共建维摩精舍，赋此赠别，兼用示嘲》，见《弇州山人四部稿》卷二十一，诗部，七言古体，第 1346—1347 页，明万历五年世经堂刻本，《明代论著丛刊》，台北：伟文图书出版社有限公司，1976 年。
47. 见王世贞《钱叔宝溪山深秀图》，《弇州山人四部稿》卷一百三十八，文部，画跋，第 6373—6375 页，明万历五年世经堂刻本，《明代论著丛刊》，台北：伟文图书出版社有限公司，1976 年。
48. 参见薛永年《陆治钱穀与后期吴派纪游图》，《吴门画派研究》，第 47—64 页，北京：紫禁城出版社，1993 年。
49. Kenneth James Hammond，History and Literati Culture：Towards an Intellectual Biography of Wang Shizhen（1526—1590），（Ph.D.Harvard University，1994），pp.226-233.
50. 见《中国古代书画图目》，第三册，沪 1—1058，北京：文物出版社，1987 年。
51. 王世贞《陆叔平先生传》中有陆治"今年七十六矣"的说法，见《弇州山人四部稿》卷八十三，文部，传，第 3952 页，明万历五年世经堂刻本，《明代论著丛刊》，台北：伟文图书出版社有限公司，1976 年。
52. 王世贞《钱穀先生小传》："钱先生六十馀，业谓余：'……吾老矣，即不讳，以不朽累汝。'

余唯唯。……余故慨钱先生之旨而为之传。”见《弇州山人四部稿》卷八十四，文部，传，第3971—3972页，明万历五年世经堂刻本，《明代论著丛刊》，台北：伟文图书出版社有限公司，1976年。

53. 王世贞《吴中往喆像赞》：“余尝汎太湖，陟西洞庭。先生携一幞以随，其家不知也。归而悉貌其胜以贻余，曰：非子诗不足以当余画。又尝用丈二赤宋时纸，画《桃源图》见贻，余至今愧其意焉。”见《弇州山人续稿》卷一百五十，文部，像赞，第6866—6867页，明崇祯间刊本，《明人文集丛刊第一期》，沈云龙主编，台北：文海出版社，1970年。
54. 见王世贞《汎太湖游洞庭两山记》，《弇州山人四部稿》卷七十三，文部，记，第3493—3507页，明万历五年世经堂刻本，《明代论著丛刊》，台北：伟文图书出版社有限公司，1976年。
55. 王世懋《陆丈叔平邀过山庄看菊》：“徵君种菊似柴桑，为客重开九日觞。”见《奉常集》诗部卷九壬申岁，首都图书馆藏明万历刻本，《四库全书存目丛书》集部别集类，第133册，第126页，济南：齐鲁书社，1997年。
56. 王世贞《陆叔平先生传》：“君名治，叔平其字，先世由汴徙吴之包山梅梁里，后徙郡城，遂家焉。至君益转徙支硎山中，然不能忘包山，榜其斋庐，学者因遂称包山先生云。”见《弇州山人四部稿》卷八十三，文部，传，第3947页，明万历五年世经堂刻本，《明代论著丛刊》，台北：伟文图书出版社有限公司，1976年。
57. 见王世贞《陆叔平游洞庭诗画十六帧后》，《弇州山人四部稿》卷一百三十八，文部，画跋，第6371—6372页，明万历五年世经堂刻本，《明代论著丛刊》，台北：伟文图书出版社有限公司，1976年。
58. 见王世贞《钱榖先生小传》，《弇州山人四部稿》卷八十四，文部，传，第3973页，明万历五年世经堂刻本，《明代论著丛刊》，台北：伟文图书出版社有限公司，1976年。
59. 见王世贞《艺苑卮言附录四》，《弇州山人四部稿》卷一百五十五，说部，艺苑卮言，第7087—7088页，明万历五年世经堂刻本，《明代论著丛刊》，台北：伟文图书出版社有限公司，1976年。
60. 见王世贞《陆叔平临王安道华山图后》，《弇州山人四部稿》卷一百三十八，文部，画跋，第6372—6373页，明万历五年世经堂刻本，《明代论著丛刊》，台北：伟文图书出版社有限公司，1976年。
61. 现藏北京故宫博物院的《华山图》题跋部分，有王世贞写给武氏的书信：“承借示《华山图》，得求陆包山别临一本，不胜感激，兹以原册奉纳，谨为具跋尾庶几作高门一段佳话也。元人唐子华画一轴、《尺牍清裁》一籍将寄呈照入。”见《王履华山图画集》，图70，天津：天津人民美术出版社，2000年。
62. 见王世贞《题王安道游华山图》，《弇州山人四部稿》卷一百三十八，文部，画跋，第6341—6342页，明万历五年世经堂刻本，《明代论著丛刊》，台北：伟文图书出版社有限公司，1976年。
63. 董其昌《画旨》：“安道精于医，自谓天下少双。闻秦中有国医，不远千里，为之佣保，凡及三年，莫窥其际。一日，忽佐片言，国医骇之曰：子非王安道乎？相视而笑。”
64. 见徐沁《明画录》卷二《山水》，第32页，上海：华东师范大学出版社，2009年。
65. 见王世贞《弇州山人四部稿》卷三十六，诗部，七言律，第1944页，明万历五年世经堂刻本，《明代论著丛刊》，台北：伟文图书出版社有限公司，1976年。
66. 见俞允文《与李于鳞》，《仲蔚先生集》卷二三，明万历十年程善定刻本，《续修四库全书》集部别集类，第1354册，第569页上，上海：上海古籍出版社，2002年。
67. 据现存画作，王履登临华山的具体时间当为洪武十四年（1381）七月。
68. 见傅立萃《谢时臣的名胜四景图——兼谈明代中期的壮游》，《台湾大学美术史研究集刊》，第4期，第194—200页，台湾大学艺术史研究所，1997年。
69. 乔宇，字希大，山西乐平人，谥号庄简，成化二十年（1484）进士，官至吏部尚书。本文第一章中，曾提及他为王世贞父亲王忬作《南京兵部右侍郎王公神道碑铭》，而王世贞也在为母亲丁忧的隆庆五年（1571）编校《乔庄简公集》，并为之作序。可参见王世贞《少傅乔庄简公遗集序》，《弇州山人四部稿》卷六十七，文部，序，第3235—3239页，明万历五年世经堂刻本，《明代论著丛刊》，台北：伟文图书出版社有限公司，1976年。

70. 见王廷相《李空同集序》，《王氏家藏集》卷二十三，第993—994页，明嘉靖四十四年刻本，《明代论著丛刊》，台北：伟文图书出版社有限公司，1976年。

第六章
弇州“山人”

王世贞与苏州山人

作为特殊的社会群体，山人自古有之，原指掌管山林的低级官员，亦称山虞。[1]《晋书》、《魏书》、《南史》、《北史》中虽可见“山人”记载，但基本都用以指代山野草民，只有到了隋唐之后，才开始引申为隐居文人。李白《下终南山过斛斯山人宿置酒》、杜甫《过南岭朱山人水亭》都是描写隐居生活的著名诗篇；《唐才子传》中亦将累试不第、干谒名公的诗人称为“山人”，[2]确是隋唐开启科举取士制度的必然结果。由于长期深受儒道思想的碰撞，文人群体在入世、出世间的矛盾心态，使得山人逐渐成为中国传统社会特殊的文化现象。尤其自明代中叶始，伴随着城市经济的恢复与发展，私家书院的大量兴起，客观上造成了文人群体的过度饱和，科举名额有限，无法满足所有学子的期望，因此受阳明心学的感召，有越来越多的读书人开始以“山人”自居。再加上朝政混乱，皇帝怠政，很多已经获取功名的官员亦常怀归隐山林的心愿，即便身居闹市，也要模仿隐居的生活方式，甚至能够代表山人身份的穿戴着装，亦曾成为竞相追逐的时尚潮流。这种在晚明兴起的社会现象，应该受到学界的普遍关注。

其实，看似明晰的“山人”定义，却又时常导致模糊不清的解读，让人感到无所适从。这也是本文始终不愿意将王世贞的交友网络依据身份地位进行阶层划分的原因，在面对复杂而又颇具个性的对象时，任何分门别类的方式都有可能抹杀精彩人生的诸多面向。但为了方便论述，我们仍然想对晚明山人群体的属性进行适当地剖析，以便弄清个体之间可能存在的相似与差异。大体而言，王世贞交游圈中的山人可包括以下三种类型：

1. 进士出身，朝廷官员，自号“山人”。王世贞（弇州山人）、徐中行（天目山人）、徐学谟（太室山人）、汪道昆（太函山人）、张佳胤（崌崃山人）、李蓑（黄谷山人）等都属此类。他们或许是因为仰慕王守仁（阳明山人）的思想而自称山人，属于文人附庸风雅的范畴，但也一定存在着个体差异。王世贞因为家难事件产生退隐致仕的念头，就属于较为特殊的个案。

2. 未能考取功名，巧善诗文，依靠游走缙绅士夫间获取社会资本，或身居闹市，或退隐乡野。此类型又分两种：A、自号“山人”者，包括谢榛（四溟山人）、彭年（隆池山樵）、周天球（群玉山人）、王穉登（玉遮山人）、胡应麟（少室山人）、康从理（二雁山人）、莫是龙（云龙山人）等；B、没有主动以“山人”为号，因人数庞大，无法精确统计，但至少俞允文、王逢年、黄姬水、汪道贯、张凤翼、张献翼、方于鲁等都属此类。只是他们中间仍旧存在经济条件的好坏，并最终决定谋生方式的差异，甚至影响交游关系的确立。

3. 宋元以来社会职业的世俗化，导致诸如道士、术士、画师、医师、琴师、占卜等行业开始进入“山人”的定义中，例如前文提及的叠石造园名家张南阳，便自号“卧石山人”。幸好这种世俗化的归类方式未占主流，只在戏曲角色中较为常见，但也经常会吸引文人士夫的目光。

有别于文人群体的阶层划分，上述“山人”性质的分类，并不标示身份等级的优劣，而只表明他们在社会机制中扮演着不同的角色。我们从来都不愿强调进士身份的高贵，也不想误导读者在“山人”与“低级文人”间划上等号，至少在晚明社会，“山人”绝非身份地位的界定，而是拥有相同生活趣味者的总称，他们渴望遁隐于世外桃源，全心全意投身于文学艺术的熏陶。总体而言，上述三种类型的山人，共同构成了完整运行的隐逸文化，相互依存，相互扶持，缺一不可。王世贞与苏州文坛的交游，正是浸润在山人气息中的文化之旅。受篇幅所限，我们无法全面展现王世贞交游网络的所有细节，只能先将有限的精力聚焦于相对重要的互动关系中，尤其是苏州山人参与王世贞书画创制与鉴藏的活动。前文已经涉及的人物，此处不再赘述。

（1）彭年

文徵明弟子中，彭年享有特殊的地位，年少时主动放弃科举，醉心艺文风雅，终生淡泊名利，获得广泛赞誉，可谓苏州山人的典型代表。遗憾的是，彭年于嘉靖四十五年（1566）因病辞世，[3]未能在王世贞艺术交游的巅峰时期扮演重要角色，但仅存的史料仍可为我们勾勒出二人艺术交游的真实情境。彭氏家族“以高赀甲于里中”，父亲彭昉考取进士，却终究以“惰弱不胜任”罢官归里，杜门不出，不与流俗往来，“日发其所藏书，披阅涵咏，间为论著，亦往往赋诗自悼，然皆不以示人。或时饮酒酣畅，辄复理咏，意凄然若不能自释者，久之，竟以疾不起。”[4]彭昉弃商从文，却无法适应仕宦生涯的痛苦，彭年自然深受父亲的影响，王世贞谓其“少颖卓，嗜读书，多六经诸子史两汉古金石言，而不喜龌龊习举子业。新会公（彭昉）亦故任之曰，毋苦儿，即用是贵，作乃翁趣矣。”[5]钱谦益曾以“家徒四壁”、“卒以贫死”形容彭年的经济状况，[6]我们对此深表怀疑：尽管不再依靠“高赀”获取丰厚的收益，但经年积累的家产也绝不至于让彭年穷困潦倒。安贫乐道的生活态度正是晚明山人普遍采用的修辞方式，这有利于他们彰显艺文风雅，并藉此远离流俗，树立良好的社会清誉。

王世贞曾多次邀请彭年参与诗文书画的交游活动，其中《会真记》图卷颇为引人注目：

撰《会真记》者，元微之；演曲为《西厢记》者，王实夫；《续草桥梦》以后者，关汉卿。此卷八分题额者文彭，小楷书记周天球，录曲者周及彭年、俞允文、王逢年、张凤翼、潘德元、王復亨、顾承忠、管稚圭、张復，吾弟亦得一纸。画者钱榖、尤求。辨张生即微之者赵德鳞，录者王廷璧，千古风流艺文，吴中一时翰墨能事尽此矣。《会真记》谓崔氏有所适而不言归郑恒，《西厢记》则谓许郑恒而卒归张生，后有耕地得崔莺莺墓志者，其夫真郑恒也。或以岁月考之亦不甚合。合不合所不暇论，第今老夫偶展阅之，掀髯一笑，如坐春风中万卉过眼，何预蒲团事耶？为题于后。[7]

以戏曲作为诗文书画综合性创制的主题，本身就带有浓厚的山人色彩。正是因为布衣文人广泛参与传奇剧目的创作，才使晚明社会成为中国戏曲发展史上的黄金时代。参考闵齐伋“会真图”等大量精美版画作品的相继问世，王世贞以书法、绘画作为载体，将传统戏剧故事以视觉艺术的方式呈现，亦符合社会发展的总体趋势。即便王世贞的举动在很大程度上受到社会风气的影响，但我们仍旧不能排除行为本身的模仿意味，因为文徵明就曾书写过小楷《西厢记》曲文，用以配合仇英描绘的《西厢》册页。对于渴望引领风雅的王世贞而言，能够积极参与社会流行的时尚话题，无疑是明智的选择。

另外一件有彭年参与的作品是《华清上马图》，同样采取众人合作的模式，尤求负责白描人物鞍马，俞允文、彭年、周天球、黄姬水、袁尊尼、张凤翼、王穉登等人则书写与主题密切相关的文学作品。为了能够充分展现书画创作的历史讯息，王世贞还有意挑选蜀笺作为视觉图像的载体：

杨太真《华清上马图》，旧有粉本而寂寥不甚称，尤子求善白描，会余得蜀笺，乃乞子求作图，而以意增损之，遂妙。其太真上马时态，与三郎停鞭顾盼之状，俨有生色。太真与诸姨应俱善骑，《丽人行》所称“足下何所著，红渠罗袜穿，蹬银又当轩，下马入锦茵。”故自可想也。当其乘照夜白扈从入蜀，尚自谓得策六师，一小停而马嵬之骑不复前矣。吴中善书者俞仲蔚《连昌宫词》、彭孔嘉《长恨歌》、周公瑕《津阳门行》、黄淳父《清平调八首》及袁鲁望、张伯起、王百穀、王元驭、华幼圜、舍弟辈各以小楷书宫词，遂成佳本，其他固不暇论也。[8]

从参与集体创作的人员名单，我们猜测上述两幅作品应该完成于嘉靖四十三年（1564）至嘉靖四十五年（1566）间，因为只有这段时间既满足彭年健在的条件，又符合王世贞父丧服除的客观事实。求志园雅集刚刚落幕，王世贞尚未在苏州文坛站稳脚跟，就经常运用唐代著名的文学作品作为凝聚人气的纽带，并以扬长避短的方式凸显自己可能具备的领袖气质。

与万历初期全然主导纪行题材的创作不同，王世贞在嘉靖年间几次邀请山人群体参与主题鲜明的书画活动，与其说是向彭年等人提供某种类型的艺术赞助，还不如说是名气声望的“高攀”。作为初来乍到、身背家难罪责的新人，要想快速融入苏州文化圈，唯有努力结交当地的菁英山人，而王世贞拥有的进士头衔与经济基础，又都是山人们渴望依赖的条件。事实上，当王世贞为彭年及夫人朱氏撰写的《合葬墓志铭》，在给予文徵明“天下模楷”极高赞誉的同时，也将彭年的成就与之相提并论，为其确立起彪炳史册的历史评价，以致后世的艺术史家们大多沿用了王世贞的定论。[9]

（2）黄姬水

为《华清上马图》写制《清平调八首》的黄姬水，出生于苏州山人世家，父亲黄省曾字勉之，号五岳山人，嗜好藏书，交游广泛，以弟子礼拜谒王守仁、湛若水门下，并学诗于李梦阳，亦是文学复古的追随者。黄姬水自幼秉承家学，学书于祝允明，以诗书文章为业，善鉴赏，布衣终生。王世贞《像赞》曰：

> 黄质山先生者，讳姬水，字淳甫。父曰五岳山人省曾，以博学工古文辞著声。先生生而颖异，试公车业不利，弃去。刻精为诗，五言古律皆深入唐人之奥，文亦峭劲。其大不能如其父，然有美爱可传者。生而嗜古，负遗世之僻，不与俗谐。其辨识书画器物称鉴赏家。[10]

黄姬水对于艺术鉴藏的兴趣完全可用“痴迷”二字形容，甚至到了衣食不继的程度，也不倦于蓄置古敦彝法书名画，“即号好事家不能过也”。[11]迫于生计，他也会偶尔典质家藏，其中最著名者即为《绛帖》。这件经黄姬水鉴定的法帖，经由华叔阳之手，[12]最终成为王世贞的藏品。

此帖吴中黄勉之以十二千得之于市人，割去卷尾，却以《泉帖》、《淳化》云云。装后，勉之子淳父始辨其为《绛帖》，仍割去其尾装而属文寿承签题其首，后得五十千质之华礼部叔阳。归踰三岁，复得三十千始真为华氏物。而叔阳病甚，寄余郧中为别。[13]

黄氏家族收藏古物绝非以牟取暴利为目的，但这件作品前后交易的差价，确实给我们留下了深刻的印象。嘉万年间苏州地区艺术品价格的急剧增长，由此可见一斑。文氏兄弟的题签似乎也成为艺术品保值、增值的必要手段，只要经由他们题跋或鉴定的作品，便如同获取了最具权威的认证，可为原作附加额外的文化价值。如果说《绛帖》还不足以证明王世贞与黄姬水间存在直接的书画交易，那么十六帧沈周创作的山水册页则是类似市场活动的最好证明。[14]有时，藏品也会成为维系社交网络的礼物，但其中一定隐含着某种文化资源的互换。为了乞请王世贞为家父的文集作序，黄姬水就曾以恩师祝允明的楷书册页相赠：

第四册祝京兆，黄道中字致甫说用秃笔作楷而间带行法，纯质古雅，隐然欲还钟、索风。道中即吾故人淳父姬水也，为其尊人五岳公乞集序，以此为贽。余固辞谓："此汝南家乘，奈何畀人？"则曰："使不佞而仍故，名与字知非公有也。且公文成，非吾汝南家乘乎？"为一笑而留之。[15]

作为嗜古如命的鉴赏家，黄姬水绝不会轻易兜售家族收藏，毕竟"汝南家乘"的观念在明代士人眼中依旧根深蒂固。因此，要想维持日常所需的经济收入，则必须依靠自己的文学和书法才能，甚至以不惜牺牲风格作为代价，这也是晚明山人群体被迫面临的窘境。与彭年、俞允文等人一样，黄姬水能够经常参与王世贞主持的书画请托，只是常年疲于应对市场需求，已让热衷小楷的王世贞对其晚年书风的行草化抱有微词。《艺苑卮言》曰："黄姬水淳父正书初宗虞永兴，行笔本王履吉，而晚节加率。"[16]而《有明三吴楷法二十四册》更是直言不讳地指明"晚年笔差小退"的现实，言语中浸透着对黄姬水书法风格的批评。[17]因此，尽管山人常以隐士自居，却始终无法真正脱离社会因素的束缚，除非他们在放弃仕途的同时，也能将死后声望一并抛诸脑后。但凡有半点青史留名的心愿，都会迫使他们在复杂的社交网络中不断权衡着利益的得失。

万历二年（1574），王世贞入京担任太仆寺卿，途中过访黄姬水，已经病入膏肓的他恳请王世贞为其文集作序。面对好友的临终嘱托，王世贞欣然应允，并以序文的方式详述其生平经历，亦算是对这位山人好友的告别：

> 甲戌春二月，余入领太仆，过淳父，是时淳父病矣，而强起约拜曰："夫余殆已矣，敢以不朽累子。"寻呜咽不能竟。盖又三月，而淳父殁，其息某以其所著集请曰："先子志也。"[18]

（3）王穉登

在王世贞的山人交游圈中，要属与王穉登的关系最为复杂。由于他们之间缺少文学趣味的契合，因此我们始终怀疑两人交往的真正意图。也许始终保持场面上的友好往来，总要胜过将潜在的声望竞争以剑拔弩张的方式呈现。王穉登比王世贞年轻九岁，且才华横溢，风流倜傥，很早即被民间视为继文徵明之后续接吴门风雅的领袖人物。他之所以能够在苏州文坛独树一帜，与其广泛的社会交游不无关系，其中甚至包括袁炜这样的当朝学士。《明史》曰：

> 嘉靖末，（王穉登）游京师，客大学士袁炜家。炜试诸吉士紫牡丹诗，不称意。命穉登为之，有警句。炜召数诸吉士曰："君辈职文章，能得王秀才一句耶？"将荐之朝，不果。隆庆初，复游京师，徐阶当国，颇修憾于炜。或劝穉登弗名袁公客，不从，刻《燕市》、《客越》二集，备书其事。[19]

因家难丁忧守制的王世贞，虽然具备七子社盟的声名，可若论在苏州文坛的影响则全然无法与王穉登相提并论。必要之时，王世贞同样需要以几句恭维奉承的言语拉近与王穉登的距离。这对于一向孤傲清高的王世贞而言，确实不同寻常：

近从伯龙所目，足下诸篇意窃艳慕之，不揣以蒍蒉园为渎，遂荷不鄙，金声铿然，使松桂生色，云霞更态……仆自束发，知弄觚翰，已厌射时调。二三友朋，左提右挈，并驱中原，旋遘家难，跧伏草土，公除以来，忽忽无赖、牧竖、野叟皆得操觚……淳父之外，复有足下，才出一语，便足连城结金兰。[20]

然而隆庆年间，王世贞与王穉登的实际地位开始发生重大转变，正所谓此消彼长。当王世贞依靠首辅徐阶等人的力量恢复家族名誉，并逐渐开始在苏州释放领袖气质之时，王穉登却给人留下不进则退的印象。在此期间，王穉登不仅邀请王世贞为其《客越志》作序，[21]还主动委托他为父母亲撰写墓志铭。有意思的是，王世贞竟然不可思议地承认自己的文章不及王穉登，言语间尽显谦卑恭敬的姿态：

吾郡盖有晋陵王穉登云，而当嘉隆间穉登以文章名出世贞上，乃一日手其先处士君状跽而请曰：唯是先子不朽之计以累下执事。世贞谢不敏。则又手其母蒯孺人状跽而请曰：往先孺人之葬也……敢藉先子之灵以不朽请。则又谢不敏曰：吾何以不朽为而父母藉也。状固已饶之，虽然吾而友也，其敢辞。[22]

对于早期连文徵明都不放在眼中的王世贞来说，这样的谦恭语气无疑只是故作姿态的表面文章。也许当事的双方都曾清醒地意识到，保持彼此间的联系与友谊，显然要比恶意强化竞争中的矛盾冲突更加有利于树立良好的社会形象。实际而言，王世贞打心底里就从未对王穉登的文学和书法给予过足够的好评：

王百穀苟能去巧去多便足名世。[23]

王太学穉登书王右丞七言绝十九首，不能称诗，其书所自造七言律廿三首，雅相当矣。大抵书贵骨胜，不贵肉胜。莫君肉胜而佳，王君骨胜而不佳，此不可晓也。[24]

以至于《明史》同样得出了如下的结论：

吴中自文徵明后，风雅无定属。穉登尝及徵明门，遥接其风，主词翰之席者三十馀年。嘉隆万历间，布衣、山人以诗名者十数，俞允文、王叔承、沈明臣辈尤为世所称，然声华煊赫，穉登为最。申时行以元老里居，特相推重。王世贞与同郡友善，顾不甚推之。及世贞殁，其仲子士骕坐事系狱，穉登为倾身救援，人以是重其风义。[25]

王士骕系狱事明显采自《列朝诗集小传》的记述，考虑到钱谦益曾使用“刀笔伎俩”有意诋毁王世贞的复古思想，我们暂且不对此事做过多的讨论。然而《万历野获编》记载张凤翼、周天球与王穉登之间的恩怨，则值得我们关注，毕竟此二人都属王世贞阵营中的重要骨干成员。

张伯起孝廉凤翼长王百穀八岁，亦痛恶王为人，因作《山人歌》骂之，其描写丑态，可谓曲尽……张以母老，至庚辰科即绝意公车，足迹不入公府。与王行径迥别，故有此歌，然亦褊矣。

近年词客寥落，惟王百穀巍然鲁灵光，其诗纤秀为人所爱，亦间受讥弹。如其初入京试内阁紫牡丹诗中一联云：“色借相公袍上紫，香分天子殿中烟。”极为袁元峰炜相公所赏，因成知己。同邑周幼海长王十年，素憎王，因改“袍”为“脬”、“殿”为“屁”，以谑之。两人遂成深仇。[26]

王穉登之所以会受到张凤翼、周天球的讽刺，主要原因正是因为他干谒名公、逢迎官场的行为有违山人身份，但我们同样不能排除张、周二人可能存在的妒忌心理。如果说王世贞与王穉登确实存在某种主盟地位的竞争，那么二者间确实存在巨大的差异：王世贞是以官员身份广泛结交山人群体，而王穉登却是以山人身份努力攀附官场捷径。尽管二人的目标都希望成为主盟坛坫的领袖，但究竟谁能获得社会舆论的支持，结果不言自明。

皈依道山：经卷中的山人世界

万历四年（1576），在经历了几次短暂的迁官旅行后，因与内阁首辅张居正有隙，王世贞自南京大理寺卿任上罢官归里，开启了人生第三次家居生涯，前后长达十二年之久。其间虽仍有几次推任的机会，却终究未出家门，屏迹小祇园中。然而所有的一切似乎都已物是人非，王世贞的心态发生了巨大的变化。自万历七年（1579）始，他决意拜王锡爵之女王焘贞为师，[27]奉仙道事。究其原因，或与如下因素有关：

1. 万历初年的几次宦游，王世贞屡遭言官劾纠，令其深感官场环境的黑暗，全然失去积极仕进的内在动力；[28]2. 经年时病时愈，身体条件每况愈下，正是他急于从宗教信仰中寻求生死解脱之道的直接原因；3. 至交好友彭年、王穀祥、李攀龙、黄姬水、陆治、钱穀、徐中行、俞允文等人先后离世，时常令其悲从中来，老泪纵横，遂有出世之愿。

尽管此时的王世贞无法完全谢绝日常的诗文应酬，却已然散尽家财，疏离妻儿，在王锡爵、钱隆魁[29]等人的陪伴下开始潜心修行的生活。幸运的是，他并没有因此而停止艺术作品的请托，只是此前书画结合的大型创制已不复见，代之以道教经文为主要内容的书法手卷，用于宗教法事的持诵之物。在此期间，周天球、王锡爵、莫是龙等人成为主要的创作者，有时亦有王逢年的参与，若有临摹拓印的工作则交由程孟孺、章藻处理，而王世贞为每一件重要作品书写的跋文都收录于《道经书后》，以区别传统的书画题跋。其中《黄庭经》是最为重要的题材，因为它是道家内丹学说的主要经典，我们也可由此知晓王世贞奉道期间所依循的修习法门。《弇州山人续稿》中，仅与《黄庭经》有关的书法就包括《周公瑕书黄庭内景经》、《解大绅书黄庭经》、《王逢年书黄庭外景经》、《程孟孺搨右军黄庭内外景经》、《黄老黄庭经》、《黄庭经合右军墨刻松雪墨迹》等作品。而王世贞的《书后》又总是不乏史学考证，经常涉及有关经书流传、版本的讨论。例如他在详细阐明《黄庭外景经》与王羲之的关系时说：

《黄庭》所以称外景者，以内景故别也。始景林真人授二经于南岳夫人，当其未解化时，其家人已漏之世，而特多诖误，右军所传今盛行者是也。南岳夫人以兴宁二年下降，再授之杨司命，转录之许长史。而长史之孙黄民传之马朗家，宝藏之。其后陶隐居购而置诸松风阁，上之御府，即《真诰》所载，今道藏的本也。以右军遗刻较之，比于道藏本，多者为句二，为字十，少者为句二十五，别者为字一百四十四，颠倒者为句十一，为字十，字衡而句权之，则兴宁本长而右军本短，瞭矣。然天下以书而信右军，而不复以义求兴宁本，是以有行有不行也。[30]

纯粹以考据学的标准看待王世贞的论述，也许算不上严谨。但如果考虑到晚明社会整体的学术氛围，那么他对历史问题的敏锐眼光便足以令我们赞叹：能以积极的态度梳理道家经典的源流，又不迷信权威，可见他拜师奉道的行为绝非一时兴起；将自己对于史学探究的满腔热情，投射至宗教的虔诚信仰中，同样体现了他离尘脱俗的山人心性。确切地说，王世贞信奉的教义并非纯粹的道家信仰，万历八年（1580）昙阳大师临化之时，自称“昙鸾菩萨转世”，而王世贞也有《题手录昙鸾法师传后》收于《佛经书后》，可谓释道融合的明证。[31]我们无需为王世贞的奉道选择感到迷惑，更不应将其视为迷信，事实上这只是一位长期受教于阳明心学的杰出文人，在面对现实生活的困境时，所能做出的有效反应。或许正是因为王世贞的参与，才使得王焘贞的移龛羽化激起了极大的社会反响，很快招致言官的弹劾，甚至演变为一场不大不小的政治风波。[32]在王世贞皈依道山的经历中，周天球参与了部分经卷的创作，值得我们格外关注。

周天球是文徵明弟子，继俞允文离世后，成为王世贞诸多宗教经卷请托中最为得力的承担者。《黄庭内景经》原本为王世贞委托文嘉写制，而“休承目眵手战”，[33]老病不堪，遂转交由周天球完成，时间当在万历六年（1578）六月间，正值周天球过访弇山园。

《晋史右军传》及《书断》俱云为山阴道士写《道德经》，笼鹅以归。而梁武帝陶隐君所评右军遗迹则称有《黄庭经》。青莲居士诗直谓“黄庭换白鹅”。黄长睿则以右军有《道德》而无《黄庭》为误。洪景卢则以右军有《黄庭》而无《道德》为史误。又有云诗史两不误者，然今世《黄庭》之迹依希尚存，而《道德》则自古绝响矣。今年六月望后，友人周公瑕避暑弇州园，为作小楷二经，《道德》极精严有古意，而《黄庭》真迹之仍孙矣。此子吾吴城一时右军，仆之得此，亦何异买王得羊哉。[34]

依据“为作小楷二经”的描述，我们判断周天球写制《黄庭经》和《道德经》的时间大致相同，且都在弇山园中。着意分析王羲之是否完成过《黄庭经》或《道德经》的创作，与其说是王世贞为了满足宗教信仰的需求，还不如说是他在刻意寻求文化心理的认祖归宗。以“吾吴城一时右军”称赞周天球的书法，可谓是王世贞能够给予的最高评价，尽管赞誉过度，却是他们之间庇护关系的真实体现。所谓“《道德》极精严有古意”者，表明周天球使用了类似钟繇《宣示表》的书写风格，因为王世贞曾在《艺苑卮言》附录三中对其楷法面貌有过细致的分析：“周天球公瑕楷法二种，一种取变《宣示》而肉微胜，一种出入吴兴而加妩媚。”[35]王世贞曾将周天球与俞允文并称为“自履吉（王宠）而后押主齐盟者也”，[36]足见他对周天球书风的推崇。

万历八年（1580），王世贞第二次向周天球索书《道德经》，原因是前年完成的经卷竟无意间丢失。作为报偿，王世贞答应为周天球撰写传记：

周公瑕往年为余书老子《道德经》五千言，亡何而失之。岁庚辰，公瑕归自徙中，念且老从我索一传，客或谓公瑕迫得传，而余恨失经，以从臾。公瑕续书之，昔人所谓“焕若神明，顿还旧观”者，殆不偶哉。既装成褎而志其后。[37]

遗憾的是，王世贞未能履行约定，作为补偿，他只在周天球七十大寿时勉强为其撰写了一篇寿叙：

余少于周公瑕先生十三岁，而先生辱引为友，又时时言

"异日传我于身后者，必子也"，余谢不敏。则又曰"传而使它人见之，毋乃使我身乎。"余谢不敏。乃请于先生得所自述起居，据而润色焉。先生听然曰："异哉！我之知我，似不若子之知我深也。"而恶用是起居为也，卒弗与述起居。今年春正月，先生之寿跻七十，而善先生者友人曹子念知其故偻行，谒余请一言以为先生重属。余颇已倦笔砚，谓子念：七十者古所称希也，是且八十而九十而百岁，必以颂。乃先生之所欲得于余者，传也。传以藏往颂以知来，其用不相属而体因之。子念"其若何？"则请酌于传与颂之间，而名之曰"叙"，于是乃叙先生。[38]

所谓"余颇已倦笔砚"者，确为推脱之辞。王世贞费尽口舌地想要解释传记与寿叙差别，给人留下画蛇添足的感觉，其隐含的态度值得玩味。对比当年为文徵明、钱毂、陆治作传时的雷厉风行，为什么王世贞在面对周天球的委托时却如此拖沓推诿呢？由于钱、陆二人传记都完成于他们健在的时候，因此依据生卒年月作为限定能否撰写传记的标尺，显然并不合理。那么王世贞到底在想些什么？是他觉得周天球的艺术成就尚未达到足够的水准，还是另有其他什么原因？

《寿叙》中有这样一句评价，曰"自沈先生而文先生以逮先生，奉正朔而称盟主者仅三人耳。"[39]暂且不论言语中可能存在的夸张因素，王世贞能够将周天球视为沈周、文徵明之后的书学正脉，也就等于证明了他对周氏艺术成就的认可，否则也不会多次邀他写制道家经典。那么，不愿轻易为周天球书写传记的症结，可能还得从王世贞自己身上寻求答案。我们认为，王世贞在苏州文坛主盟地位的确立，恰是解读这一问题的关键所在。依照前文论述，王世贞早年积极撰写《文先生传》实则具备了强烈的攀附心理，希望借助名家大腕的社会声誉提振属于自己的文化资本，是他在苏州迅速站稳脚跟的关键。可周天球却缺乏足够的吸引力，非但不能为王世贞提供声誉上的帮助，反倒需要对方为其艺术道路提供应有的支持。因此，从实际效用而言，周天球除了能够满足王世贞的书画委托之外，再没有其他任何优势足以让王世贞产生为其写作传记的冲动。在这一点上，甚至就连俞允文都要比周天球具备更多的优势，毕竟他还是复古文学的重要参与者。

《寿叙》与《传记》存在着巨大差别，《传记》可视为对传主毕生经历的定论而传之后世，《寿叙》则仅为重要生日时宾客道贺的礼节性文章。王世贞在周天球的再三请求下，却仍旧坚持以《寿叙》代替《传记》的做法，确实有些让人难以理解。

注　释

1. 《周礼 · 地官》中有“山虞掌山林之政令”的说法。
2. 《唐才子传》卷二《沈千运》:“千运，吴兴人。工旧体诗，气格高古。当时士流皆敬慕之，号为‘沈四山人’。天宝中，数应举不第，时年齿已迈，遨游襄、邓间，干谒名公。”见傅璇琮《唐才子传校笺》卷二，第425—426页，北京：中华书局，1987年。
3. 王世贞《明故徵士彭先生及配朱硕人合葬墓志铭》：“彭先生生乙丑正月十三日，卒嘉靖丙寅十二月初十日，寿六十有二。”见《弇州山人四部稿》卷九十一，文部，墓志铭，第4287页，明万历五年世经堂刻本，《明代论著丛刊》，台北：伟文图书出版社有限公司，1976年。
4. 见文徵明《彭寅甫墓志铭》，《文徵明集》卷三十，第704页，上海：上海古籍出版社，1987年。
5. 见王世贞《明故徵士彭先生及配朱硕人合葬墓志铭》，《弇州山人四部稿》卷九十一，文部，墓志铭，第4284页，明万历五年世经堂刻本，《明代论著丛刊》，台北：伟文图书出版社有限公司，1976年。
6. 参见钱谦益《彭年孔嘉》，《列朝诗集小传》丁集中，第475页，上海：上海古籍出版社，2008年。
7. 见王世贞《题画会真记卷》，《弇州山人续稿》卷一百七十，文部，画跋，第7769—7770页，明崇祯间刊本，《明人文集丛刊第一期》，沈云龙主编，台北：文海出版社，1970年。
8. 见王世贞《尤子求画华清上马图》，《弇州山人四部稿》卷一百三十八，文部，画跋，第6376—6377页，明万历五年世经堂刻本，《明代论著丛刊》，台北：伟文图书出版社有限公司，1976年。
9. 朱谋垔《书史会要续编》曰：“吴中隐德文采，后文先生而起首，其在彭先生乎。先生工文章，下笔翩翩眉山矣。”见《中国书画全书》第四册，第490页，上海：上海书画出版社，1992年。
10. 见王世贞《像赞》，《弇州山人续稿》卷一百五十，文部，像赞，第6873—6874页，明崇祯间刊本，《明人文集丛刊第一期》，沈云龙主编，台北：文海出版社，1970年。
11. 见王世贞《黄淳父集序》，《弇州山人四部稿》卷六十八，文部，序，第3305页，明万历五年世经堂刻本，《明代论著丛刊》，台北：伟文图书出版社有限公司，1976年。
12. 华叔阳，无锡人，王世贞女婿。
13. 见王世贞《绛帖》，《弇州山人四部稿》卷一百三十三，文部，碑刻跋，第6155—6157页，明万历五年世经堂刻本，《明代论著丛刊》，台北：伟文图书出版社有限公司，1976年。
14. 王世贞《石田山水》：“沈启南先生画，于古诸名家无所不拟，即所拟无论董巨，乃梅道人、松雪、房山、大痴、黄鹤笔意，往往胜之。独于云林不甚似，病在太有力耳。此卷二十六帧，帧帧饶气韵，生趣秀，溢楮墨，间至云林一笔，亦绝无遗憾，尤可宝也。卷初出汤舍人，凡十六帧汰其四为十二已，又从黄羽渊得十二帧汰其八为四已，又从黄淳父得十六帧汰其半为八已，又从沈生得十帧汰其八为二，此所以精也。跋尾彭孔嘉称文丈待诏云：石田先生神仙中人也。此语吾亦闻之。待诏且云：满百文某安敢望此老前辈风流，推挹乃尔。令人叹慨深。”见《弇州山人四部稿》卷一百三十八，文部，画跋，第 6348—6349 页，明万历五年世经堂刻本，《明代论著丛刊》，台北：伟文图书出版社有限公司，1976 年。

15. 见王世贞《三吴楷法十册》，《弇州山人四部稿》卷一百三十一，文部，墨迹跋，第 6090 页，明万历五年世经堂刻本，《明代论著丛刊》，台北：伟文图书出版社有限公司，1976 年。

16. 见王世贞《艺苑卮言》附录三，《弇州山人四部稿》卷一百五十四，说部，艺苑卮言，第 7049 页，明万历五年世经堂刻本，《明代论著丛刊》，台北：伟文图书出版社有限公司，1976 年。

17. 见王世贞《有明三吴楷法二十四册》第十四册，《弇州山人续稿》卷一百六十四，文部，墨迹跋，第 7518 页，明崇祯间刊本，《明人文集丛刊第一期》，沈云龙主编，台北：文海出版社，1970 年。

18. 见王世贞《黄淳父集序》，《弇州山人四部稿》卷六十八，文部，序，第 3303—3304 页，明万历五年世经堂刻本，《明代论著丛刊》，台北：伟文图书出版社有限公司，1976 年。

19. 见张廷玉等《明史》卷二百八十八《王穉登》，列传第一百七十六，文苑四，第二十四册，第 7389 页，北京：中华书局，1974 年。

20. 见王世贞《答王百穀书》，《弇州山人四部稿》卷一百二十七，文部，书牍，第 5932—5933 页，明万历五年世经堂刻本，《明代论著丛刊》，台北：伟文图书出版社有限公司，1976 年。

21. 据郑利华《王世贞年谱》载，《客越志》系王穉登赴越奔故相袁炜丧所经由而撰之诗文集，首《客越志序》署“隆庆丁卯（1567）秋七月琅琊王世贞元美撰”。见此书第 166 页，上海：复旦大学出版社，1993 年。

22. 见王世贞《明处士王守愚暨配蒯孺人合葬墓志铭》，《弇州山人四部稿》卷九十二，文部，墓志铭，第 4321—4322 页，明万历五年世经堂刻本，《明代论著丛刊》，台北：伟文图书出版社有限公司，1976 年。

23. 见王世贞《艺苑卮言》七，《弇州山人四部稿》卷一百五十，说部，艺苑卮言，明万历五年世经堂刻本，《明代论著丛刊》，台北：伟文图书出版社有限公司，1976 年。

24. 见王世贞《有明三吴楷法二十四册》，《弇州山人续稿》卷一百六十四，文部，墨迹跋，明崇祯间刊本，《明人文集丛刊第一期》，沈云龙主编，台北：文海出版社，1970 年。

25. 见张廷玉等《明史》卷二百八十八《王穉登》，列传第一百七十六，文苑四，第二十四册，第 7389 页，北京：中华书局，1974 年。

26. 见沈德符《万历野获编》卷二十三，《山人》，第 585—586 页，北京：中华书局，1959 年。

27. 王焘贞，号昙阳子，王锡爵仲女。好仙道事，弟子从者众。年二十三羽化。王世贞有《昙阳大师传》，见《弇州山人续稿》卷七十八，文部，传，第 3789—3849 页，明崇祯间刊本，《明人文集丛刊第一期》，沈云龙主编，台北：文海出版社，1970 年。

28. 王世贞《黎吏部》：“贞自丙子（1576）纳节，丘壑自放。戊寅（1578），无意人世。”见《弇州山人续稿》卷二百六，文部，书牍，第 9239 页，明崇祯间刊本，《明人文集丛刊第一期》，沈云龙主编，台北：文海出版社，1970 年。

29. 钱隆魁，号印实，易其名无心有，号道印，吴人。王世贞《昙阳先师授道印上人手迹记》：“余以庚辰（1580）二月造元驭宗伯，报谢我仙师昙阳子。已饭宗伯园，邂逅今道印上人阅华严藏。”见《弇州山人续稿》卷六十一，文部，记，第 3076 页，明崇祯间刊本，《明人文集丛刊第一期》，沈云龙主编，台北：文海出版社，1970 年。

30. 见王世贞《王逢年书黄庭外景经》，《弇州山人续稿》卷一百五十七，文部，道经书后，第 7174—7175 页，明崇祯间刊本，《明人文集丛刊第一期》，沈云龙主编，台北：文海出版社，1970 年。

31. 参见王世贞《弇州山人续稿》卷一百五十六，文部，佛经书后，第 7155—7158 页，明崇祯间刊本，《明人文集丛刊第一期》，沈云龙主编，台北：文海出版社，1970 年。

32. 王世贞《亡弟中顺大夫太常寺少卿敬美行状》:“而昙阳子既以化，元驭具其事属世贞传，而弟子手书，授之梓。给事某、御史某乃极论元驭与不穀诪张为怪幻，而留省应之，至波及弟与故沈太史懋学，业已报闻，弗竟矣。”见《弇州山人续稿》卷一百四十，文部，行状，明崇祯间刊本，《明人文集丛刊第一期》，沈云龙主编，第6442页，台北：文海出版社，1970年。
33. 见王世贞《周公瑕书黄庭内景经》,《弇州山人续稿》卷一百五十七，文部，道经书后，第7172—7173页，明崇祯间刊本，《明人文集丛刊第一期》，沈云龙主编，台北：文海出版社，1970年。
34. 见王世贞《周公瑕书道德经》,《弇州山人续稿》卷一百五十七，文部，道经书后，第7187—7188页，明崇祯间刊本，《明人文集丛刊第一期》，沈云龙主编，台北：文海出版社，1970年。
35. 见王世贞《艺苑卮言》附录三，《弇州山人四部稿》卷一百五十四，说部，艺苑卮言，第7049页，明万历五年世经堂刻本，《明代论著丛刊》，台北：伟文图书出版社有限公司，1976年。
36. 见王世贞《有明三吴楷法二十四册》,《弇州山人续稿》卷一百六十四，文部，墨迹跋，第7519页，明崇祯间刊本，《明人文集丛刊第一期》，沈云龙主编，台北：文海出版社，1970年。
37. 见王世贞《周公瑕书道德经》,《弇州山人续稿》卷一百五十七，文部，道经书后，第7188—7189页，明崇祯间刊本，《明人文集丛刊第一期》，沈云龙主编，台北：文海出版社，1970年。
38. 见王世贞《周公瑕先生七十寿叙》,《弇州山人续稿》卷三十九，文部，寿叙，第2128—2129页，明崇祯间刊本，《明人文集丛刊第一期》，沈云龙主编，台北：文海出版社，1970年。
39. 同上注。

简短的结语

自从昙阳大师羽化之后，王世贞就很少再有闲情雅致亲自主持书画的主题创制，尽管交游活动依旧频繁，却大多属于盛名之下无法推脱的场面应酬，或许只有在胡应麟身上，他才能找回自己年轻的心态。然而，与书画交游渐行渐远并非出自王世贞的主观意愿，实乃面对现实环境的无奈选择。凭借历史学家的敏锐眼光，他曾十分清醒地意识到吴门画派的消亡：

隆、万间吾吴中丹青一脉断矣，所见无踰张復元春者，于荆、关、范、郭、马、夏、黄、倪无所不有，而能自运其生趣于蹊径之外。吾尝谓其功力不及仇实父，天真过之。今年长夏为吾画此二十帧，携行梁溪道中，尘思为之若浣，因据景各成一绝句，题其副楮，复画貌山水，得其神，余诗貌复画，仅得其肖，似更输一筹也。杨公伯谦游艺之好，比余更深，因割以贻之，倘于机务小暇时，间一展玩，庶几夔龙席间不尽荒箕颍色耳，公其以为何如？[1]

张復不仅是钱榖的学生，也是苏州府太仓人，王世贞不遗余力推许这位年轻画家，表面看是文化领袖为晚辈艺术家积累文化资本所提供的庇护，却掩盖不了吴门画坛后继无人的尴尬事实。王世贞未能肩负起文徵明留下的遗产，反倒成为一段辉煌历史终结的见证者。

如果我们将吴门画派没落的主要原因完全归咎于王世贞，确实有失公允，但无论如何，他对于书画艺术的喜爱，始终无法与积极参与诗文唱和的满腔热情相提并论。经由王世贞主持的艺术创作，大多与文学题材密切相关，甚至就连《纪行图》一类的作品，也意味着用视觉的方式代替文学游记的尝试。在王世贞眼中，笔墨作为表达情感、彰显风雅的手段，只有为文学或史学命题服务时，才能体现最为宝贵的人文价值。这种做法虽然满足了文人书斋的审美需求，却终究有悖于视觉艺术的市场化趋势。虽然写有一手漂亮的楷书，但他从来未以书画家身份自居，与随后叱咤文坛的董其昌相比，王世贞对于书画艺术的态度确实有些高处不胜寒的味道。深受“南北宗论”观念的影响，也许谁都不会怀疑吴门画派的文人性质，可事实上，诸如王世贞这样的典型文人却刻意与书画、戏曲等艺术门类保持着应有的距离。他们从来都不掩饰自己对于艺术的喜爱和欣赏，但若要以此作为安身立命的根本却是另外一件事情。正是千百年来始终徘徊于出仕、退隐间的矛盾心态，最终导致了文人群体在经史与艺术间的两难选择。吴门画派的繁荣源自于山人群体的大量出现，而王世贞却依旧坚持着传统文人的价值观念。或许，这就是他永远也不可能替代文徵明的原因之一。

但毕竟王世贞续接文徵明的影响成为苏州文坛的领袖，却是事实。本文论述的核心思想围绕着一系列问题依次展开：1. 年轻时常在北方活动的王世贞，因何会与苏州文坛产生密切往来？2. 嘉靖年间的文学复古运动，是否卷入了内阁党争的漩涡暗流？3. 因王忬之死产生的社会舆论——“伪画致祸”，与晚明书画摹古与收藏风气有何必然的联系？4. 钱谦益对待王世贞与归有光的态度，到底暗含了怎样的阴谋？5. 初入苏州的王世贞兄弟与张凤翼兄弟是否存在地位、声誉的竞争关系？6. 倾家荡产建造奢华园林，究竟是出于何种利益的考量？7. 王世贞对待文徵明态度的前后差异，预示着两大家族间怎么样的微妙关系？8. 王世贞如何经由系列文学主题的书画创作，进而成为苏州文坛的实际庇护人？9. 晚明苏州文坛的山人群体，在书画创作与艺术交游中扮演着怎样的角色？是否因为长期受到“文人画”理论的影响，让我们忽视了山人群体所具备的复杂属性？凡此种种，正是上述这些疑问构成了本文的讨论内容。

论文写作过程中遇到的困难，无疑来自王世贞卷帙浩繁的著述，要想对其撰写的所有文字进行细致的梳理与阐释，显然将会导致研究偏离既定的方向，更无法从他一生的丰富履历中抽绎论述的主线。正因如此，本文才将讨论的主要内容限制在王世贞与苏州文坛的交游中，除此之外，只有当具体事例与主旨研究相辅相成且密不可分时，相关内容才会被谨慎使用。从某种意义上说，我也一直在为论文的写作瘦身，不仅始终尝试着精炼语言，调整结构，同时也在有意训练自己驾驭浩繁史料的能力。与现有的大部分艺术史研究都将王世贞视为艺术赞助人不同，本文不仅未以“赞助”一词统摄全文，甚至在涉及具体细节的讨论时，主张以“庇护”代替“赞助”的定义，实在是因为受到了柯律格《雅债：文徵明的社交性艺术》一书中文译本的影响，尽管此书仍旧存在部分细节性错误，但全书展现出的论述架构与叙事氛围，确实对我产生了积极的影响。在中文的语境中，强调文化地位的“庇主”，确实要比强调经济利益的“赞助人”更能体现晚明艺术交游的实际情景，尽管二者都是英文“patron”的汉译。考虑到社会身份始终处于不断流变的过程中，因此有关王世贞在苏州文化圈中地位、名望的潜在变化，便始终成为本文关注的核心内容，有时甚至需要通过剖析人物言行中透露的心理活动，揭示其实际可能的处境。因此，我们放弃使用“赞助人”这样的统摄性理论，而是着意分析王世贞在不同人生阶段扮演的不同社会角色，亦是想从细节出发，展现历史面貌的多样性。

目前所呈现的篇幅只是王世贞研究的阶段性成果，尚有诸多问题只能留待日后逐渐完善。学力不逮之处，颛此就正于方家。

注　释

1. 见王世贞《题张復画二十景》，《弇州山人续稿》卷一百七十，文部，画跋，第7789—7790页，明崇祯间刊本，《明人文集丛刊第一期》，沈云龙主编，台北：文海出版社，1970年。

附表：王世贞画跋作品统计表

编者按：

此表编纂录用王世贞著作内容，使用版本为《弇州山人四部稿》（简称《四部稿》，台北：伟文图书出版社有限公司，1976年）与《弇州山人续稿》（简称《续稿》，台北：文海出版社，1970年），并参阅《景印文渊阁四库全书》集部别集类之《弇州山人四部稿》一百七十四卷《弇州续稿》二百七卷（台北：台湾商务印书馆股份有限公司，1986年）。表中所录《四部稿》与《续稿》页码，均取自伟文与文海二版本。

	画家姓名	题跋名称	收藏者	收藏来源	王世贞鉴定意见	文献出处	目前藏地	备 注	分类
1	[晋]史道硕	《史道硕八骏图卷》	王世贞	万历初黄金台买此。	“此卷无贞观小印，当是人间摹本。第其绢素精古，笔力高妙，与郭若虚所记騣髴腹项蹄尾色状无不脗合。虽神采小剥落，而驤駊蹀躞權奇灭没之态，固可按而想见也。”	《四部稿》卷137，文部画跋，第6299-6301页。		“此卷首虽残破，然有秘殿印记。即赵吴兴、白钱塘亦定其为史本无疑也。” 黄金台为战国遗址，亦称招贤台，位于河北省定兴县高里乡。	鞍马设色
	[唐]阎立本	《题勘书图后》（相传为《唐文皇训子图》）	王世贞		“上有宣和殿印。初翳若雾，余令善工洗之，则硃色隐透，光彩射眉睫间，而器物之妙，绢素之精，断有非后人所能赝者。” “而余又尝考《宣和画谱》立本所遗，无此图，仅有伪蜀黄筌《勘书图》二卷，此岂其一耶？盖宋初诸降王中独孟昶有天人相，见于花蕊夫人所供。其童子为玄喆，武士为赵廷隐。而当时进御者以胜国故，不敢具其实，故目之为《勘书图》，理稍近耳。第其冠服类六朝，不甚似五代，则有未可晓者，姑阙以俟精鉴博识之士。”	《四部稿》卷137，文部画跋，第6301-6302页。			人物
	[唐]阎立本	《石刻十八学士图》	都府参军李子			《四部稿》卷137，文部画跋，第6302-6303页。		拓本。都府参军李子获阎中令旧本摹勒上石。	人物拓本
	原作佚名 周天球摹本	《摹阎立本十八学士》	王世贞	周天球（公瑕）以画本见遗，云自青琐摹得者。	“其人物极为精雅，服有绯、紫、青、绿四色。”画中人物字号与史籍记载不符，沈存中（沈括）“欲以是画而证史之误”，王世贞经过考证，曰：“吾意尚不敢以史而废图，今欲以图而紏史，亦未之敢也。”	《四部稿》卷137，文部画跋，第6304-6306页。		此篇题跋作于《石刻十八学士图》的第二年。“青琐”可能借指宫廷。	人物设色

	[唐]王 维	《王摩诘演教罗汉》	王世贞		“上有徽宗御题押按。《宣和画谱》摩诘罗汉凡四十六轴，此其一也。公绘事既妙绝而奉佛尤笃，所画罗汉于端严静雅外别具一种慈悲意。袈裟文织组秀丽千载，奕奕有生色。”	《四部稿》卷137，文部画跋，第6306-6307页。		立轴。《珊瑚网》记载为王世贞收藏。《景印文渊阁四库全书》将“袈裟”记为“袈娑”，误。	释道人物
	佚 名	《陆宣公画像后》	王世贞赠与陆光祖	王世贞偶得于楚中。	“绢素极古，行笔有昉、幹争赵郎风，而幞头作折上，盖贞元末公卿大夫已盛行军容样。独袍色惨淡似紫而已黯尽，或忠州别驾时服也。”	《四部稿》卷137，文部画跋，第6307-6309页。		陆宣公即陆贽。王世贞与陆贽耳孙廷尉陆光祖（字與绳）友善，遂作此跋以遗之。	人物
	[唐]周 昉（传）	《擘阮图》	王世贞	得之陆司空光祖（字與绳），后请仇英之子摹副本。	“考《宣和画谱》不载昉《擘阮图》，仅周文矩有之。此图设色运笔、风神态度几可与顾恺之、陆探微争衡，似非文矩所办。若文矩画，帝亦不令京题咏也。岂谱成而昉此画最后得之者耶？记以俟夫鉴识者。”	《四部稿》卷137，文部画跋，第6309-6310页。		陈继儒《妮古录》记载其曾在王士骐（王世贞子）家见此图。	人物
	[唐]佚 名	《夫子杏坛图后》	陈文烛（玉叔）		吾夫子据磐石坐而鼓琴，有穆然深思之度。七十二子或环听或追趋，虽各自为态，而左凖右规不失訚訚侃侃意。其行笔精紧，设色古雅，品在神与妙之间。独程钜夫跋谓为吴道玄，则吾未之敢从。道玄生平以神气胜，运笔衣缕若菰条，所谓吴带当风者，与此绝不类。或出陈闳、李思训手，声价何必减道玄。	《续稿》卷168，文部画跋，第7672-7674页。		陈玉叔宦游金陵时，王世贞得以观览。《珊瑚网》记载为王世贞收藏。	人物
	[南唐]顾德谦（王世贞考证）	《萧翼赚兰亭图》	王世贞	赵太史用贤（末五子之一）举以见赠。王世贞深愧其意，悉辍年来酒鎗茶具之类为报。	所见古贤名蹟多矣，未有能过此者。考《宣和画谱》载御府有吴侁画赚兰亭图，今本无御题玺记。又称顾德谦在江南时以画名伪唐，李氏云前有恺之后有德谦，其最异者萧翼取兰亭图，风格特异，但流落未见。此本岂即德谦笔耶？傅朋语多孟浪，独所记收藏承传甚明，在宋世推重已若是，今当如何？待诏楷法尤精绝，便足称山阴嫡嗣，余仍乞待诏子休承（文嘉）补书何延之记于后。休承年已八十馀。	《续稿》卷168，文部画跋，第7669-7672页。		此卷原为杨仪宪副旧藏，后归赵用贤，再由赵用贤见赠王世贞。后有文徵明待诏所书吴说、傅朋跋。傅朋跋中认为此图乃阎立本作。王世贞据何延之记，认为萧翼赚兰亭事在阎立本时恐未著闻，且是文皇所讳，故不应该是阎立本时期的画作。因此怀疑是顾德谦作。	人物

	[宋]佚 名	《晋公子重耳出亡图》	王世贞	铜梁张锦衣君某为父请王世贞撰写志铭，遂以此图相赠。	少保铜梁张公卒，而其子锦衣君某某辈来请墓志铭，所贽玉带重锦悉归之，独收此一卷，乃晋公子重耳出亡图。据跋或以为李伯时，则驳之者以行笔粗细不类，或以为赵子昂，则有思陵小玺在，二者俱所未论。独徐察其笔力精紧遒密，不事铅华，而自具一种生气，乃至驰骋追逐转盼耳语之状，无有丝发遗恨。当是北宋以前第一手。余所蓄古人物画多矣。独阎立本萧翼赚兰亭、周昉听阮与此三绝，可宝也。	《续稿》卷168，文部画跋，第7674-7676页。		王世贞跋曰："惜者此图当有二十馀帧，今存者十帧耳。"	人物册页
	[宋]释惠崇	《题惠崇江南春意》	陈从训	此卷自杨先生应宁而归之陈从训，从训亦京口人也。	惠崇诗僧也，画品不能当荆关半。而今所靓平湖小屿、汀花水禽、渔舟茅舍，便娟映带种种天趣，故非南渡后人所及者。	《续稿》卷168，文部画跋，第7687-7688页。		《珊瑚网》记为王世贞收藏。又称《溪山春晓》。	山水
	[宋]高克明	《高克明雪霁溪山图》	王世懋	经刘珏（完庵）、沈周（石田）收藏，再易主属之王世懋。	"此卷雪霁溪山图，其飘瞥窅窕，映带深浅，曲尽灞桥剡溪象态，而笔力苍古，风格遒劲，妙出丹青蹊迳，真神物也。卷尾二跋为徐武功、吴文定书，亦是素师首坐、苏长公入室。"	《四部稿》卷137，文部画跋，第6312-6314页。		"当武功（徐有贞）时，卷在刘完庵（刘珏）所。文定（吴宽）为沈石田周题，已不无楚弓之叹。今又再易主属之家弟矣。"《珊瑚网》记载为王世贞收藏。	山水
	[宋]范 宽	《范宽山水卷》	王世贞	燕中投刺作劳归获一展阅，尘襟如洗。	"范仲立画与李营丘甲乙，俱在神品。此卷层峦叠嶂，掩映向背，自有条理，与宋人评远望不离坐外者诚相合哉。"	《四部稿》卷137，文部画跋，第6312页。			山水

	[宋]文 同	《题文舆可画竹苏子瞻诗后》（二跋）	王世贞	“旧在文待诏徵仲所，文极爱之，时寘几案间，舍弟得与寓目焉。余不意购得一贾人肆中。”	“余所有此一帧，乃石室先生竹，而东坡先生题语，真足三绝。清昼焚香燕坐，一展阅觉眉睫间有浔阳紫极宫色，九咽皆作清冷气。誓当与此君偕老，殆是前缘。”	《四部稿》卷137，文部画跋，第6315-6316页。		“此卷有李衎题，衎宋人善画竹者也。”王世贞视李衎为宋人。卷后或有邓文原（文肃）、赵雍（仲穆）、柯九思（丹丘）等人题跋。	君子
	[宋]郭 熙	《题郭熙画树色平远图卷》	王世贞		“余尝得戴文进仿熙卷，绝爱之，时置几案间，以当卧游之乐。今览熙此图，乃觉文进尚有蹊迳也。孤亭木末平楚苍然，遥艇小桥时自映带，若深若浅，或晦或明，几欲置身此间，文进三舍矣。”	《四部稿》卷137，文部画跋，第6314-6315页。		卷尾有赵孟頫（松雪）、虞集（道园）、冯子振（海粟）、柯九思（丹丘）辈题跋。王世贞尚有戴文进仿郭熙山水画卷，但不见载于《珊瑚网》。	山水
	[宋]王 诜	《题烟江叠嶂图歌后》	王世贞			《四部稿》卷137，文部画跋，第6316-6318页。	上海博物馆藏。	青绿山水。后归陈继儒。	山水
	[宋]李公麟	《李龙眠画十六应真后》	王世贞		“龙眠居士画马几落马趣，故其于十六应真供养变化穷极幻巧乃尔。人物皆俨雅，衣褶作兰叶描。古木蟠屈遒劲。吾不能多见。吴道子、王瓘今当亦无忝矣。”	《四部稿》卷137，文部画跋，第6318-6319页。		据王世贞所言，卷后或有元人题跋若干。	释道人物
	[宋]李公麟 [宋]赵 构	《石刻高宗尼父七十二贤像赞》	王世贞	拓于临安之太学。	“宋李龙眠所画尼父及七十二弟子图，思陵手自书赞，而刻石于临安之太学。后有仆射秦桧记，宣德二年吴御史讷刓去之，而志其事于后。余搨得一本，精彩尚新，可览也。思陵研摩八法，入山阴门迳。龙眠丹青妙天下。诸贤器服古雅，令人望而知仰。”	《四部稿》卷137，文部画跋，第6323-6324页。		李公麟画，宋高宗手书像赞。石刻在临安之太学。	人物

	[宋]李公麟	《醉道士图》	王世贞	亦可能为文休承收藏。	此图文休承司谕鉴定为李检法公麟所作，叙其家世收藏甚详。且谓张僧繇曾作醉僧图传于世，怀素有诗云"人人送酒不曾沽，终日松间系一壶。草圣欲成狂便发，真堪画入醉僧图"。道士每以此嘲僧，群僧于是聚镪数十万求阎立本作醉道士图，并传于代。于是范长寿亦为之，而公麟继焉。	《续稿》卷168，文部画跋，第7688-7690页。			释道人物
	[宋]李公麟	《李龙眠理帛图》	孔 炎		此图精工古雅之极，据冯海粟、倪云林定以为理帛图，然缝纫亦有之。又定以为李龙眠，即周昉不是过也。	《续稿》卷168，文部画跋，第7691页。		卷后有冯海粟歌，王世贞鉴定为真迹。亦有倪云林、邓文肃题跋。孔炎其善宝之。	人物
	[宋]李公麟	《李伯时姑射仙图》	王世贞		而此李伯时所貌与逊功帝所题，谓为姑射仙像。考《宣和画谱》亦有之，当不误也。后有绍兴图记及"赐朱胜非"四字。	《续稿》卷168，文部画跋，第7691-7692页。		杨廉夫、陈道复后先鉴定以为真迹。亦有桑慎等三跋。	释道人物
	[宋]释梵隆	《题僧梵隆画十六大阿罗汉卷》	王世贞		"此卷画十六大应真及山神罗刹狻猊龙虎之类，行笔极精细古雅，而精彩焕发。一展卷间，恍然觉此身如入五台、国清与阿罗汉对语，眉睫鼻孔皆动。吾不知于尉迟乙僧、吴道元如何，信不在龙眠下也。"	《四部稿》卷137，文部画跋，第6319-6320页。		题语多宋元名僧，是石霜赵州棒喝派。亦有武进薛应旂、太原王道行跋语。	释道人物
	[宋]赵 佶	《宋徽宗红桥鸂鶒图》	王世贞		"宣和帝游后苑龙翔池，见双鸂鶒翘足红栏之上，因戏为此图，设色不甚深，而目睛羽文骈栖自得之状，描写都尽。复作数百言叙其事。书真所谓瘦金体，乍看不得佳结法亦时时露踈穉，而天骨遒美，逸趣蔼然，于细翫得之，信不在李重光下也。"	《四部稿》卷137，文部画跋，第6310-6311页。			花鸟

	[宋]赵 佶	《徽宗三马图》	里人顾君		“或以行笔稍露蹊迳，疑为临本。顾其饮龁腾嘶之态，溢出缣素间，纵尔亦是隆準公的裔耳，似非邯郸子舆也。”	《四部稿》卷137，文部画跋，第6311-6312页。		《珊瑚网》记载为王世贞收藏。	鞍马
	[宋]赵 佶	《宋徽宗雪江归棹图》（二跋）	王世懋		此图遂超丹青蹊径，直闯右丞堂奥，下亦不让郭河中、宋复古（宋迪）。	《续稿》卷168，文部画跋，第7676-7677页。	北京故宫博物院藏。	画题跋为王世懋购买收藏。《珊瑚网》记载为王世贞收藏。	山水
	[宋]赵伯驹	《赵千里画船子和尚卷》	王世贞		“此图不甚精，而稍具言外意。”	《四部稿》卷137，文部画跋，第6318页。		卷后题赞者数十人皆名僧，而语不了了。	释道人物
	[宋]赵伯驹	《赵千里画大禹治水图》（二跋）	马用昭参军		秋日马用昭参军出赵千里写大禹治水图见示命题。百穀画家董狐，以为得周文矩笔，非千里所能办。而吾弟敬美自陕归，尝纵观砥柱，辨其治龙门三峡时事。余不善鉴画，又不获观砥柱之胜，唯有叹赏惊绝而已。 又跋曰：“跋后复从马君索阅一过，其人物古雅之甚，真有非赵千里所能办者。千里秀丽而小绵弱，去此尚在寻丈外。此北宋以前人作，但不必周文矩耳。”	《续稿》卷168，文部画跋，第7693-7694页。		王世贞第二跋以为此画作者当为北宋以前人。 《珊瑚网》记载为王世贞收藏。	人物
	[宋]刘松年	《题刘松年大历十才子图》	潘姓人家	潘子过余示此卷。	其树石、琴阮、茶灶之类，皆精密得五季随意，而人物尤妍雅有韵，与此君所图西园雅集颇埒，毋论真迹临本，翩翩伯时、子昂、季孟间矣。	《续稿》卷168，文部画跋，第7692-7693页。		《珊瑚网》记载为王世贞收藏。	人物

	[宋]张端衡	《张端衡山水》（二幅）	王世贞		此二画以少陵二语为题系各两韵，不能佳书，亦沓拖平平耳。后有一诗云“端衡写作无声诗，留与拙堂伴幽独”，书体出眉山而不能去俗。款曰次仲，印识又曰司马，当是温国孙或司马才仲弟也。考画史端衡张姓，京口人，举进士调句容尉，以丹青名。此图浓淡斐亹中有遒劲飞逸气。风树润溜，绝得郭河阳笔；云岭墨韵，间似僧巨然。	《续稿》卷168，文部画跋，第7696-7697页。			山水
	[宋]马 远	《马远十二水》	王世贞	此卷初藏陆完（太宰全卿）家。《妮古录》记载王士骐曾携至陈继儒书斋。	“画凡十二帧，帧各有题字，如云生沧海、层波叠浪之类，虽极柔媚而有韵，下书赐两府三字，其印章有杨娃语”。 “题画后考陶九成《书史会要》，杨娃者果宁宗恭圣皇后妹也，书法类宁宗，凡御府马远画多命之题。所谓大两府者，果杨石也。因记于后。”有“贞”、“元”连珠印。	《四部稿》卷137，文部画跋，第6320-6322页。《秘殿珠林石渠宝笈初编》，《妮古录》	北京故宫博物院藏。	李东阳（文正）、吴宽（文定）、王鏊（文恪）俱有跋。有宋宁宗恭圣皇后之妹杨娃印鉴。《秘殿珠林石渠宝笈初编》记载为马远《水图》。	山水
	[宋]赵令穰等数人	《宋名人山水人物画册》	王世贞	疑似原为文嘉（休承）家物。	为帧凡二十有七，其可考者仅八人。其中绘画二十五帧。后二帧为空绣。	《续稿》卷168，文部画跋，第7677-7683页。		据王世贞所录，画册包括：赵大年《云山》；李唐《春江不老》；刘松年《溪隐》、《山田》；马远《观梅》、《松下挥翰》、《观瀑》；夏珪《远浦归帆》；赵千里《水阁纳凉》；佚名《金谷园》、《柳洲》、《高阁观潮》、《寒山拾得》；阎次平《小景》、《松溪别业》；李嵩《内苑图》；佚名《松下鼓琴》、《松间醉卧》、《雪阁》、《霞岭扁舟》、《风雨泊舟》、《采莲图》、《柳阴放棹》、《刘阮天台》、《高阁燕息》。	山水人物册页

	[宋]赵 昌等数人	《宋人杂花鸟册》	王世贞		其渲染生色穷态极变，与真宰争胜毫楮往往能夺之。惜废题款，不显画人名。而所可辨者，仅赵昌马远、吴伯、毛和、吴珪，及宗室彝斋孟坚而已。	《续稿》卷168，文部画跋，第7683-7685页。		王世贞跋尾曰："然余此本是汰数十本中得者，当为眼底第一。"	花鸟册页
	[宋]佚 名	《饮中八仙图后》	王世贞			《四部稿》卷137，文部画跋，第6320页。			释道人物
	[宋]佚 名	《石刻圣贤图像后》	王世贞		"三代以前，虽内府所藏，亦以意会耳。唐文皇虬髯遒喙，天下称为髭圣，今本虬而不髯。明皇目细而长，今作巨目。梁武晚节一短瘦老公，而今状伟甚。隋文以魁异惊世，而今特细瘦。文中子髯下垂至腹见其书，今微鬚而短。夫求古人之迹于史，求古人之心于其所著书，犹不能尽合，而况区区貌肖之遗，能数传而无牴牾也噫。"	《四部稿》卷137，文部画跋，第6324-6325页。		共一〇二人。石刻在绍兴郡学。	人物
	[宋]佚 名	《宋刻丝仙山楼阁卷》	王世贞	卷初藏顾御医世安，子渊（陆深）外弟，亦云间赏鉴家。	"宋刻丝《仙山楼阁》，颇精工，而不甚得画趣，盖宣政间装经像函物也。若唐伯虎、文徵仲歌，陆子渊（陆深）、顾华玉（顾璘）跋，及君谦（杨循吉）、民怿（桑悦）辈题，稍可重耳。" "高皇帝初禁人间不得蓄伎巧，一时妙蹟永绝，诸君以为叹诧。嘉靖中有巧工得旧刻丝，思之一夕而悟，遂能作此。今人间盛行新刻，或故令揉涴成旧以索高价，然亦不难辨也。"	《四部稿》卷137，文部画跋，第6325-6326页。		唐寅、文徵明、陆深、顾璘、杨循吉、桑悦等皆为成化、弘治间苏州文坛的重要代表。云间顾氏亦有《集古印谱》传世。	刻丝

	[宋]佚 名	《宋画香山九老图》	王世懋	王世懋得之于朱孟震者。	考之似是香山九老图，多正统以后不知名人跋，仅有咸淳时一僧复误装于后。而雪斋老人者至目为赵大年笔。大年长山水小景汀洲芦雁，不言作人物及界画楼台也。画史称刘松年有九老图，此岂其笔耶？	《续稿》卷168，文部画跋，第7685-7687页。		王世贞疑为刘松年笔。《珊瑚网》记载为王世贞收藏。	人物
	[宋]佚 名	《庐陵五公像》	沈纯甫			《续稿》卷168，文部画跋，第7694-7695页。		《珊瑚网》记载为王世贞收藏。	人物
	[宋]佚 名	《古十八学士图》（二跋）	彭茂才		其人物器饰台榭工致古雅之甚，是五代北宋人笔无疑。文待诏徵仲跋其后云，损益周文矩文会图而加精者也。或云是十八学士图，曾见仇英临本，不殊。然以余所摹兵科藏本勘之，亦不甚合。第图止十六人，而前有毁损小帧许，故当是十八人也。	《续稿》卷168，文部画跋，第7697-7698页。			人物
	[金]李 山	《李山风雪松杉图》	王世贞		“右金秘书监李山画《风雪松杉图》，而黄华老人王庭筠题参寥诗于后，二君皆宋名家子，为完颜氏禁近有声。余偶得二绝句题其后云云。令二君而在，不免泚颡。然李用笔潇洒，清绝有致，出蹊迳外，庭筠翩翩，遂入海岳庵三昧，皆可宝也。此君仅四十有七而没，然时时自称黄华老人，极可笑。跋后所谓万庆者，庭筠子，仕至行省右司郎中，《金史》误作曼庆，当以此为正。”	《四部稿》卷137，文部画跋，第6322-6323页。	美国弗利尔美术馆藏。	黄华老人王庭筠题参寥诗于后。王世贞据卷后题跋考王庭筠子为王万庆，《金史》作王曼庆，误。据原画题跋，应为“今二君而在”，《四部稿》万历五年世经堂刻本作“令二君而在”，误。	山水
	[元]钱 选	《钱舜举洪崖移居图》（二跋）	王世贞		“《洪崖移居图》，吴兴钱选舜举笔。服饰不甚古，而神彩秀发。”	《四部稿》卷137，文部画跋，第6334-6336页。		王世贞第二跋考洪崖移居乃隋唐张氲先生事。张氲生于隋，一名蕴，字藏真。	释道人物

	[元]高克恭	《元高尚书夜山》	王世贞		“高房山尚书作米家山，如孟襄阳诗大自简远。卷中跋画胜国名士如赵虞二文敏、邓文肃、鲜于困学皆精八法者。”	《四部稿》卷137，文部画跋，第6326页。		《景印文渊阁四库全书》中题跋名称作《元高尚书房山卷》，误。	山水
	[元]赵孟頫	《赵文敏长江叠嶂图》（二跋）	王世贞		“赵文敏公此图冲澹简远，意在笔外，不知于李营丘如何，骎骎欲度荆、郭前矣。” “大江中行十日，不遇风波平如席。病小间推窗，对江南北诸山阅此卷，便似芙蓉镜中美人，黛眉湛睩，使人心醉。以此知前辈之不易嘲也。”	《四部稿》卷137，文部画跋，第6326-6327页。	台北故宫博物院藏。	此图即《重江叠嶂图》。有虞伯生、柳道传、陈敬宗、吴原博、沈启南等跋。 《铁网珊瑚》、《清河书画舫》、《故宫书画录》等书著录。	山水
	[元]赵孟頫	《天闲五马图》	王世贞		“赵承旨孟頫《天闲五马图》或谓临李伯时笔。”	《四部稿》卷137，文部画跋，第6328页。			鞍马
	[元]赵孟頫	《石刻玄元十一子像》	王世贞		“玄元十一子像，吴兴赵承旨手摹书赞登石者，今虽稍剥落，其意像之古雅与书法之精工，尚可据而想见也。”	《四部稿》卷137，文部画跋，第6334页。			释道人物
	[元]赵孟頫	《赵吴兴画陶彭泽归去来图题和诗后》	王世贞		“赵吴兴画陶彭泽归去来，纵极八法之妙，不能不落竖儒吻。盖以永初之不臣晋与至元之仕胡，趣相左耳。若其风华秀润，标举超逸，虎头点拂，云麾烘染，所谓赵郎併其情性而得之者，与彭泽人品文章真足三绝，又不当以此论也。余诗为恶韵所窘，不免堕竖儒口业，令嗜古者见之，其不骂为杀风景者几希，书毕一笑。”	《四部稿》卷137，文部画跋，第6338页。		青绿山水卷。 《式古堂书画汇考》记载为《渊明归田图卷》。《珊瑚网》无此图。	山水

	[元]黄公望	《黄大痴江山胜览图》（二跋）	王世贞		“近来吴子辈争先觅胜国赵承旨、黄子久、王叔明、倪元镇画，几令宋人无处生活，余甚为扼腕。今观子久江山图仅寻丈耳，而有万里之势，且用笔极简而意恒有馀，真西施洗铅粉立苧罗时状。我见犹怜，况老奴乎？因题而宝藏之。” “王右丞诗云‘江流天地外，山色有无中’，是诗家极俊语，却入画三昧。黄子久《江山胜览图》是画家极秀笔，却入诗三昧。”	《四部稿》卷137，文部画跋，第6328-6330页。		第一跋有明确纪年，落款为“戊辰夏五月极热于蔼资园书。”	山水
	[元]黄公望	《黄大痴山水为杨二山题》	杨二山		“一峰老人此画不甚类居平笔，而清润多远致，自出南宋诸公表。跋尾预为老僧作证，不令人巧取豪敚。然僧腊有尽，又安能计弓之失得耶。少宰公具道眼，当作云霞变幻观可也。”	《四部稿》卷137，文部画跋，第6330页。		少宰公即杨二山。张居正《张太岳文集》卷二九有《答少宰杨二山言条鞭》一文。《珊瑚网》记载图名为《一峰老人山水卷》。	山水
	[元]倪瓒	《倪云林山阴丘壑图》	王世贞	“据题初写寄赵士瞻，后入邹惟一家，惟一所托以殁者。”	“云林生平不作青绿山水，仅二幅留江南，此其最精者也。若近若远，若浓若澹，若无意若有意，殆是西施轻粧临绿水，不胜其态。仓卒见之，靡不心折。”	《四部稿》卷137，文部画跋，第6332-6333页。			青绿山水
	[元]倪瓒	《云林西园图》	王世贞		“云林此图乍看不似西园，而细求之，乃无不合作。其用笔似弱而老，似浅而深。工力最多，是得意笔也。”	《四部稿》卷137，文部画跋，第6333页。			山水
	[元]王蒙	《王叔明皇斋图》	王世贞	曹茂来先辈持以贽王世贞文。后由王世贞子逸季转赠给陈继儒。	“黄鹤山樵画《皋斋图》有二帧，当是一向一背，以极其趣耳。松鬣极得米海岳所称李营丘刚针法。峰峦、竹木、室榭秾丽详宛，大是本色佳境。”	《四部稿》卷137，文部画跋，第6330-6331页。《妮古录》卷四，		据王世贞跋，此图有沈启南歌。又有“皋斋不知何许人，启南比之辋川，应亦不俗”句，知此画当为“别号图”。	山水

	[元]王 蒙	《黄鹤山樵云林小隐图》	王世贞	王蒙为钱塘崔彦晖作。	“叔明所长在重岩复嶂，枫丹栗黄，宏丽之致耳。而此图则清远滃郁，大有北苑、襄阳妙致。骤见之以为大痴老人，又疑老人不办是也。”	《四部稿》卷137，文部画跋，第6331-6332页。	或存世于美国。王文甫撰有《大都会博物馆读画记：王蒙〈云林小隐图卷〉》一文。俟考。	王世贞觉图后意似小未尽，问之王百穀，答曰“犹及见全本，盖少有浥澜，为装师裁去耳。” 卷后同时为辞、赋、记、叙、诗、歌者，凡廿七人，多佳士，其中包括山阴王裕、金华苏伯衡、始丰徐一夔、嘉兴鲍恂、桐庐俞和、临安钱宰、会稽唐愚士等。	山水
	[元]方从义	《方方壶云山卷后》	王世贞		“方方壶在胜国于赵吴兴辈亡所推让画家者流，登之逸品。此卷江山秋兴从董巨大小米来，而遒劲古雅，别有搆结，非凡笔也。留余山房时一展玩，以当卧游。”	《四部稿》卷137，文部画跋，第6333-6334页。		王世贞跋尾曰：“方壶名从义，字无隅，贵溪道士也。与张伯雨齐名。”	山水
	[元]佚 名	《搜山图卷后》	王世贞		“右崇宁真君搜妖图一卷，盖元人笔，或谓元本后人所拓也。” “然往往巧尽其势，运笔工緻而遒劲，设色之精，俱非后人所易。及其事之幻妄狂獝，所不暇论也。”	《四部稿》卷137，文部画跋，第6336-6337页。		亦名《崇宁真君搜妖图》。崇宁，宋徽宗年号。	释道人物
	[元]佚 名	《古画山水》	王世贞		“余癸酉秋自建业扬帆，历采石、皖城，眺九华、匡庐之胜，徘徊于黄冈、赤壁间，所遇无非此图者。遥岑近渚，空青润翠，或挂眼睫，或扑衣袂。苦竹黄芦，低桥断岸，与舫子相出没，真令人乐而忘返。” “若其画品之妙，高可以攀马远父子。令伯虎与周臣极意为之，亦自不远。”	《四部稿》卷137，文部画跋，第6338-6339页。			山水

	[明]王 履	《题王安衜游华山图》	里人武侯	从武侯所借观安道画册及诗记。	“游太华山者，往往至青柯平而止。至韩退之登其颠不能下，恸哭与家诀，其语闻于人人，而仙掌莲花间永绝搢绅先生之迹，而仅为樵子牧竖所有。洪武中，吾州王履安衜独能以知命之岁，挟策冒险凌绝顶，探幽宅，与羽人静姝问答，归而笔之记若诗，又能托之画，而天外三峰高奇旷奥之胜尽矣。画册凡四十，绝得马夏风格，天骨遒爽，书法亦纯雅可爱。安道殁，归之里人武氏而失其四。后于长干酒肆见之，宛然延津之合也。倾橐金购归，为武家雅语。”	《四部稿》卷138，文部画跋，第6341-6342页。	分藏上海博物馆、北京故宫博物院。	王世贞跋曰：“垂二百年而吾友人李宪使攀龙复能登其颠，所至书吾姓名于石，而吾又托友人王参政道行刻石莲花峰。今年夏，复从武侯所借观安道画册及诗记磅礴累日，太华既两有吾名姓，而吾胸中又具一太华矣。” 《珊瑚网》记载为王世贞收藏。	山水册页
	[明]王 绂	《题王孟端竹》	王世贞		“王孟端竹为国朝第一手，有石室居士、梅花道人遗意，而清标高格又似过之。”	《四部稿》卷138，文部画跋，第6345-6346页。		“余尝记其（王绂）二事。其一，沐黔公行金帛求孟端画，谢绝之。后忽作一幅遗其僚素厚黔公者，使致之曰：‘姑以是塞公意，毋言我为公也。’其二，月夜闻邻笛，乘兴画幅竹访遗之，其人乃大贾，甚喜，具驼绒、文绮各二，求孟端一配幅，孟端却其币，手裂画坏之。”沐黔公，或即沐英。	墨竹
	[明]王 绂	《王孟端湖山佳趣卷》	王世贞		“得一卷初阅之，以为黄鹤山樵也，清思直扑人眉睫间，应接不暇。至题尾，知为九龙山人王孟端。孟端在永宣间声价不下黄鹤山樵，今来渐寂寂，然使有真鉴赏者望而窥其胸中富丘壑也。”	《四部稿》卷138，文部画跋，第6346-6347页。		“卷初属陆太宰（陆完）时，乞李文正（李东阳）篆额，吴文定（吴宽）题字，邵文庄（邵宝）作歌，其为名士所推如此。”	山水

	[明]戴 进	《戴文进七景图》	王世贞	“今年乙亥（1575）忽得此于友人。”	“戴文进作图凡七帧，曰浣溪春行、卧听松泉、竹溪夜泊、雷锋夕照、凭栏待月、西湖雨霁、东篱秋晚。予初阅之，以为沈启南作，见题字不工，及验其印章，而始知为文进也。然无一笔钱塘意。苍老秀逸，超出蹊迳之外，乃知此君与启南无所不师法，妙处亦无所不合耳。吾乡陆太宰全卿各系以诗，其跋后乃云：‘岁乙亥七月（陆完）寒疾，卢院判宗尹愈之，未有以报，而卢君素轻阿堵物，乃举以遗之，选事稍暇，当为君每景赋一诗以寄兴然。’则七诗盖为卢补书也。”	《四部稿》卷138，文部画跋，第6342-6344页。		此卷先为陆完（太宰全卿）所有，后赠送给太医卢志。	山水册页
	[明]戴 进	《城南茅屋图》	王世贞		“此图乃钱塘戴文进作，有程南云篆额，杨文贞诸公题咏。文进自谓仿陈仲梅（陈琳），而中间大有米襄阳笔意。唯落色稍过浓润耳。茅屋中红袍人，岂秋江独钓例耶？文贞一绝作古隶，颇峻整。吴馀庆及南云皆以书名而不能佳。有鲍相者书，甚婉媚有韵，而不以书名，皆所不可晓也。”	《四部稿》卷138，文部画跋，第6344页。		有程南云篆额，杨士奇（文贞）、吴馀庆、鲍相诸公题咏。	山水人物
	[明]戴 进	《戴文进山水平远》	王世贞		“钱塘戴文进生前作画不能买一饱，是小厄。后百年吴中声价渐不敌相城翁，是大厄。然令具眼观之，尚是我明最高手。此卷奕奕秀润，境意似近而远，尤可宝也。”	《四部稿》卷138，文部画跋，第6344-6345页。		相城翁，即沈周。	山水

	[明]夏 昶	《夏太常墨竹》	王道行		“夏太常墨竹名价重夷裔，虽近小损，亦不减彭城韤材。余尝题一卷云云。今年秋复从明辅所见此卷，掩映斐亹，大有好致，而水石复妙。余因辍以赠之。”	《四部稿》卷138，文部画跋，第6347页。		王道行，字明辅，续五子之一。	君子
	[明]沈 周	《沈石田春山欲雨图》	梁孜		“石田画卷无过春山欲雨，其源出巨然僧、梅花道人，而加以秀润，不作惊风怒霆、勃怒战掣之状，而元气在含吐间。峰峦出没，草树滃郁，颓然若玉环醉西凉蒲桃后将赐温泉沐者。卷距今垂百年，每一展览觉风格若生，墨瀋犹湿，真神品也。”	《四部稿》卷138，文部画跋，第6347-6348页。		“夏日九宜堂与沈山人嘉则、舍弟敬美、曹甥子念相约为此歌。” 王世贞跋钱穀《夏山欲雨图》云：“梁礼部思伯见访心远堂，出沈启南《春山欲雨图》示之。”知此图为梁礼部思伯物，见《四部稿》卷138，文部画跋，第6375-6376页。 考徐沁《名画录》，梁礼部思伯或为梁孜，字思伯，号浮山，广东番禺人，大学士梁储子，官至礼部主客司。 《珊瑚网》、《妮古录》、《画禅室随笔》记载此卷为王世贞收藏，后归董其昌。	山水

	[明]沈 周	《石田山水》	王世贞	分别从汤舍人得十六帧汰其四，从黄羽渊得十二帧汰其八，从黄淳父得十六帧汰其半，从沈生得十帧汰其八，而取其精华。	“沈启南先生画于古诸名家无所不拟，即所拟亡论董巨，乃梅道人、松雪、房山、大痴、黄鹤笔意，往往胜之。独于云林不甚似，病在大有力耳。此卷二十六帧，帧帧饶气韵，生趣秀，溢楮墨，间至云林一笔，亦绝无遗憾，尤可宝也。”	《四部稿》卷138，文部画跋，第6348-6349页。		“跋尾彭孔嘉称文文待诏云：石田先生神仙中人也。此语吾亦闻之。” 汤舍人、黄羽渊、黄淳父、沈生	山水册页
	[明]沈 周	《赠吴文定行卷山水》（二跋）	王世贞		“白石翁生平石交独吴文定公，而所图以赠文定行者，卷几五丈许，凡三年而始就。草树、水石、桥道，无一笔不自古人，而以胸中一派天机发之，千奇万恠，种种有真理。至于气晕神采，触眼若新，落墨皴点，了绝蹊迳。予所阅此老画多矣，无如此者。今黄鹤山樵、梅道人见之，却走三舍；董北苑、僧巨然当惊而啼曰：‘此子出蓝，掩吾名矣。’” “曰石翁画圣也。或云此卷尤是画中王也，毋论戴文进、唐伯虎即胜国诸名家谁能及之？或云翁有《东庄图》可以狎主齐盟，然是十三幅幅各作一体，此卷如万里长江千山夹之，当为翁第一笔。”	《四部稿》卷138，文部画跋，第6349-6350页。	日本角川家收藏。	存世有金城《摹沈石田赠吴匏庵行长卷》，完整描摹了沈周原作的风格面貌与题跋落款，属民间收藏。曾出现在上海崇源艺术品拍卖有限公司2003年秋季艺术品拍卖会上。俟考。	山水

	[明]沈 周	《沈启南画虞山致道观昭明手植三桧》	王世贞	原为赵子惠藏，后归王世贞。	“独虞山致道观有昭明太子手植七星桧，然其存者三耳，幽奇怪崛，种种横出意表且在理外。馀俱宋人补者，虽自遒伟，方之蔑如矣。余尝欲令钱叔宝、尤子求貌之，袖手莫敢先。晚得沈石田翁画独其最旧者三株，且为诗歌纪之，与余意甚合。余家小祇园缥缈台，望山顶苍翠一抹，今复得此，箧笥中又有虞山矣，何必买百里蚱蜢也。”	《四部稿》卷138，文部画跋，第6350-6351页。	南京博物院藏。		山水
	[明]沈 周	《石田画隆池阡》（又名《茶坡卷》）	王世贞	故中丞刘公家物。	“石田先生游支硎之隆池阡，有记，记中有诗，至其为图则后三百日而始成，以此知先生之易于文而不易于画也。一展卷际，便觉苍翠秀润之气入人眉睫间。余游其中再矣，不知视画孰胜也。”	《四部稿》卷138，文部画跋，第6351-6352页。		《珊瑚网》记载图名为《隆池阡茶坡卷》。	山水
	[明]沈 周（或为吴麟）	《沈石田临黄鹤山樵太白图》	曹茂来		“远浦良畴，扁舟矮屋，出没于云雾杳霭间。连峰嶂天，奇石插地，枫丹楸碧，应接不暇。茂来出示之，几欲移家此间，买两犞角犊垦十双也。”	《四部稿》卷138，文部画跋，第6352页。		《秘殿珠林石渠宝笈三编》认为此画非沈周作，画名题为《吴麟临王蒙太白山图》。	山水
	[明]沈 周	《石田画钱塘山行图》	王世贞		“余尝从桐庐陆行至钱塘，诸山不甚遒耸，而掩映草树，出没庐井，甚有意态。峰峦翠色欲滴，白云间之，时时道坌江上，沿洄渺瀰，帆樯相望，又别一境界也。王子猷云：山阴道上行，使人应接不暇，岂欺我哉？比时有公事，不能出一语博其胜，忽忽往来胸中。今得沈启南先生所图阅之，顿还旧观，置山房中，比于宗生之游不让矣。”	《四部稿》卷138，文部画跋，第6352-6353页。			山水

	[明]沈 周	《石田画》	王世贞		“白石翁此图正病瘧时作。”	《四部稿》卷138，文部画跋，第6353-6354页。			
	[明]沈 周	《石田载酒图》	王世贞		“石田诗落句云：‘主人昨夜载春酒，酌月还湏唤老夫。’似未得与此会也。其描写风物情景乃尔佳，知此老胸中丘壑矣。烟波画舫，垂杨曲岸，事事仿佛小祇园，独真山磊块奇胜耳。然吾园两高对耸湖石，嵌空若罗刹窈窕曲折，花竹台榭，又似过之。恨不与此老同生作天然一段真色也。”	《四部稿》卷138，文部画跋，第6354页。			山水
	[明]沈 周	《又寒山图》	王世贞		“石田此画品政如其画，寒山嵯峩，丹枫翠竹，别有天地也。不经意处亦自可人。”	《四部稿》卷138，文部画跋，第6355页。			山水
	[明]沈 周	《题石田写生册》	王世贞		“此册白石翁杂花果十六纸，折枝鸟三纸，鹅一纸，渡溪虎一纸，秋蝉一纸，其合者往往登神逸品。按五代徐黄而下至宣和主写花鸟，妙在设色粉绘，隐起如粟，精工之极，俨若生肖。石田氏乃能以浅色淡墨作之，而神采更自翩翩。吾家三岁儿一一指呼不悞，所谓妙而真者也。”	《四部稿》卷138，文部画跋，第6355-6356页。			花鸟册页
	[明]沈 周	《石翁綵卉卷》	王世贞		“白石翁折枝自徐熙、易元吉来，不作成都派，以故种种有生气。此十五花望而知其非凡笔也。陆文裕以领解之三年秋游太学，跋此，结法疎俊妍美，隐然有陶贞白吴兴小儿评，是二绝。足富小祇园老圃矣。”	《四部稿》卷138，文部画跋，第6356页。		共十五种花卉。陆文裕，即陆深。	花鸟

	[明]周　臣	《周东村宾鹤图后》	张献翼		周东村臣为宾鹤翁作图，文大史题字，称二绝。	《四部稿》卷138，文部画跋，第6358页。		此画为“别号图”。画成几五十年，宾鹤翁诸孙幼于复购得之。	人物
	[明]周　臣	《周东村韩熙载夜宴图》	王世贞		此则东村周臣摹堇（杜堇）图，而白阳陈淳书祝诗周行，笔精工不减杜，而陈书亦在逸品。	《四部稿》卷138，文部画跋，第6358-6360页。			人物
	[明]周　臣等六人	《吴中诸名士画》	王世贞		右周东村杂山水八幅，妙有郭、马笔意。唐六如一帧亦精绝。陈白阳二帧，其一少年笔，最工不减六如；一写意，亦自清远似马文璧，不若晚岁之草草也。文衡山四幅，清远秀润得元人趣。仇十洲四幅，秀气逼人眉睫间，两水雄逸与东村俱不下宋人。陆包山游天池一帧巉岩陡削，秋怀一帧萧瑟而不寒俭。皆可赏也。	《四部稿》卷138，文部画跋，第6360-6361页。			山水册页
	[明]周　臣	《临李伯时莲社图》	王世贞	原为王世贞所有，后为陆光祖（与绳）取去。	宋李伯时作莲社图，其宗人元中为记甚悉，元赵吴兴子昂重临之。而予所得则又子昂临本也，即孙枝。所不论其人物俨雅位置精密，益可以想见其二本之妙。余乃乞俞仲蔚小楷书元中记，而仲蔚又略叙所见于后，足补元中之阙。	《四部稿》卷138，文部画跋，第6361-6362页。		王世贞跋语未言明画作作者。《珊瑚网》记载此图作者为周臣。《宝笈初编》记载为赵孟頫所临，王世贞跋文相同，为同一幅作品。	释道人物
	[明]唐　寅	《题唐伯虎诗画卷》	王世贞		“唐伯虎桃花庵歌当有图，不知落何人手。予后得一帧，意颇与歌似，而秀润婉丽妙入赵吴兴三昧。因装潢成卷。按《二科志》载，伯虎首篇作《伥伥行》，又有‘何处逢春不惆怅，何处逢春不可怜’二语，今皆削去。”	《四部稿》卷138，文部画跋，第6356-6357页。			山水

	[明]唐 寅	《唐伯虎写生册》	王世贞		“人以为徐熙之野逸胜黄荃之富艳，品遂分矣。吾吴中写生无过白石翁，而伯虎次之。此十六幅种种臻妙，盖得徐氏三昧而稍兼荃笔不分。白石翁下山斋时，一展玩觉乾坤一种生气落翰墨间，为之欣然独赏也。徵仲待诏有折枝小鸟二，履吉题句附于册后，足称联璧矣。”	《四部稿》卷138，文部画跋，第6357-6358页。		履吉，即王宠，吴县人。	花鸟册页
	[明]文徵明	《凌氏藏文待诏画册后》	凌玄旻		此三十六纸，真待诏得意笔。闲態散怀，出倪入赵，极有意无意之妙。而都不着款识，仅馀一诗。	《四部稿》卷138，文部画跋，第6362-6363页。		王世贞跋曰：“吴人得文待诏一点染法，辄赝作款识，觅生活。”《珊瑚网》记载为王世贞收藏。	册页
	[明]文徵明	《文徵仲杂画后》	王世贞		此十帧可谓文氏碎金，置山房中敌吾家琳琅矣。	《四部稿》卷138，文部画跋，第6363页。			杂画册页
	[明]文徵明	《文太史云山画卷后》	王世贞	黄博士应龙诸孙强以留余（王世贞），得厚直而去。	文太史徵仲诸生时为黄博士应龙作此卷。画仿老米气晕，生色遂不减高彦敬。书法圆熟翩翩，出晋人，比之晚年笔少骨而多韵。诗虽大历以后语，亦自楚楚。	《四部稿》卷138，文部画跋，第6363-6364页。			山水
	[明]文徵明	《衡翁诗画卷》	王世贞		癸丑（1553）余避地吴中，一日以间谒文太史，手此卷索题。太史坐隅画兰石毕，觉秀色朗朗，射人眉睫间已。书数古体诗，诗亦清拔，是平生合作者。而书法从豫章来，尤苍老可爱。	《四部稿》卷138，文部画跋，第6364-6365页。		王世贞跋尾曰：“今日偶理散帙得此卷，出之墨色尚如新，而太史游道山已七易寒暑矣。”	兰石

	[明]文徵明	《文徵仲劝农图祝希哲记》	王世贞		文待诏作劝农图，潇洒冲玄，往往有意外色，是孟襄阳、韦苏州诗境，令田父览之亦解忘风雨劳作。跋尾从兰亭圣教来，视暮年结法小涉佻耳。祝京兆文，吾所不敢论，其书绝类褚河南而老健过之，是平生最合作者。	《四部稿》卷138，文部画跋，第6365页。			山水
	[明]陈　淳	《陈道复书画》	王世贞		白阳道人作书画不好模楷而绰有逸趣，故生平无一俗笔。	《四部稿》卷138，文部画跋，第6365-6366页。			
	[明]陈　淳	《陈道复水仙梅卷后》	王世贞		此卷併其神情得之，当作百花中周昉也。	《四部稿》卷138，文部画跋，第6366页。			花鸟
	[明]陆　治	《陆叔平游洞庭诗画十六帧后》	王世贞		余以壬申之秋九月游洞庭，而陆丈叔平时亦从诸少年往，盖七十七矣。 居明年之五月，而陆丈来访，则出古纸十六幅，各为一景，若採余诗之景不重犯者而貌之。	《四部稿》卷138，文部画跋，第6371-6372页。		依王世贞跋文，陆治“自言至八十二画当大成”。 此十六帧当为纪游山水无疑。	山水
	[明]陆　治	《陆叔平临王安道华山图后》	王世贞		余既为武侯跋王安道华山图，意欲乞钱叔宝手摹而未果。踰月陆丈叔平来访，出图，难其老侍之，至暮口不忍言摹画事也。陆丈手其册不置曰：此老遂能接宋人，不作胜国弱腕，第少生耳。顾欣然谓余，为子留数日，存其大都当更细究丹青理也。陆丈画品与安道同，故特相契合，画成当彼此以笔意甲乙耳，不必规规骊黄之跡也。	《四部稿》卷138，文部画跋，第6372-6373页。	上海博物馆藏。	王世贞跋曰：“吾悉取安道叙记及古近体诗托仲蔚（俞允文），唐人杂记并诗托云卿（莫是龙），李于麟（李攀龙）一记六诗、乔庄简（乔宇）一记一赋托公瑕（周天球），都少卿（都穆）一记托程孟孺（程福生），别书作一册。此册成安道有灵不免作卫夫人泣矣。”	山水册页

	[明]文伯仁	《文伯仁燕台八景》	王世贞			《四部稿》卷138，文部画跋，第6370-6371页。			山水
	[明]钱 榖	《钱叔宝溪山深秀图》（二卷）	王世贞		结法一派流自黄子久，而间以启南老笔。苍古秀润，绝出蹊径之外。一时吴中名士俱作歌赏羡之，真胜事也。 又第二卷跋：叔宝为余图之两月，意不满，会得佳纸，复作此图。纯用水墨气晕，精神奕奕射眼睫间，且要余作歌酬之，曰能事尽此二卷矣。	《四部稿》卷138，文部画跋，第6373-6375页。		此两幅画作第一卷为绢本，第二卷为纸本。第一卷王世贞跋有“余近获高丽贡茧，洁白如玉。夏月钱叔宝见过，令作矮行长帧浅色溪山深秀图”语。	山水
	[明]钱 榖	《夏山欲雨图》	梁礼部思伯		梁礼部思伯见访心远堂，出沈启南春山欲雨图示之，后有吾兄弟沈嘉则三歌。嘉则独作“夏山已雨”语，为不类。思伯遂以钱叔宝夏山欲雨图见示索跋，叔宝此图晻霭郁浡，生气淋漓，遂足雁行启南。独二荷伞人，亦似已雨状。	《四部稿》卷138，文部画跋，第6375-6376页。			山水
	[明]钱榖、张復	《钱叔宝纪行图》	王世贞		去年春二月，入领太仆。友人钱叔宝以绘事妙天下，为余图自吾家小祇园而起至广陵得三十二帧。盖余尝咲叔宝如赵大年不能作五百里观也。叔宝上足曰张復，附余舟而北，所至属图之为五十帧之贻叔宝，稍于晴晦旦暮之间加色泽，或为理其映带轻重而已。	《四部稿》卷138，文部画跋，第6377-6378页。	台北故宫博物院藏，即《水程图》。	此为纪游山水。	山水册页

	[明]钱 穀	《钟馗移家图》	王世贞		钟馗事仅见唐传奇中。杨用修以为乔钟葵，字辟邪，后人因而附会之，恐亦非也。李伯时旧戏作嫁妹图，或云即移家图。余尝见其副本。叔宝虽仿佛其意，而所增饰过半，作魑魅虚耗得志跳浪之态，深得小人情状。	《四部稿》卷138，文部画跋，第6378-6379页。		钱穀仿自李公麟《嫁妹图》副本，增饰过半。	人物
	[明]尤 求	《尤子求画华清上马图》	王世贞		杨太真华清上马图旧有粉本，而寂寥不甚称。尤子求善白描，会余得蜀笺乃乞子求作图，而以意增损之，遂妙其太真上马时态，与三郎停鞭顾盼之状，俨有生色。	《四部稿》卷138，文部画跋，第6376-6377页。		王世贞跋曰："吴中善书者俞仲蔚连昌宫词，彭孔嘉长恨歌，周公瑕津阳门行，黄淳父清平调八首，及袁鲁望、张伯起、王百穀、王元驭、华幼圜、舍弟辈，各以小楷书宫词，遂成佳本。"	人物
	[明]戴 进等数人	《题画扇卷甲之五》	王世贞		右扇卷甲之五为名画，凡七人十八面。 张梦晋石湖秋渠风流名士。	《四部稿》卷138，文部画跋，第6366-6367页。			扇面
	[明]文徵明	《画扇卷甲之六》	王世贞		右扇卷甲之六皆徵仲画也，凡二十面。前一面乃癸丑（1553）秋送余北上者，时年八十四矣，尚能作蝇头小楷，题七言见赠，彭孔嘉（彭年）以排律继之，楷法遂不减公。馀十九面皆杂山水，夏木寒林清泉白石，或题诗或止押名，而苍古秀润妙有胜国诸公遗意。	《四部稿》卷138，文部画跋，第6367-6368页。			扇面

	[明]周 臣等数人	《画扇卷甲之七》	王世贞		右扇卷甲之七凡六人为画二十一。东村周臣七面，内榴房一面。包山陆治六面，内竹一面，馀皆山水。十洲仇英三面。文水文嘉二面。五峰文伯仁二面。沱江陈括一面。	《四部稿》卷138，文部画跋，第6368-6369页。			扇面
	[明]文徵明等数人	《画扇卷乙之六》	王世贞		扇卷乙之六，陶翁存仁图天文地理各一，文太史徵明六，陈太学道复一，李东昌孔阳一，梁礼部孜一，尤山人求三，张生复一，皆画也。又二面作梅杏花，似吴延孝笔。	《四部稿》卷138，文部画跋，第6369-6370页。			扇面

参考文献

古籍文献

1. [明]王世贞，《弇州山人四部稿》一百七十四卷《弇州续稿》二百七卷，景印《文渊阁四库全书》，集部别集类，第1279—1284册，台北：台湾商务印书馆股份有限公司，1986年；
2. [明]王世贞，《弇州山人四部稿》，明万历五年世经堂刻本，《明代论著丛刊》，台北：伟文图书出版社有限公司，1976年；
3. [明]王世贞，《弇州山人续稿》，明崇祯间刊本，《明人文集丛刊第一期》，沈云龙主编，台北：文海出版社，1970年；
4. [明]王世贞，《嘉靖以来首辅传》八卷，景印《文渊阁四库全书》，史部传记类，第452册，台北：台湾商务印书馆股份有限公司，1986年；
5. [明]王世贞，《觚不觚录》一卷，景印《文渊阁四库全书》，子部小说家类，第1041册，台北：台湾商务印书馆股份有限公司，1986年；
6. [明]王世贞，《读书后》八卷，景印《文渊阁四库全书》，集部别集类，第1285册，台北：台湾商务印书馆股份有限公司，1986年；

7. [明]王世贞，《锦衣志》一卷，复旦大学图书馆藏涵芬楼影印明万历四十五年陈于廷刻纪录汇编本，《续修四库全书》，史部职官类，第749册，上海：上海古籍出版社，2002年；
8. [明]王世贞，《玉茗堂摘评王弇州先生艳异编》十二卷，明刻本，《续修四库全书》，子部小说家类，第1267册，上海：上海古籍出版社，2002年；
9. [明]王世贞，《新刻增补艺苑卮言》十六卷，上海图书馆藏明万历十七年武林樵云书舍刻本，《续修四库全书》，集部诗文评类，第1695册，上海：上海古籍出版社，2002年；
10. [明]王世贞，《王氏画苑》十卷《画苑补益》四卷，明万历十八年王元贞刻本，《四库全书存目丛书》，子部，第71册，济南：齐鲁书社，1997年；
11. [明]王世贞，《王氏书苑》十卷《书苑补益》十二卷（缺卷九至十），明万历十九年王元贞刻本，《四库全书存目丛书》，子部，第71册，济南：齐鲁书社，1997年；
12. [明]王世贞，《凤洲笔记》二十四卷《续集》四卷《后集》四卷，明黄美中刻本，《四库全书存目丛书》，集部，第114册，济南：齐鲁书社，1997年；
13. [明]王世贞，《弇州山人四部稿选》十六卷，中国人民大学图书馆藏明万历二十年克勤斋余碧泉刻本，《四库全书存目丛书》，集部，第115册，济南：齐鲁书社，1997年；
14. [明]王世贞，《尺牍清裁》六十卷《补遗》一卷，明隆庆五年自刻本，《四库全书存目丛书》，集部，第309册，济南：齐鲁书社，1997年；
15. [明]王世贞，《新刻明朝通纪会纂》七卷，清初刻本，《四库禁毁书丛刊》，史部，第13册，北京：北京出版社，1997年；
16. [明]王世贞，《弇州史料前集》三十卷《后集》七十卷，明万历四十二年刻本，史部，第48—50册，北京：北京出版社，1997年；

17. [明]王世贞，《弇山堂别集》，中国历史文集丛刊，北京：中华书局，1985年；
18. [明]王世懋，《王奉常集》诗十五卷目录三卷文五十四卷目录二卷，明万历间刻本，《四库全书存目丛书》，集部，第133册，济南：齐鲁书社，1997年；
19. [明]谈 迁，《国榷》，北京：中华书局，1958年；
20. [清]张廷玉，《明史》，北京：中华书局，1974年；
21. [清]谷应泰，《明史纪事本末》，北京：中华书局，1977年；
22. [清]夏 燮，《明通鉴》，北京：中华书局，1959年；
23. [明]王锡爵，《王文肃公全集》五十五卷，明万历间王时敏刻本，《四库全书存目丛书》，集部，第136册，济南：齐鲁书社，1997年；
24. [明]沈德符，《万历野获编》，历代史料笔记丛刊，元明史料笔记，北京：中华书局，1959年；
25. [明]沈德符，《飞凫语略》，《丛书集成新编》，第50册，台北：新文丰出版股份有限公司，1985年；
26. [明]郑 晓，《吾学编》六十九卷，国家图书馆藏明隆庆元年郑履淳刻本，《续修四库全书》，史部杂史类，第424—425册，上海：上海古籍出版社，2002年；
27. [明]郑 晓，《郑端简公奏议》十四卷，上海图书馆藏明隆庆间项氏万卷堂刻本，《续修四库全书》，史部诏令奏议类，第476—477册，上海：上海古籍出版社，2002年；
28. [明]郑 晓，《古言》二卷，复旦大学图书馆藏明嘉靖四十四年项笃寿刻本，《续修四库全书》，子部杂家类，第1123册，上海：上海古籍出版社，2002年；
29. [明]郑 晓，《澹泉笔述》十二卷，国家图书馆藏清钞本，《续修四库全书》，子部杂家类，第1171册，上海：上海古籍出版社，2002年；
30. [明]郑 晓，《今言》四卷，嘉靖四十五年项笃寿刻本，《四库全书存目丛书》，史部，第48册，济南：齐鲁书社，1997年；
31. [明]郑 晓，《端简郑公文集》十二卷，明万历二十八年郑心材刻本，《四库全书存目丛书》，集部，第85册，济南：齐鲁书社，1997年；
32. [明]杨继盛，《杨忠愍集》三卷《附录》一卷，景印《文渊阁四库全书》，集部别集类，第1278册，台北：台湾商务印书馆股份有限公司，1986年；
33. [明]杨继盛，《椒山先生自著年谱》，《北京图书馆藏珍本年谱丛刊》，第49册，北京：北京图书馆出版社，1999年；
34. [明]沈　錬，《青霞集》十一卷《年谱》一卷，景印《文渊阁四库全书》，集部别集类，第1278册，台北：台湾商务印书馆股份有限公司，1986年；
35. [明]严　嵩，《南宫奏议》三十卷，国家图书馆藏明嘉靖二十四年严氏钤山堂刻本，《续修四库全书》，史部诏令奏议类，第476册，上海：上海古籍出版社，2002年；
36. [明]严　嵩，《钤山堂集》四十卷《附录》一卷，明嘉靖二十四年刻增修本，《续修四库全书》，集部别集类，第1336册，上海：上海古籍出版社，2002年；
37. [明]徐　阶，《世经堂集》二十六卷，明万历间徐氏刻本，《四库全书存目丛书》，集部，第79—80册，济南：齐鲁书社，1997年；
38. [明]徐　阶，《少湖先生文集》七卷，明嘉靖三十六年宿应璘刻本，《四库全书存目丛书》，集部，第80册，济南：齐鲁书社，1997年；
39. [明]汪道昆，《太函集》，《徽学研究资料辑刊》，合肥：黄山书社，2004年；
40. [清]钱谦益，《列朝诗集小传》，上海：上海古籍出版社，2008年；
41. [清]钱谦益，《有学集》，《四部丛刊初编集部》第272册，上海：上海书店，1989年；
42. [清]钱谦益，《绛云楼题跋》，《中国历代书目题跋丛书》，上海：上海古籍出版社，2005年；
43. [明]李攀龙，《沧溟集》，《景印文渊阁四库全书》，集部别集类，第1278册，台北：台湾商务印书馆股份有限公司，1986年；
44. [明]徐中行，《天目先生集》，山西大学图书馆藏明刻本，

《四库全书存目丛书》，集部别集类，第121册，济南：齐鲁书社，1997年；
45. [明]吴国伦，《甔甀洞稿》，武汉图书馆藏明万历刻本，《四库全书存目丛书》，集部别集类，第123册，济南：齐鲁书社，1997年；
46. [明]胡文焕，《新刻群音类选》，《续修四库全书》，集部戏剧类，第1777—1778册，上海：上海古籍出版社，2002年；
47. [明]吕天成，《曲品》，清华大学图书馆藏清乾隆五十六年杨志鸿抄本，《续修四库全书》，集部曲类，第1758册，上海：上海古籍出版社，2002年；
48. [明]侯方域，《壮悔堂文集》，中国科学院图书馆藏清顺治刻增修本，《续修四库全书》集部别集类，第1406册，上海：上海古籍出版社，2002年；
49. [清]褚人获，《坚瓠集》，上海图书馆藏清康熙刻本，《续修四库全书》子部小说家类，第1261册，上海：上海古籍出版社，2002年；
50. [明]刻本，《续修四库全书》集部曲类，第1758册，上海：上海古籍出版社，2002年；
51. [清]姚燮，《今乐考证》，一九三六年北京大学影印稿本，《续修四库全书》集部曲类，第1759册，上海：上海古籍出版社，2002年；
52. [清]王国维，《曲录》，清宣统元年（1909）晨风阁本，南京图书馆藏；
53. [清]焦循，《剧说》，北京图书馆藏稿本，《续修四库全书》集部曲类，第1758册，上海：上海古籍出版社，2002年；
54. [清]董康，《曲海总目提要》，上海：大东书局铅印本，1928年，南京图书馆藏；
55. [清]王昶等，《嘉庆直隶太仓州志》，清嘉庆七年刻本，《续修四库全书》史部地理类，第698册，上海：上海古籍出版社，2002年；
56. [明]袁宏道，《袁宏道集笺校》，中国古典文学丛书，钱伯城笺校，上海：上海古籍出版社，2008年；

57. [明]谢肇淛，《小草斋文集》，江西省图书馆藏明天启刻本，《四库全书存目丛书》集部别集类，第176册，济南：齐鲁书社，1997年；
58. [明]谢肇淛，《五杂组》，明万历四十四年潘膺祉如韦馆刻本，《续修四库全书》子部杂家类，第1130册，上海：上海古籍出版社，2002年；
59. [清]宋起凤，《稗说》，《明史资料丛刊》第二辑，中国社会科学院历史研究所明史室编，南京：江苏人民出版社，1982年；
60. [明]文嘉，《钤山堂书画记》，《丛书集成新编》，第50册，台北：新文丰出版股份有限公司，1985年；
61. [清]金吴澜等修、汪堃等纂，《昆新两县续修合志》，《中国方志丛书》，第19种，第2册，台北：成文出版社有限公司，1970年；
62. [明]田艺蘅，《留青日札》，明万历三十七年刻本，《续修四库全书》子部杂家类，第1129册，上海：上海古籍出版社，2002年；
63. [明]吴其贞，《书画记》，清乾隆写四库全书本，《续修四库全书》子部艺术类，第1066册，上海：上海古籍出版社，2002年；
64. [清]邓之诚，《骨董琐记全编》，北京：北京出版社，1996年；
65. [清]阮葵生，《茶馀客话》，明清笔记丛刊，北京：中华书局，1959年；
66. [清]姜绍书，《无声诗史》，天津图书馆藏清康熙五十九年李光映观妙斋刻本，《续修四库全书》子部艺术类，第1065册，上海：上海古籍出版社，2002年；
67. [明]王士性，《广志绎》，北京图书馆藏清康熙十五年刻本，《四库全书存目丛书》史部地理类，第251册，济南：齐鲁书社，1997年；
68. [明]茅一相，《欣赏续编》，明万历八年刻本，南京图书馆藏；
69. [明]陈继儒，《妮古录》，清华大学图书馆藏明万历秀水沈氏刻宝颜堂祕笈本，《四库全书存目丛书》，子部杂家类，第118册，济南：齐鲁书社，1997年；
70. [明]詹景凤，《詹氏性理小辨》，南京图书馆藏明万历刻本，《四库全书存目丛书》子部杂家类，第112册，济南：齐鲁书社，1997年；
71. [明]周士佐、周凤岐修，张寅撰《嘉靖太仓州志》，南京图书馆藏；
72. [明]顾炎武，《肇域志》，上海图书馆藏清抄本，《续修四库全书》史部地理类，第586册，上海：上海古籍出版社，2002年；
73. [明]归有光，《归先生文集》，天津图书馆藏明万历四年翁良瑜雨金堂刻本，《四库全书存目丛书》，集部别集类，第138册，济南：齐鲁书社，1997年；
74. [明]周世昌，《重修昆山县志》，明万历四年刊本，《中国方志丛书》华中地方，第433号，第1册，台北：成文出版社有限公司，1983年；
75. [明]王鏊，《震泽集》，《景印文渊阁四库全书》集部别集类，第1256册，台北：台湾商务印书馆股份有限公司，1986年；
76. [明]顾鼎臣，《顾文康公文草》，中国科学院图书馆藏明万历至清顺治顾氏家刻本，《四库全书存目丛书》集部别集类，第55册，济南：齐鲁书社，1997年；
77. [明]俞允文，《仲蔚先生集》，明万历十年程善定刻本，《续修四库全书》，集部别集类，第1354册，上海：上海古籍出版社，2002年；
78. [元]顾瑛，《草堂雅集》（上、中、下），北京：中华书局，2008年；
79. [元]顾瑛，《玉山名胜集》（上、下），北京：中华书局，2008年；
80. [元]顾瑛，《玉山璞稿》，北京：中华书局，2008年；
81. [明]毛晋，《六十种曲》（全十二册），北京：中华书局，1958年；
82. [清]于敏中，《天禄琳琅书目》，《清人书目题跋丛刊十》，北京：中华书局，1995年；
83. [清]叶昌炽，《藏书纪事诗》，上海：上海古籍出版社，

1999年。

近人著述

1. 郑利华，《王世贞年谱》，上海：复旦大学出版社，1993年；
2. 郑利华，《王世贞研究》，上海：学林出版社，2002年；
3. 孙卫国，《王世贞史学研究》，北京：人民文学出版社，2006年；
4. 姜公韬，《王世贞的生平与著述》，《台湾大学文史丛刊》，台北：台湾大学文学院，1974年；
5. 黄志民，《王世贞研究：以其生平及学术为中心》，台湾政治大学中国文学研究所博士论文，1976年，未刊稿；
6. 邓民亮，《王世贞艺术赞助的研究》，香港中文大学，哲学博士论文，2006年，未刊稿；
7. 李崇智，《中国历代年号考》，北京：中华书局，1981年；
8. 陈寅恪，《柳如是别传》（上、中、下），北京：生活·读书·新知三联书店，2001年；
9. 谢国桢，《增订晚明史籍考》，上海：上海古籍出版社，1981年；
10. 谢国桢，《明清之际党社运动考》，上海：上海书店出版社，2004年；
11. 谢国桢（编），《明代社会经济史料选编》（上、下），福州：福建人民出版社，2005年；
12. 吴晗，《吴晗全集》，北京：中国人民大学出版社，2009年；
13. 钱钟书，《谈艺录》，北京：中华书局，1984年；
14. 傅璇琮（编），《唐才子传校笺》（全五册），北京：中华书局，1987年；
15. 傅衣凌，《明代江南市民经济试探》，上海：上海人民出版社，2001年；
16. 黄霖（编），《金瓶梅资料汇编》，《古典文学研究资料汇编》，北京：中华书局，1987年；
17. 胡凡，《嘉靖传》，北京：人民出版社，2004年；
18. 樊树志，《万历传》，北京：人民出版社，1993年；
19. 郑伟章，《文献家通考》（上、中、下），北京：中华书局，1999年；
20. 徐朔方，《晚明曲家年谱》（全三册），杭州：浙江古籍出版社，1993年；
21. 徐朔方、孙秋克，《明代文学史》，杭州：浙江大学出版社，2006年；
22. 余英时，《历史与思想》，台北：联经出版社，1976年；
23. 陈智超，《明代徽州方氏亲友手札七百通考释》（一、二、三），合肥：安徽大学出版社，2001年；
24. 周道振、张月尊，《文徵明年谱》，上海：百家出版社，1998年；
25. 牛建强，《明代中后期社会变迁研究》，台北：文津出版社有限公司，1997年；
26. 于志嘉，《卫所、军户与军役：以明清江西地区为中心的研究》，北京：北京大学出版社，2010年；
27. 赖建诚，《边镇粮饷：明代中后期的边防经费与国家财政危机，1531—1602》，杭州：浙江大学出版社，2010年；
28. 梁志胜，《明代卫所武官世袭制度研究》，北京：中国社会科学出版社，2012年；
29. 唐力行，《苏州与徽州：16—20世纪两地互动与社会变迁的比较研究》，北京：商务印书馆，2007年；
30. 徐茂明，《江南士绅与江南社会》，北京：商务印书馆，2004年；
31. 汪世清，《卷怀天地自有真：汪世清艺苑查疑补证散考》（上、下），台北：石头出版股份有限公司，2006年；
32. 毛文芳，《图成行乐：明清文人画像题咏析论》，台北：台湾学生书局，2008年；
33. 王安祈，《明代传奇之剧场及其艺术》，台北：台湾学生书局，1986年；
34. 郑银淑，《项元汴之书画收藏与艺术》，台北：文史哲出版社，1984年；

35. 3李焯然，《明史散论》，台北：允晨文化事业股份有限公司，1991年；
36. 廖可斌，《明代文学复古运动研究》，北京：商务印书馆，2008年；
37. 顾凯，《明代江南园林研究》，南京：东南大学出版社，2010年；
38. 刘金库，《南画北渡：清代书画鉴藏中心研究》，石家庄：河北教育出版社，2008年；
39. 范景中、高昕丹（编），《风格与观念：高居翰中国绘画史文集》，《艺术史研究丛书》，杭州：中国美术学院出版社，2011年；
40. 毕斐，《〈历代名画记〉论稿》，杭州：中国美术学院出版社，2008年；
41. 万木春，《味水轩里的闲居者：万历末年嘉兴的书画世界》，2008年；
42. 王正华，《艺术、权力与消费：中国艺术史研究的一个面向》，《艺术史研究丛书》，杭州：中国美术学院出版社，2011年；
43. 郭伟其，《停云模楷：关于文徵明与十六世纪吴门风格规范的一种假设》，《艺术史研究丛书》，杭州：中国美术学院出版社，2012年；
44. 李安源，《王鑑〈梦境图〉研究》，《艺术史研究丛书》，杭州：中国美术学院出版社，2013年；
45. 封治国，《与古同游：项元汴书画鉴藏研究》，杭州：中国美术学院出版社，2013年；
46. 李娜，《〈湖山胜概〉与晚明文人艺术趣味研究》，杭州：中国美术学院出版社，2013年；
47. 张长虹，《品鉴与经营：明末清初徽商艺术赞助研究》，北京：北京大学出版社，2010年；
48. 4薛龙春，《雅宜山色：王宠的人生与书法》，上海：上海书画出版社，2013年；
49. [荷]高罗佩，《中国古代房内考》，李零、郭晓惠等（译），上海：上海人民出版社，1990年；
50. [英]柯律格，《雅债：文徵明的社交性艺术》，刘宇珍、邱士华、胡隽（译），北京：生活·读书·新知三联书店，2012年；
51. [英]柯律格，《明代的图像与视觉性》，黄晓鹃（译），北京：北京大学出版社，2011年；
52. [美]孔飞力，《叫魂：1768年中国妖术大恐慌》，陈兼、刘昶（译），上海：上海三联书店，1999年；
53. [美]高居翰，《山外山：晚明绘画》，王嘉骥（译），北京：生活·读书·新知三联书店，2009年；
54. [美]高居翰，《气势撼人：十七世纪中国绘画中的自然与风格》，李佩桦、傅立萃、刘铁虎、任庆华、王嘉骥（译），北京：生活·读书·新知三联书店，2009年；
55. [美]高居翰，《画家生涯：传统中国画家的生活与工作》，北京：生活·读书·新知三联书店，2012年；
56. [美]高居翰、黄晓、刘珊珊，《不朽的林泉：中国古代园林绘画》，北京：生活·读书·新知三联书店，2012年；
57. [美]李铸晋（编），《中国画家与赞助人——中国绘画中的社会及经济因素》，石莉（译），天津：天津人民美术出版社，2013年；
58. [日]内藤湖南，《中国史学史》，马彪（译），上海：上海古籍出版社，2008年；
59. [日]青木正儿，《中国近世戏曲史》，王古鲁（译），北京：中华书局，2010年。

致 谢

距离交稿的日子越来越近，我却忐忑不安。其实原因很简单，每当翻阅起这大半年来输入电脑的文字，我都会想起《四部稿》、《续稿》的浩繁卷帙，心中便不免有些沮丧：和王世贞笔耕不辍的精彩人生相比，我这十几万的文字又算得了什么呢？也许今日呈现的文稿，仅仅只是一个开始，还有很多问题值得我们继续探索，毕竟每日坐在故纸堆中翻检史料的经历，早已将我带入充满人文精神的殿堂。特别感谢业师范景中先生，正是他七年来的谆谆教诲，给予我无穷的动力，即使在面对失败与挫折时，也不至于丧失前进的勇气。范先生曾多次与我商讨文章的结构与内容，并在文献资料上给予我很大的帮助。正是他的点滴心血，才使我能够最终完成这篇论文的写作。

回忆十年来在中国美术学院求学的日子，我要特别感谢万木春老师长期以来对我的关心和帮助，每一次推心置腹的交谈，都能给予我鼓励和信心；董捷老师更是经常为我的论文写作提供宝贵的建议，并借助去美国访学的机会，为我收集研究资料；中国台湾佛光大学的罗中峰老师，曾与我有过半年的室友情谊，在得知我选择王世贞作为研究对象后，便经常从中国台湾寄赠书籍论文，几年来他已经基本成为我掌握中国台湾学术信息的重要联系人。另外，还要感谢章晖、孙田、申屠妍妍、刘鹏、薛军伟等诸位学长，以及范白丁、巨若星、陈研、潘文协、任晓炜、吾宵、李良、李秀雪、颜晓军、杨柳、谢先良、蓝庆伟、陆蓓容等诸位同学，我将永远铭记与他们共同学习的美好时光，能在日常的学习与生活中经常得到他们帮助，确实让我感到幸福与快乐。

十年寒窗，致我们终将逝去的青春！

癸巳年四月初六日记于西子湖畔

博士生导师

范景中

范景中，1951年生于天津。1981年毕业于浙江美术学院，获硕士学位。1984-1990年《美术译丛》和《新美术》主编。1993-1996年中国美术学院图书馆馆长。现为中国美术学院教授，博士生导师，美术史研究所所长，中国美术学院出版社总编；南京师范大学教授；上海师范大学教授。曾先后获潘天寿美术理论贡献奖、英国瓦尔堡研究院伊拉斯莫斯研究基金奖、国家新闻出版署银奖、教育部国家级教学成果奖，并荣获2009年度全国优秀教师称号。在《新美术》、《文艺研究》等刊物发表学术论文数十篇。

主要论著有：《图像与观念》、《美术史的形状》、《附庸风雅和艺术欣赏》、《柳如是事辑》、《中华竹韵》等。主要译著有：《艺术发展史》（《艺术的故事》）、《艺术与错觉》、《图像与眼睛》、《理想与偶像》等。